:: 中華文化促進會主持編纂

:: 國家“十一五”重點圖書出版規劃項目

:: 中國社會科學院哲學社會科學創新工程學術出版資助項目

出品人 王石 段先念

今注本二十四史

金史

二

紀〔二〕

元 脱脱等 撰

張博泉 程妮娜 主持校注

中国社会科学出版社

金史　卷六

本紀第六

世宗上

世宗光天興運文德武功聖明仁孝皇帝，[1]諱雍，本諱烏禄，[2]太祖孫，[3]睿宗子也。[4]母曰貞懿皇后李氏。[5]天輔七年癸卯歲，[6]生于上京。[7]體貌奇偉，美鬚髯，長過其腹，胸間有七子如北斗形。性仁孝，沉静明達。善騎射，國人推爲第一，每出獵，耆老皆隨而觀之。

[1]雍：世宗於大定十四年（1174）三月甲辰更名爲雍。據《通慧圓明大師塔銘》，在更名前名爲“裦”，《大金國志》《正隆事迹》作褎、裒等字誤。

[2]烏禄：《建炎以來繫年要録》卷一九三引張棣《正隆事迹》烏禄作“呼喇美”。

[3]太祖：廟號。即完顔阿骨打，漢名旻。1115 年至 1123 年在位。

[4]睿宗：指金太祖之子宗輔，世宗時改稱宗堯，並追謚爲帝。本書卷一九《世紀補》有傳。

[5]貞懿皇后李氏：渤海人。世宗生母。本書卷六四《后妃傳》有傳。

[6]天輔：金太祖年號（1117—1122）。　癸卯：《建炎以來繫年要録》卷一九三引張棣《正隆事迹》作“乙巳年三月一日寅時生”。

[7]上京：京路名。治所在今黑龍江省阿城市白城。

皇統間，[1]以宗室子例授光禄大夫，[2]封葛王，[3]爲兵部尚書。[4]天德初，[5]判會寧牧。[6]明年，判大宗正事，[7]改中京留守，[8]俄改燕京，[9]未幾，爲濟南尹。[10]貞元初，[11]爲西京留守，[12]三年，改東京，[13]進封趙王。[14]正隆二年，[15]例降封鄭國公，[16]進封衛國。[17]三年，再任留守，徙封曹國。[18]六年五月，居貞懿皇后喪，一日方寢，有紅光照室，及黄龍見寢室上。又嘗夜有大星流入留守第中。是歲，東梁水漲溢，[19]暴至城下，水與城等，决女墻石罅中流入城，湍激如涌，城中人惶駭，上親登城舉酒酹之，水退。

[1]皇統：金熙宗年號（1141—1148）。

[2]光禄大夫：文散官。爲從二品上階。

[3]葛王：封爵名。天眷格，爲小國封號第二十七。

[4]兵部尚書：尚書兵部長官。掌兵籍、軍器、城隍、鎮衛、厩牧、鋪驛、車輅、儀仗、郡邑圖志、險阻、障塞、遠方歸化等事。正三品。

[5]天德：金海陵王年號（1149—1152）。

[6]會寧牧：府官名。會寧即會寧府，治所在今黑龍江省阿城市白城。牧爲一府之長，掌宣風導俗，肅清所部，總判府事。正

三品。

[7]判大宗正事：大宗正府長官。掌敦睦宗屬欽奉王命，以皇族中屬親者充。從一品。泰和六年（1206）因避諱改爲判大睦親事。

[8]中京留守：中京留守司長官，例兼本府府尹、本路兵馬都總管。正三品。中京，京路名，治所在今内蒙古自治區寧城縣大明城。

[9]燕京：此指燕京留守，爲燕京留守司長官。正三品。燕京，京路名，遼開泰元年（1012）建號燕京，金初因之。治所在今北京市西城區。

[10]濟南尹：濟南即濟南府，治所在今山東省濟南市。尹即府尹，掌宣風導俗，肅清所部，總判府事。正三品。

[11]貞元：金海陵王年號（1153—1155）。

[12]西京留守：西京留守司長官。正三品。西京，京路名，治所在今山西省大同市。

[13]東京：此指東京留守，官名。正三品。東京，京路名，治所在今遼寧省遼陽市。

[14]趙王：封爵名。天眷格，《大金集禮》爲大國封號第十，《金史·百官志》爲第八。

[15]正隆：金海陵王年號（1156—1161）。

[16]鄭國公：封爵名。天眷格，《大金集禮》爲次國封號第三，《金史·百官志》爲第二。

[17]衛國：封爵名。即衛國公。天眷格，《大金集禮》爲次國封號第四，《金史·百官志》爲第三。

[18]曹國：封爵名。即曹國公。天眷格，爲大國封號第二十。

[19]東梁水：河名。即今遼寧省境内的太子河。

海陵南伐，天下騷動。是時，籍契丹部人丁壯爲兵，部人不願行，以告使者，使者燥合畏海陵，[1]不以告，部人遂反。至是，咸平府謀克括里攻陷韓州，[2]據咸平，將犯東京。

[1]燥合：據本書卷一三二《移剌窩斡傳》，其當時官爲牌印祗候，因徵兵而至契丹人叛亂，本人也被契丹人所殺。

[2]咸平府：天德二年（1150）升咸州置。治所在今遼寧省開原市老城鎮。　謀克：女真族地方行政設置及長官名稱。位在猛安之下，相當於縣。同時也是軍事編制及軍官名稱，也用爲榮譽爵稱。　括里：契丹族起義領導人之一，後來加入窩斡的起義軍。窩斡起義失敗以後，與扎八一起南奔宋，後曾助宋攻金。　韓州：治所在今遼寧省昌圖縣西北八面城東南。金正隆中移至今吉林省梨樹縣北偏臉城。

八月，起復東京留守。婆速路兵四百來會討括里，[1]復得城中子弟願爲兵者數百人。帝舅興中少尹李石以病免，[2]家居遼陽。[3]戊午，發東京，以石主留務。賊覘者聞鼙鼓聲震天，見旌旗蔽野，傳言國公兵十萬且至，賊衆至瀋州，[4]遯去。會烏延查剌等敗賊兵，[5]還至常安縣，[6]海陵使婆速路總管完顏謀衍來討賊，[7]以兵屬之。

[1]婆速路：一作婆速府路、婆娑府路。治所在今遼寧省丹東市東北九連城。

[2]興中少尹：興中即興中府，治所在今遼寧省朝陽市。少尹爲府尹佐貳，負責協助府尹處理本府政務。正五品。　李石：渤海人。本書卷八六有傳。

［3］遼陽：府名。治所在今遼寧省遼陽市。

［4］瀋州：遼置。治所在今遼寧省瀋陽市。　烏延查剌：女真人。本書卷八六有附傳。

［6］常安縣：治所在今遼寧省瀋陽市東北懿路村。大定二十九年（1189）改名挹樓縣。

［7］總管：即都總管，諸路總管府長官。掌統諸城隍兵馬甲仗，總判府事。正三品。　完顏謀衍：女真人。本書卷七二有傳。

九月，至東京。副留守高存福，［1］其女在海陵後宮，海陵使存福伺起居。適以造兵器餘材造甲數十，存福宣言，留守何爲造甲，密使人以白海陵，遂與推官李彦隆托爲擊毬，［2］謀不利。存福家人以其謀來告，平定知軍李蒲速越亦言其事。［3］海陵嘗聞上有疾，即使近習來觀動静。至是，又使謀良虎圖淮北諸王，［4］上知之，心常隱憂。及討括里還，至清河，［5］遇故吏六斤乘傳自南來，［6］具言海陵殺其母，殺兄子檀奴、阿里白及樞密使僕散忽土等，［7］又曰："且遣人來害宗室兄弟矣。"上聞之益懼。及聞存福圖己，事且有迹，李石勸上早圖之。於是，以議備賊事，召官屬會清安寺，［8］彦隆先到，存福累召始來，並於座上執之。是月，復有雲來自西，黄龍見雲中。［9］

［1］副留守：諸京留守司屬官。爲留守佐貳，例兼本府少尹、本路兵馬副總管，協助留守處理本路政務。從四品。　高存福：海陵時曾以教坊提點爲高麗生日使。事見於本書卷五、六、六〇、七二、八六。

［2］推官：諸京留守司屬官。掌紀綱總府衆務，分判刑案之事。

從六品。　李彥隆：本書僅見於此及卷七二。

[3]平定知軍：也作知平定軍，帶京朝官銜或試銜者主持軍鎮事務時稱知軍事，簡稱知軍。平定原爲軍名，大定二十二年(1182)升爲平定州。治所在今山西省平定縣。　李蒲速越：本書僅見於此及卷八六。

[4]謀良虎：本書卷一二九《李通傳》："遣護衛謀良虎、特离補往東京，欲害世宗，行至遼水，遇世宗詔使撒八，執而殺之，遂還軍中。"本書僅此二見。

[5]清河：指今遼寧省開原市北之清河，亦名寇河。

[6]六斤：本書名六斤者共計十一人，此人僅此一見。

[7]檀奴：女真人。宗幹之孫。見本書卷七六。　阿里白：女真人。宗幹之孫。本書卷七六有傳。　樞密使：樞密院長官。掌武備機密之事。從一品。　僕散忽土：女真人。一名僕散師恭。本書卷一三二有傳。

[8]清安寺：在今遼寧省遼陽市。

[9]見：通"現"。

十月辛丑，南征萬户完顏福壽、高忠建、盧萬家奴等自山東率所領兵二萬，[1]完顏謀衍自長安率兵五千皆來附，謀衍即以臣禮上謁。乙巳，諸軍入城，共擊殺存福等。是夜，諸軍被甲環衛皇城。[2]丙午，[3]慶雲見，官屬諸軍勸進，固讓良久，於是親告于太祖廟，還御宣政殿，即皇帝位。以完顏謀衍爲右副元帥，[4]高忠建元帥左監軍，[5]完顏福壽右監軍，[6]盧萬家奴顯德軍節度使。[7]丁未，大赦，改元大定。[8]下詔暴揚海陵罪惡數十事。己酉，饗將士，賜官賞各有差，仍給復三年。會寧、胡里改、速頻等路南伐諸軍，[9]會尚書省，[10]奏請以從軍來者補諸局司承應人及官吏闕員。[11]上曰："舊人南征者即還，何以處之。必不可闕者，量用新人可也。"辛亥，以利涉軍節度使獨吉義爲參知政事。[12]中都留守、西北面行營都統完顔彀英將兵三萬駐歸化，[13]以爲左副元帥。[14]丁巳，出内府金銀器物贍軍，吏民出財物佐官用者甚衆。壬戌，以前臨潢尹晏爲左丞相。[15]癸亥，詔諭南京太傅、尚書令張浩。[16]甲子，興平軍節度使張玄素上謁。[17]尚書省奏，正隆軍興之餘，進錢粟者宜量授以官，從之。詔遣移剌札八招契丹諸部爲亂者。[18]以前肇州防禦使神土懣爲元帥右都監。[19]

[1]萬户：軍官名。金太祖時，對材堪統衆的軍官授以萬户官職，統領猛安、謀克，隸屬於都統，子孫世襲。海陵王天德三年（1151）下詔罷萬户官，後不復設。本書卷五《海陵紀》稱完顔福壽爲曷蘇館猛安，卷八六《完顔福壽傳》，"福壽領婁室、臺答藹二猛安由山東道進至泰安"，則稱其爲猛安是。此處蓋誤。　完顔福壽：女真人。本書卷八六有傳。　高忠建：自南征途中領兵回東京擁立金世宗。世宗即位後，爲報諭宋國使。後統兵鎮壓契丹人、奚人的起義，手段殘酷。　盧萬家奴：本書僅見於卷六、八六。　山東：路名。指山東東、西兩路。山東東路治所在今山東省青州市。山東西路治所在今山東省東平縣。

[2]被：同"披"。

[3]丙午：金世宗即位時間諸書所説不一。《建炎以來繫年要録》卷一九三："熊克《小曆》載褒立在十月庚子朔。注云：'或言立褒在六月，今從宋翌所記《金亮本末》。'案苗耀《神麓記》，立褒在十月八日丁未，與赦書月日同，今從之。"

[4]右副元帥：元帥府屬官。金於天會三年（1125）設元帥

府，掌征討之事。設右副元帥一員，位在都元帥、左副元帥之下，正二品。

［5］元帥左監軍：元帥府屬官。位在都元帥、左右副元帥之下。正三品。

［6］右監軍：元帥府屬官。即元帥右監軍，位在都元帥、左右副元帥、元帥左監軍之下。正三品。

［7］顯德軍節度使：州官名。節度州長官。掌鎮撫諸軍防刺，總判本鎮兵馬之事，兼本州管内觀察使。從三品。顯德軍，軍鎮名。本書共九見，《地理志》不載，具體地點不詳。考卷一〇三《紇石烈桓端傳》，“婆速路温海甲世襲猛安、權同知府事温迪罕哥不靄遷顯德軍節度使，兼婆速府治中”，則顯德軍當屬婆速府路。

［8］大定：金世宗年號（1161—1189）。

［9］胡里改：路名。一作鶻里改路。治所在今黑龍江省依蘭縣。速頻：路名。一作恤品路。治所在今俄羅斯濱海邊疆區烏蘇里斯克。

［10］尚書省：官署名。爲金最高政務機構，始設於天會四年（1126）。下屬機構有吏、户、禮、兵、刑、工六部與左、右司。長官爲尚書令，正一品。

［11］諸局司承應人：即各局司辦事員。按本書卷五八《百官志四》，百司承應包括尚書省，樞密院，六部與御史臺的令史、譯史、通事、誥院令史、國史院書寫、隨府書表、親王府祗候郎君、典客署引接書表、走馬郎君、護衛長、護衛長行、奉御、東宫護衛長、東宫護衛長行、筆硯承奉、閤門祗候、侍衛親軍百户、五十户、妃護衛、奉職、符寶典書、東宫入殿小底、尚衣、捧案、擎執、奉輦、知把書畫、隨庫本把、左右藏庫本把、儀鸞局本把、尚輦局本把、妃奉事、弩傘什將、太醫、隨位承應都監、司天四科人、東宫筆硯、尚厩獸醫、秘書監楷書、秘書琴棋等待詔、駝馬牛羊群子、擠酪人等。

［12］利涉軍節度使：州官名。節度州長官。從三品。利涉軍設

在濟州，治所在今吉林省農安縣。　獨吉義：女真人。本名鶻魯補。本書卷八六有傳。　參知政事：爲執政官，宰相之貳，佐治省事。正二品。始設於天眷元年（1138）。

[13]中都留守：中都留守司長官。例兼本府府尹、本路兵馬都總管。中都，京路名。即原燕京，貞元元年（1153）海陵遷都於此後更名爲中都。治所在今北京市。　西北面行營都統：官名。本書《百官志》無。本書卷五《海陵紀》："以樞密副使白彦恭爲北面兵馬都統，開封尹紇石烈志寧副之，中都留守完顏彀英爲西北面兵馬都統、西北路招討使唐括孛古的副之，討契丹。"西北路行營爲討契丹而設的臨時機構，爲與契丹作戰的兩路大軍之一的西北路軍的最高指揮機關。故《百官志》不載。西北面行營都統，也作西北面都統、西北面兵馬都統，爲西北面行營的最高長官。完顏彀英以中都留守的身份任此職，此時官爲正三品。　完顏彀英：女真人。銀术可之子，本名撻懶。本書卷七二有傳。　歸化：州名。治所在今河北省宣化區。

[14]左副元帥：元帥府屬官。位在都元帥之下。正二品。

[15]臨潢尹：府官名。臨潢即臨潢府，治所在今内蒙古自治區巴林左旗林東鎮南波羅城。尹即府尹。正三品。　晏：女真人。本名斡論，阿离合懣之子。本書卷七三有傳。　左丞相：爲宰相，掌丞天子，平章萬機。從一品。

[16]南京：京路名。即北宋舊都汴梁，金初稱汴京，貞元元年（1153）改名爲南京。治所在今河南省開封市。　太傅：三師之一。正一品。　尚書令：尚書省長官。亦爲宰相。正一品。　張浩：渤海人。本書卷八三有傳。

[17]興平軍節度使：州官名。節度州長官。從三品。興平軍設在平州，治所在今河北省盧龍縣。　張玄素：渤海人。本書卷八三有傳。

[18]移剌札八：契丹人。因勸降反而參加契丹窩斡軍，起義失敗後奔宋。事詳見本書卷一三三《窩斡傳》。

[19]肇州防禦使：州官名。防禦州長官。掌防捍不虞，禦制盜賊，兼理本州政務。從四品。肇州，天會八年（1130）置。治所在今黑龍江省肇東市東南松花江北岸八里城。一説即今肇源市西吐什吐，一説即望海屯古城。　神土懣：女真人。本書卷九一有傳。　元帥右都監：元帥府屬官。位在都元帥、左右副元帥、元帥左右監軍與元帥左都監之下。從三品。

十一月己巳朔，以左丞相晏兼都元帥。辛未，以户部尚書李石爲參知政事。[1]己卯，詔調民間馬充軍用，事畢還主，死者給價。阿瑣、璋殺同知中都留守事沙离只，[2]阿瑣自稱中都留守，璋自稱同知留守事，使石家奴等來上表賀。[3]辛巳，以如中都期日詔群臣。壬午，詔中都都轉運使左淵曰：[4]"凡宫殿張設毋得增置，無役一夫以擾百姓，但謹圍禁、嚴出入而已。"以尚書右司員外郎完顔兀古出爲詔諭高麗使。[5]癸未，遣權元帥左都監吾札忽、右都監神土懣、廣寧尹僕散渾坦討契丹諸部。[6]甲申，追尊皇考豳王爲皇帝，[7]謚簡肅，廟號睿宗，皇妣蒲察氏曰欽慈皇后，[8]李氏曰貞懿皇后。群臣上尊號曰仁明聖孝皇帝。[9]乙酉，追復東昏王帝號，[10]謚武靈，廟號閔宗，詔中外。封子實魯剌爲許王，[11]胡土瓦爲楚王。[12]戊子，辭謁太祖廟及貞懿皇后園陵。己丑，如中都，次小遼口，[13]使中都留守宗憲先往。[14]壬辰，次梁魚務。[15]樞密副使、北面行營都統白彦敬，[16]南京留守、北面行營副統紇石烈志寧，[17]以所統軍數來上。安武軍節度使爽來歸。[18]乙未，完顔元宜等弑海陵於揚州。[19]丙申，次義州。[20]丁酉，宋人破陝州，[21]防禦使折可直降,[22]同知防禦使事李柔立死之。[23]

［1］户部尚書：尚書省户部長官。掌户口、錢糧、土地的政令及貢賦出納、金幣轉通、府庫收藏等事。正三品。

［2］阿瑣：女真人。宗强之子，金太祖之孫。本書卷六九有傳。 璋：女真人。本名胡麻愈。斡者之孫，神土懣之子。本書卷六五有傳。 同知中都留守事：中都留守司屬官，例兼同知本府府尹及本路兵馬都總管。正四品。中都，京路名，治所在今北京市。 沙离只：女真人。即蒲察沙离只。據本書卷六五《完顔璋傳》："海陵伐宋，左衛將軍蒲察沙离只同知中都留守，佩金牌掌留府事。世宗即位于遼陽，璋勸沙离只歸世宗，沙离只不從。璋與守城軍官烏林荅石家奴、烏林荅愿、徒單三勝、蒲察蒲查等以兵晨入留守府，遂殺沙离只及判官漫撚撒离喝，推宗强子阿瑣爲留守，璋行同知留守事。"則阿瑣實未參與殺沙离只。卷六九《完顔阿瑣傳》與此同。

［3］石家奴：女真人。本書見於此及卷六五、六九。"石"，原作"后"，從施國祁《金史詳校》卷一改。

［4］中都都轉運使：中都都轉運司長官。掌稅賦錢穀、倉庫出納及度量之制。正三品。 左淵：左企弓之子。見本書卷七五。

［5］尚書右司員外郎：尚書省屬官。掌本司奏事，總察兵、刑、工部受事付事，兼帶修起居注。正六品。 完顔兀古出：女真人。後爲户部員外郎，見於本書卷六一、七四、九二及本卷。

［6］權元帥左都監：元帥府屬官。元帥左都監位在都元帥、左右副元帥、元帥左右監軍之下。從三品。唐以來，將攝守、代理之官稱爲權。 吾札忽：女真人。即完顔吾劄忽。本書卷七一有傳。 廣寧尹：府官名。廣寧即廣寧府，治所在今遼寧省北寧市。尹即府尹，正三品。 僕散渾坦：女真人。本書卷八二有傳。

［7］豳王：封爵名。大定格，《大金集禮》爲次國封號第七，《金史·百官志》爲第六。按，本書卷一九《世紀補》不載其曾被

封爲豳王。

［8］欽慈皇后：女真人。金世宗嫡母。本書卷六四有傳。

［9］群臣上尊號曰仁明聖孝皇帝：據《大金集禮》，此次群臣上尊號共十二字，祗受四字。

［10］東昏王：指金熙宗，海陵篡位後降封爲東昏王。

［11］實魯剌：女真人。即允中，金世宗庶長子。本書卷八五有傳。　許王：封爵名。天眷格，爲大國封號第十二。

［12］胡土瓦：女真人。即允恭，金世宗次子。見本書卷一九《世紀補》。　楚王：封爵名。大定格，爲大國封號第十一。

［13］小遼口：地名。小遼口即小口，與梁魚務隔遼河東西相距。在今遼寧省遼陽市西，小遼水（渾河）與太子河匯合地附近。原脱“遼”字，從中華點校本補。

［14］宗憲：女真人。本名阿懶，國相撒改之子。本書卷七〇有傳。

［15］梁魚務：地名。金望平縣治所，舊城在廣寧東北約一百二十里，今遼寧省黑山縣西南，京瀋鐵路繞陽河站西南三十里之古城子村。

［16］北面行營都統：北面行營的負責人。北面行營設於正隆六年（1161），是爲討伐契丹而設的臨時性軍事機構，故本書《百官志》不載。白彦敬以樞密副使的身份任此職，當時官爲從二品。負責指揮北路大軍作戰。　白彦敬：部火羅部族人。本名遥設，初名彦恭，因避顯宗允恭諱改。本書卷八四有傳。

［17］北面行營副統：北面行營屬官。負責協助都統指揮各路部隊對契丹作戰。此時紇石烈志寧官正三品。　紇石烈志寧：女真人。本名撒曷輦。本書卷八七有傳。

［18］安武軍節度使：州官名。節度州長官。從三品。安武軍設在冀州，治所在今河北省冀州市。　爽：女真人。即完顔爽，本名阿鄰，宗强長子，金太祖孫。見本書卷六九。

［19］完顔元宜：契丹人。本姓耶律，賜姓完顔。本名阿列，一

名移特輦。本書卷一三二有傳。　揚州：治所在今江蘇省揚州市。

[20]義州：天德三年（1151）以宜州改名，治所在今遼寧省義縣。

[21]陝州：治所在今河南省陝縣。

[22]折可直：本書僅此一見。

[23]同知防禦使事：防禦使之佐，掌通判防禦使事。正六品。李柔立：本書僅此一見。

十二月乙卯，次三河縣，[1]左副元帥完顏毂英來朝。丙辰，次通州，[2]延安尹唐括德温來朝。[3]丁巳，至中都。戊午，謁太祖廟。己未，御貞元殿，受群臣朝。庚申，以元帥左監軍高忠建等爲報諭宋國使。壬戌，詔軍士自東京扈從至京師者復三年。同知河間尹高昌福上書陳便宜，[4]上覽之再三。詔内外大小職官陳便宜。丙寅，詔左副元帥完顏毂英規措南邊及陝西等路事。

[1]三河縣：治所在今河北省三河市。

[2]通州：天德三年（1151）置。治所在今北京市通州區。

[3]延安尹：府官名。延安即延安府。治所在今陝西省延安市。尹即府尹，正三品。　唐括德温：女真人。本名阿里。本書卷一二〇有傳。

[4]同知河間尹：河間即河間府，治所在今河北省河間市。同知爲府尹之佐，掌通判府事。從四品。　高昌福：本書卷一二八有傳。

二年正月戊辰朔，日有食之。伐鼓用幣。上徹樂減膳，不視朝。庚午，上謂宰相曰："進賢退不肖，宰相之職也。有才能高於已者，或懼其分權，往往不肯引置同列，朕甚不取。卿等毋以此爲心。”以前翰林學士承旨致仕翟永固爲尚書左丞，[1]濟南尹僕散忠義爲右丞。[2]都統斜哥、副統完顏布輝坐擅易置中都官吏，[3]斜哥除名，布輝削兩階，罷之。辛未，御太和殿，[4]宴百官，宗戚命婦賜賚有差。壬申，勅御史臺檢察六部文移，[5]稽而不行，行而失當，皆舉劾之。甲戌，除迎賽神佛禁令。乙亥，如大房山。[6]丙子，獻享山陵，禮畢，欲獵而還，左丞相晏等諫曰：“邊事未寧，不宜游幸。”戊寅，還宮。因諭晏等曰：“朕常慕古之帝王，虚心受諫。卿等有言即言，毋緘默以自便。”辛巳，以兵部尚書可喜等謀反，[7]伏誅，詔中外。是日，賜扈從猛安謀克甲士下至阿里喜有差。[8]遣左副點檢蒲察阿孛罕等賞賚河南將士。[9]以前勸農使移剌元宜爲御史大夫。[10]詔前工部尚書蘇保衡、太子少保高思廉振賜山東百姓粟帛，[11]無妻者具姓名以聞。庚寅，行納粟補官法。遣右副元帥完顏謀衍率師討蕭窩斡。[12]壬辰，上謂宰執曰：[13]“朕即位未半年，可行之事甚多，近日全無敷奏。朕深居九重，正賴卿等贊襄。各思所長以聞，朕豈有倦怠。”癸巳，太白晝見。甲午，上謂宰執曰：“卿等當參民間利害，及時事之可否，以時敷奏。不可公餘輒從自便，優游而已。”命河北、山東、陝西等路征南步軍並放還家。[14]咸平、濟州軍二萬入屯京師。[15]丙申，以西南路招討使完顏思敬、兵部尚書阿鄰督北邊將士。[16]

[1]翰林學士承旨：翰林學士院長官。掌制撰詞命，凡應奉文字，銜内帶知制誥。正三品，貞祐三年（1215）升爲從二品。　翟永固：本書卷八九有傳。　尚書左丞：爲執政官，宰相之貳，佐治省事。正二品。

[2]僕散忠義：女真人。本名烏者。本書卷八七有傳。　右丞：爲執政官，宰相之貳，佐治省事。正二品。

[3]都統：都統府長官。正隆末至大定初，金曾於各地設都統府，長官爲都統。統一領導各地的部隊。此處應爲軍官名。　斜哥：女真人。宗翰之孫。本書卷七四有傳。　副統：爲都統之佐。完顏布輝：女真人。本書卷六六有傳。

[4]太和殿：按本書卷二四《地理志上》中都大興府皇城無太和殿，有泰和殿。疑此當爲泰和殿。

[5]御史臺：官署名。掌糾察朝儀、彈劾官邪、勘鞫官府公事，審斷所屬部門理斷不當引起上訴的案件。長官爲御史大夫，正三品，大定十二年（1172）升爲從二品。下設御史中丞，從三品；侍御史二員，從五品；治書侍御史二員，從六品；殿中侍御史二員，正七品；監察御史十二員，正七品。　六部：指尚書省所屬的吏、户、禮、兵、刑、工六部。

[6]大房山：在今北京市房山區西。

[7]可喜：女真人。宗强之子，金太祖孫。本書卷六九有傳。

[8]猛安謀克：金代軍事組織。100人爲謀克，長官稱謀克，也稱百夫長。10謀克爲猛安，長官稱猛安，也稱千夫長。謀克之下，每50人設一位蒲里衍，爲謀克的副從。女真猛安謀克士卒亦有副從，稱阿里喜，以驅丁充當。　阿里喜：又譯作阿里熹。女真語，有副、次的意思，爲女真士卒的副從，多由正軍的子弟充當。正軍一人可携帶阿里喜一至二人，充任雜役。又稱“阿里喜隨色人”“貼軍”。代替正軍著盔甲作戰時被稱爲“擐甲阿里喜”，有功者與正軍同受升賞。

[9]左副點檢：殿前都點檢司屬官，例兼侍衛親軍馬步軍都指

揮使。掌宮掖及行從。從三品。　蒲察阿孛罕：本書僅此一見。　河南：府名。治所在今河南省洛陽市。

［10］勸農使：勸農使司長官。掌勸課天下力田之事。正三品。　移剌元宜：即完顔元宜。　御史大夫：御史臺長官。掌糾察朝儀、彈劾官邪、勘鞫官府公事，審斷所屬部門理斷不當引起上訴的案件。正三品，大定十二年升從二品。

［11］工部尚書：尚書工部長官。掌修造營建法式、諸作工匠、屯田、山林川澤之禁、江河堤岸、道路橋樑等事。正三品。　蘇保衡：本書卷八九有傳。　太子少保：東宫屬官。爲宫師府三少之一。正三品。　高思廉：本書卷八九《蘇保衡傳》："詔保衡安撫山東，前太子少保高思廉安撫臨潢。"與此異。高思廉僅見於此二處。

［12］蕭窩斡：契丹人。即移剌窩斡。本書卷一三三有傳。

［13］宰執：宰相與執政官。金於尚書省下設左、右丞相各一員，平章政事二員，爲宰相；設左、右丞各一員，參知政事二員，爲執政官。

［14］河北：路名。天會七年（1126）析置爲河北東、西路。河北東路治所在今河北省河間市。河北西路治所在今河北省正定縣。

［15］濟州：治所在今吉林省農安縣。　二萬：按"二"，原似"三"缺上横，殿本作"三"。

［16］西南路招討使：西南路詔討司長官。掌招懷降附、征討携離。正三品。西南路招討使司大定八年以前設在豐州，即今内蒙古自治區呼和浩特市東南白塔村，大定八年（1168）後設在應州，即今山西省應縣。　完顔思敬：女真人。初名完顔思恭，因避顯宗名諱改，本名撒改。本書卷七〇有傳。　阿鄰：女真人。即完顔爽，宗强之子，金太祖之孫。本書卷六九有傳。

二月己亥，前翰林待制大穎以言盜賊忤海陵，[1]杖而除名，起爲祕書丞。[2]補闕馬欽以諂事海陵得幸，[3]除名。庚子，詔前户部尚書梁球、户部郎中耶律道安撫山東百姓。[4]招諭盜賊或避賊及避徭役在他所者，並令歸業，及時農種，無問罪名輕重，並與原免。[5]壬寅，太傅、尚書令張浩來見。癸卯，以上初即位，遣遼陽主簿石抹移迭、東京麯院都監移剌葛補招契丹叛人，[6]爲白彦敬、紇石烈志寧所害，並贈鎮國上將軍，[7]令其家各食五品俸，仍收録其子。甲辰，以張浩爲太師，[8]尚書令如故，御史大夫移剌元宜爲平章政事。[9]辛亥，定世襲猛安謀克遷授格。壬子，以太保、左領軍大都督奔睹爲都元帥，[10]太保如故。癸丑，詔降蕭玉、敬嗣暉、許霖等官，[11]放歸田里。甲寅，復用進士爲尚書省令史。[12]丙辰，嵩州刺史石抹术突剌等敗宋兵於壽安縣。[13]丁巳，鄭州防禦使蒲察世傑取陝州。[14]甲子，詔都元帥奔睹開府山東，經略邊事。澤州刺史特末哥及其妻高福娘伏誅。[15]

[1]翰林待制：翰林學士院屬官。分掌詞命文字，分判院事，凡應奉文字，銜内帶同知制誥。正五品。　大穎：渤海人。僅見於此與卷一二九。

[2]祕書丞：秘書監屬官。通掌經籍圖書。正六品。

[3]補闕：諫院屬官。左、右補闕總名補闕。正七品。按本書卷一二九《馬欽傳》，馬欽在正隆時官爲右補闕。　馬欽：本書卷一二九有傳。

[4]梁球：一作梁銶。廣寧府人。海陵貞元末至正隆初爲右司

郎中。大定元年（1161）升爲户部尚書，大定三年因李石冒支倉粟事削官四階，降知火山軍。按本書卷九一《石抹榮傳》，“大定初，還鎮東平，與户部尚書梁銶按治山東盗賊”，則此衍“前”字。本卷上文大定元年十一月，“以户部尚書李石爲參知政事”，梁球升任户部尚書應在此時。　户部郎中：尚書户部屬官。協助户部尚書掌户口、錢糧、土地的政令及貢賦出納、金幣轉通、府庫收藏等事。從五品。　耶律道：即移剌道。本書卷八八有傳。

[5]招諭盗賊或避賊及避徭役在他所者，並令歸業，及時農種，無問罪名輕重，並與原免：本書卷四九《食貨志四》繫此事於大定三年二月，與此異。

[6]遼陽主簿：縣官名。爲縣令之佐，協助縣令掌養百姓、按察所部、宣導風化、勸課農桑、平理獄訟、捕除盗賊、禁止游惰，兼管常平倉及通檢推排簿籍。正九品。遼陽，縣名，治所在今遼寧省遼陽市。　石抹移迭：女真人。另見於本書卷八四、八七，但另兩處皆作招降白彦敬與紇石烈志寧，且文字較詳，此處蓋誤。　東京麯院都監：東京麯院屬官。掌簽署文薄，檢視釀造。正八品。按本書卷五七《百官志三》，“凡京都及真定皆爲都麯酒使司”，與此異。疑東京麯院爲東京都麯酒使司的俗稱。東京，京路名，治所在今遼寧省遼陽市。　移剌葛補：事見於此及本書卷八四、八七。

[7]鎮國上將軍：武散官。從一品下階。

[8]太師：三師之一。正一品。

[9]平章政事：爲宰相，掌丞天子，平章萬機。從一品。始設於天眷元年（1138）。

[10]太保：三師之一。正一品。　左領軍大都督：正隆六年（1161）海陵伐宋，罷元帥府設都督府，統轄諸軍。左領軍大都督爲都督府長官，最高軍事統帥。據本書卷五《海陵紀》，奔睹以樞密使任此職，時官爲從一品。至此以奔睹爲都元帥，正式取消左領軍大都督一官，恢復元帥府建置。　奔睹：女真人。漢名昂。本書卷八四有傳。

［11］蕭玉：奚人。本書卷七六有傳。　敬嗣暉：字唐臣。本書卷九一有傳。　許霖：天眷年間，曾與蔡松年等人結黨構陷田瑴，釀成“田瑴之獄”。海陵貞元二年（1154），曾以吏部侍郎使宋。後官至左諫議大夫、户部尚書、御史大夫。大定二年（1162），金世宗將其降官，放歸田里。大定五年（1165）曾與高懷貞一起被金世宗再度起用。

［12］進士爲尚書省令史：按本書卷五二《選舉志》，熙宗皇統八年（1148）定以進士爲尚書省令史，正隆初，“罷是制，止於密院臺及六部吏人令史内選充”，至此，“罷吏人而復皇統選進士之制”。

［13］嵩州刺史：州官名。刺史州長官。正五品。嵩州，天德三年（1151）改順州置。治所在今河南省嵩縣西南。　石抹术突剌：此事詳於本書卷八六。石抹术突剌作石抹突剌，本書僅此兩見。　壽安縣：治所在今河南省宜陽縣。

［14］鄭州防禦使：州官名。防禦州長官。從四品。鄭州，治所在今河南省鄭州市。　蒲察世傑：女真人。本名阿撒。本書卷九一有傳。

［15］澤州刺史：州官名。刺史州長官。正五品。澤州治所在今山西省晋城市。　特末哥：詳見本書卷六三。　高福娘：詳見本書卷六三。

閏月甲戌，上謂宰臣曰：“比聞外議言，奏事甚難。朕於可行者未嘗不從。自今敷奏勿有所隱，朕固樂聞之。”戊子，上謂宰臣曰：“臣民上書者，多勅尚書省詳閱，而不即具奏，天下將謂朕徒受其言而不行也。其亟條具以聞。”庚寅，詔平章政事移剌元宜泰州路規措邊事。[1]辛卯，太和、厚德殿火。[2]乙未，尚書兵部侍郎温敦术突剌等與窩斡戰，[3]敗于勝州。[4]

[1]泰州路：金初置都統司，隸上京，後改隸北京。海陵正隆間置德昌軍，大定二十五年（1185）罷。治所在今吉林省洮南市東雙塔鄉城四家子舊城址。一説在今黑龍江省泰來縣塔子城。

[2]辛卯，太和、厚德殿火：太和、厚德，皆宮殿名，在金中都大興府皇宮中。起火時間本書卷二三《五行志》與此同爲“大定二年閏二月辛卯”，卷八四《耨盌温敦謙傳》作“大定二年閏二月癸巳”，繫日有誤。又，卷二三爲“神龍殿十六位焚，延及太和、厚德殿”，卷二四《地理志上》中都條下注云，“營建宮室及凉位十六”，則《五行志》所記起火處應爲神龍殿附近的凉位，亦即宮中凉位第十六，本書中簡稱十六位。而後延及太和、厚德殿。此處有誤漏。據本書卷八四，“世宗至中都，多放宮人還家，有稱心等數人在放遣之例，所司失於檢照，不得出宮，心常怏怏。大定二年閏二月癸巳夜，遂於十六位放火”。

[3]尚書兵部侍郎：尚書兵部屬官。協助兵部尚書掌兵籍、軍器、城隍、鎮戍、厩牧、鋪驛、車輅、儀仗、郡邑圖志、險阻、障塞、遠方歸化等事。正四品。　温敦术突剌：本書僅此一見。

[4]勝州：施國祁《金史詳校》卷一認爲脱“東”字，當爲“東勝州”。按，本書卷二四《地理志上》，西京路有東勝州，此外並無勝州，此説是。

三月癸卯，參知政事獨吉義罷。元帥左都監徒單合喜敗宋將吴璘于德順州。[1]甲辰，追削李通官職。[2]乙巳，免南京正隆丁夫貸役錢。辛亥，以廉平誡諭中外官吏。癸亥，詔河南、陝西、山東，昨因捕賊，良民被虜爲賊者，釐正之。

[1]徒單合喜：女真人。本書卷八七有傳。　吴璘：宋將名。

紹興初爲統制和尚原軍馬，曾率部於仙人關擊敗完顔宗弼的部隊。累遷秦鳳路經略安撫使，歷知熙秦二州，節制陝西軍馬，四川宣撫使。宋孝宗時拜太傅，死後追封信王。《宋史》卷三六六有傳。德順州：治所在今甘肅省静寧縣。

[2]李通：本書卷一二九有傳。

四月己巳，右副元帥完顔謀衍等敗窩斡于長濼。[1]辛未，降廢帝亮爲海陵郡王。乙亥，詔減御膳及宫中食物之半。夏國遣使來賀即位，[2]及進方物，及賀萬春節。右副元帥完顔謀衍復敗窩斡於霿𩅽河。[3]辛巳，宴夏使貞元殿。[4]故事，外國使三節人從皆坐廡下賜食。上察其食不精腆，[5]曰："何以服遠人之心。"掌食官皆杖六十。癸未，夏使朝辭，乞互市，從之。己丑，以左丞相晏爲太尉。[6]壬辰，詔征契丹部將士曰："應契丹與大軍未戰而降者，不得殺傷，仍安撫之。後招誘來降者，除奴婢以已虜爲定，其親屬使各還其家，仍官爲贖之。"

[1]長濼：古湖濼名。傅樂焕《遼史叢考》認爲即今内蒙古自治區奈曼旗境工程廟泡子。《中國通史》第六册後附地名，謂在吉林省乾安縣與農安縣之間。

[2]夏國：指西夏（1038—1227）。

[3]霿𩅽（sōng）河：今遼寧省開原市境内的馬鬃河。

[4]貞元殿：據《北京古今記》，大定二年（1162）四月後殿無貞元之稱，或以海陵年號爲諱而改之。

[5]腆（tiǎn）：飯菜豐盛。

[6]左丞相：原作"右丞相"，從施國祁《金史詳校》卷一改。太尉：三公之一。正一品。

五月丁酉朔，以曷速館節度使白彦敬爲御史大夫。[1]戊戌，遣元帥左監軍高忠建會北征將帥討契丹。己亥，以臨海軍節度使紇石烈志寧爲元帥右監軍。[2]右副元帥完顔謀衍、元帥右監軍完顔福壽坐逗遛，[3]召還京師，皆罷之。壬寅，立楚王允迪爲皇太子，[4]詔中外。丁巳，押軍萬户裴滿按剌、猛安移剌沙里剌敗宋兵于華州。[5]

[1]曷速館節度使：曷速館之長。從三品。曷速館，一作曷蘇館，路名。治所在今遼寧省營口市熊岳鎮南永寧城。

[2]臨海軍節度使：州官名。臨海軍設在錦州，治所在今遼寧省錦州市。

[3]逗遛：也作逗留。

[4]楚王：封爵名。大定格，爲大國封號第十一。　允迪：即允恭，本名胡土瓦，世宗第二子。大定二年（1162）賜名允迪，見本書卷一九《世紀補》。

[5]押軍萬户：本處部隊最高指揮官。屬臨時性官職，故本書《百官志》不載。　裴滿按剌：本書卷八七作裴掇滿剌，本書僅此兩見。　移剌沙里剌：僅見於此與卷八七。　華州：治所在今陝西省華縣。

六月戊辰，命御史大夫白彦敬西北路市馬。[1]庚午，以尚書右丞僕散忠義爲平章政事兼右副元帥，經略契丹。詔出内府金銀給征契丹軍用。戊寅，詔居庸關、古北口譏察契丹奸細，[2]捕獲者加官賞。己卯，詔守禦古北口及石門關。[3]庚辰，宋遣使賀即位。壬午，右副元帥僕散忠義與窩斡戰于花道。[4]戊子，以南京留守紇石烈良弼爲尚書右丞。[5]庚寅，[6]右副元帥僕散忠義大敗窩斡于裊嶺西陷泉，[7]獲其弟裊。[8]壬辰，以西南路招討使完顏思敬爲元帥右都監。

[1]西北路：屬西京路。金於西北、西南兩路設招討司。西北路招討司最初設在撫州，後遷至桓州。撫州治所在今河北省張北縣，一說在今内蒙古自治區興和縣境内。桓州治所在今内蒙古自治區正藍旗南黑城子，後北遷三十里建新桓州城，在今内蒙古自治區正藍旗北四郎城。

[2]居庸關：關名。在今北京市昌平區西北雲臺。　古北口：關名。即今北京市密雲縣的古北口。

[3]石門關：在今山西省原平市東北。

[4]花道：地名。在今内蒙古自治區赤峰市東南。

[5]紇石烈良弼：女真人。本名婁室。本書卷八八有傳。

[6]庚寅：原在“右副元帥”之下，此據施國祁《金史詳校》卷一改。

[7]裊嶺：一説在今内蒙古自治區赤峰市境内，一説在今河北省圍場滿族蒙古族自治縣境内。　陷泉：地名。在今内蒙古自治區巴林左旗境内，具體地點待考。

[8]裊：契丹人。僅見於本書卷六、八七、一三三。

七月丁酉，復取原州。[1]丙午，[2]宋主傳位于子昚。[3]甲寅，詔諭契丹。丁巳，速頻軍士术里古等誣完顏謀衍子斜哥寄書其父謀反，[4]并以其書上之。上覽書曰：“此誣也，止訊告者。”訊之，果誣也。术里古伏誅。庚申，太尉、尚書左丞相晏致仕。壬戌，詔發濟州、會寧府軍在京師者，以五千人赴北京都統府。[5]陝西都統璋敗宋將吴璘于張義堡。[6]

[1]原州：治所在今甘肅省鎮原縣。

[2]丙午：《建炎以來繫年要録》卷二〇〇繫於六月丙子。

[3]昚：即宋孝宗，1162年至1189年在位。昚，同“慎”。《玉篇》：“古文慎。”

[4]术里古：本書僅見於此與卷七二。　斜哥：女真人。完顔謀衍之子，隨其父與契丹人作戰，在部隊中横行不法，後爲金世宗勒令回原籍。

[5]北京都統府：官署名。正隆末至大定初曾一度於數路設都統府，是爲對宋與契丹人的戰争中統一調動各路府部隊而設的一種軍事機構，隸屬於元帥府。長官爲都統。據本書卷八八《紇石烈良弼傳》，良弼以南京留守（正三品）兼開封尹（正三品）爲河南都統。卷七〇《完顔宗亨傳》，宗亨“授右宣徽使（正三品），未幾，爲北京路兵馬都統”。卷六五《完顔璋傳》，璋由陝西路都統改“爲西北路招討使”（正三品）。所以，都統應爲正三品銜。北京都統府設於何時不詳，本書爲北京都統者僅見宗亨一人。可能設於大定二年（1162），平契丹後即撤。

[6]陝西都統：陝西都統府長官。本書《百官志》不載。據本書卷四四《兵志》，“正隆末，復升陝西統軍司爲都統府”，卷八七《徒單合喜傳》，“正隆六年，爲西蜀道兵馬都統”，則陝西都統府應設於正隆六年（1161）。據本書卷六《世宗紀上》，罷於大定五年（1165）。則此官僅設五年。正三品。負責統領各路部隊作戰。　璋：女真人。完顔璋爲斡者之孫，本書卷六五有傳。　張義堡：地名。具體地點不詳。據本書卷六五《完顔璋傳》，“都監合喜以璋權都統，與習尼列將兵二萬救德順。璋率騎兵前行，與璘騎兵二萬戰于張義堡遂沙山下，敗之”，則當在德順州境内，即在今甘肅省静寧縣境内。

八月乙丑朔，奚抹白謀克徐列等降。[1]左監軍高忠建破奚于栲栳山，[2]及招降旁近奚六營，有不降者，攻破之，盡殺其男子，以其婦女童孺分給諸軍。丁卯，永興縣進嘉禾。[3]壬申，萬户温迪罕阿魯帶與奚戰于古北口，[4]敗焉，詔同判大宗正事完顔謀衍等禦之。[5]癸酉，上謂宰臣曰："百姓上書陳時政，其言猶有所補。卿等位居機要，略無獻替，可乎？夫聽斷獄訟，簿書期會，何人不能。唐、虞之聖，猶務兼覽博照，乃能成治。正隆專任獨見，故取敗亡。朕早夜孜孜，冀聞讜論，[6]卿等宜體朕意。"詔："百司官吏，凡上書言事或爲有司所抑，許進表以聞，朕將親覽，以觀人材優劣。"夏國遣使賀尊號。丁丑，免齊國妃、韓王亨、樞密忽土、留守隤等家親屬在宫籍者。[7]詔元帥右都監完顔思敬以所部軍與大軍會討窩斡。乙酉，詔左諫議大夫石琚、監察御史馮仲尹廉察河北東路。[8]丁亥，詔御史臺曰："卿等所劾，惟諸局行移稽緩，及緩於赴局者耳，此細事也。自三公以下，[9]官僚善惡邪正，當審察之。若止理細務而略其大者，將治卿等罪矣。"契丹老和尚降。[10]辛卯，罷諸關征税。

[1]抹白謀克：奚族猛安謀克名。金建國後，奚人降金，各置猛安謀克以領之。抹白爲奚人部族名稱，據本書卷九〇《移剌道傳》，"抹白猛安下謀克徐列"，此謀克當是抹白猛安下屬謀克。所在地不詳。　徐列：本書僅見於此及卷九〇。

[2]栲栳山：山名。待考。

[3]永興縣：治所在今河北省涿鹿縣。

[4]温迪罕阿魯帶：女真人。事見於此及本書卷七二、一三三。此戰詳見卷七二。温迪罕阿魯帶官爲濟州押軍萬户。

[5]同判大宗正事：大宗正府屬官。協助大宗正丞掌敦睦宗屬欽奉王命。泰和六年（1206）因避諱改爲同判大睦親事。從二品。

[6]讜（dǎng）論：正直的言論。

[7]齊國妃：齊爲封爵名。天眷格，《大金集禮》爲大國封號第八，《金史·百官志》爲第七。此處當是指宗雄。據本書卷七三《完顔宗雄傳》，"天眷中，追封太師、齊國王"，海陵時"因宗雄妻于府署，明日，與其子婦及常春兄弟、茶扎之子七人皆殺而焚之"。　韓王：封爵名。天眷格，《大金集禮》爲次國封號第六，《金史·百官志》爲第四。　亨：女真人。完顔亨本名孛迭，宗弼之子，金太祖孫。本書卷七七有傳。據本書卷七七《完顔亨傳》，"熙宗時，封芮王"，"大定初，追復亨官爵，封韓王"，此處所稱爲大定時追封之爵位。　sd：契丹人蕭賾。海陵時官爲吏部尚書、參知政事、尚書右丞。後罷爲北京留守，統兵與契丹起義軍作戰。因戰事不利被處死，並被滅族，家屬没爲奴，至世宗大定二年（1162）始免爲良人。

[8]左諫議大夫：諫院長官。正四品。　石琚：字子美。本書卷八八有傳。　監察御史：御史臺屬官。負責糾察内外非違，刷磨諸司察帳並監祭禮及出使之事。正員十二名，正七品。　馮仲尹：海陵時爲尚書省令史。本書僅見於此及卷一二〇。

[9]三公：指太尉、司徒、司空。皆正一品。

[10]老和尚：契丹人。本書共三人名老和尚，此人僅此一見。

九月甲午朔，完顔謀衍擒奚猛安合住。[1]元帥左都監徒單合喜大敗宋將吴璘于德順州。乙未，詔尚書右丞紇石烈良弼以便宜招撫奚、契丹之叛者。庚子，元帥右都監完顔思敬獲契丹窩斡，餘衆悉平。以尚書左司員外郎完顔正臣爲夏國生日使。[2]壬寅，獵于近郊。乙巳，以移剌窩斡平，詔中外。庚戌，改葬睿宗皇帝。壬子，以元帥右都監完顔思敬爲右副元帥。戊午，詔思敬經略南邊。辛酉，奉遷睿宗皇帝梓宮于磐寧宮。[3]癸亥，元帥左監軍徒單合喜等敗宋兵于德順州。河南統軍使宗尹復取汝州。[4]

[1]合住：奚人。本書名合住者計十四人，此人事見於此及本書卷七二、九〇。

[2]尚書左司員外郎：尚書省左司屬官。掌本司奏事，總察吏、户、禮三部受事付事，兼帶修起居注。正六品。　完顔正臣：女真人。本書僅見於此及卷六一。

[3]磐寧宮：行宮名。本書卷二四《地理志上》作“盤寧宮”，在涿州奉先縣。當在今北京市房山區境内。

[4]河南統軍使：河南統軍司長官。督領軍馬，鎮攝封陲，分管營衛、視察奸僞。正三品。按，本書卷八八《紇石烈良弼傳》，“海陵死，世宗就以良弼爲南京留守兼開封尹，再兼河南都統”，則此時已設河南都統。本卷下文大定三年（1163）“罷河南、山東、陝西統軍司”，取消此官，當是以所掌并入都統府。　宗尹：女真人。本名阿里罕。本書卷七三有傳。　汝州：治所在今河南省汝州市。

十月丁卯，以左副元帥完顔彀英爲平章政事。戊辰，如山陵，謁睿宗皇帝梓宮，哭盡哀。平章政事、右副元帥僕散忠義等還自軍，上謁。丙戌，以僕散忠義爲尚書右丞相、元帥左監軍紇石烈志寧爲左副元帥。[1]戊子，葬睿宗皇帝于景陵，大赦。己丑，詔左副元帥紇石烈志寧經略南邊。壬辰，華州防禦使蒲察世傑、丹州刺史赤盞胡速魯改敗宋兵于德順州。[2]

[1]右丞相：爲宰相。掌丞天子，平章萬機。從一品。

[2]華州防禦使：州官名。防禦州長官。從四品。華州治所在今陝西省華縣。　丹州刺史：州官名。刺史州長官。正五品。丹州治所在今陝西省宜川縣。　赤盞胡速魯改：事見於此及本書卷六五、八七。

十一月癸巳朔，詔右丞相僕散忠義伐宋。丁酉，第職官，廉能、污濫、不職各爲三等而黜陟之。

十二月乙酉，遣尚書刑部侍郎劉仲淵等廉察宣諭東京、北京等路。[1]

[1]尚書刑部侍郎：尚書刑部屬官。協助刑部尚書掌律令格式、審定刑名、關津譏察、赦詔勘鞫、追征給没及監户、官户、配隸、訴良賤、城門啓閉、官吏改正、功賞捕亡等事。正四品。　劉仲淵：後爲同修國史，參加《太宗實録》的編寫工作。改禮部侍郎。大定五年（1165）爲賀宋正旦使，大定八年降爲石州刺史。　東京：京路名。治所在今遼寧省遼陽市。　北京：京路名。遼時爲中京，金初因之。貞元元年（1153）改爲北京。治所在今内蒙古自治區寧城縣大明城。

三年正月壬辰朔，高麗、夏遣使來賀。庚子，太白晝見。壬子，遣客省使烏居仁賞勞河南軍士。[1]癸丑，復取德順州。

[1]客省使：客省負責人。掌接伴人使見辭之事。正五品。烏居仁：海陵時爲同知宣徽院事。據本書卷一三三《張僅言傳》，世宗即位之初爲禮部尚書，不知何時、因何降爲此職。

二月甲子，詔太子少詹事楊伯雄等廉問山西路。[1]庚午，上謂宰相曰："灤州饑民，[2]流散逐食，甚可矜恤。移於山西，富民贍濟，仍于道路計口給食。"壬申，詔撫諭陝西。庚辰，太保、都元帥奔睹薨。丙戌，趙景元等以亂言伏誅。[3]庚寅，[4]高麗、夏遣使來賀萬春節。高麗遣使賀即位。東京僧法通以妖術亂衆，[5]都統府討平之。[6]

[1]太子少詹事：太子詹事院屬官。協助太子詹事負責東宫内外庶務。從四品。　楊伯雄：本書卷一〇五有傳。　山西路：路名，指西京路。治所在今山西省大同市。

[2]灤州：治所在今河北省灤縣。

[3]趙景元：本書僅此一見。

[4]庚寅：庚寅爲二月二十九。施國祁《金史詳校》卷一認爲，這是使臣抵達的日期，進賀應在三月初一。

[5]法通：本書僅此一見。

[6]都統府：官署名。即東京都統府。長官爲東京都統，當是正三品銜。東京都統府設於何時、罷於何時均不詳。按都統府之設，是出於軍事上的需要。北邊各處都統府是爲對付契丹人，故戰事一停即相繼取消。據此推測，設置當不早於正隆六年（1161），取消當在大定二年（1162）以後。

三月丙申，中都以南八路蝗，[1]詔尚書省遣官捕之。

壬寅，詔户部侍郎魏子平等九人，[2]分詣諸路猛安謀克，勸農及廉問。詔臨潢漢民逐食於會寧府濟、信等州。[3]庚戌，詔免去年租税。

[1]中都以南八路：指河北東、西路，山東東、西路，河東南、北路，大名府路，南京路。

[2]户部侍郎：尚書户部屬官。協助户部尚書掌户口、錢糧、土地的政令及貢賦出納、金幣轉通、府庫收藏等事。正四品。　魏子平：本書卷八九有傳。中華點校本認爲，按本書卷九二《曹望之傳》，大定三年（1163），“詔遣户部侍郎魏子平、大興少尹同知中都轉運事李滌、禮部侍郎李愿、工部郎中移剌道、户部員外郎完顏兀古出、監察御史夾古阿里補及望之分道勸農，廉問職官臧否”，實爲七人，與此數目不同。

[3]信州：遼開泰七年（1018）置。治所在今吉林省公主嶺市西北新集城。

四月辛酉朔，右副元帥完顏思敬罷。丁卯，平章政事完顏彀英、御史大夫白彦敬罷。以參知政事李石爲御史大夫。丁丑，詔吏犯贓罪，雖會赦不叙。己卯，以引進使韓綱爲横賜高麗使。[1]乙酉，賑山西路猛安謀克貧民，給六十日糧。是月，取商、虢、環州，[2]宋所侵一十六州至是皆復。

[1]引進使：引進司長官。掌進外方人使貢獻禮物事。正五品。韓綱：大定十年（1170）曾以同知宣徽院事使宋。本書僅見於此及卷六一。

[2]商：州名。治所在今陝西省商洛市。　虢：州名。治所在

今河南省靈寶市。　環：州名。治所在今甘肅省環縣。

五月辛卯朔，右丞相僕散忠義朝京師。乙未，以重五，幸廣樂園射柳，[1]命皇太子、親王、百官皆射，勝者賜物有差。上復御常武殿，賜宴擊毬。自是歲以爲常。丙申，宋人攻破靈璧、虹縣。[2]己亥，罷河南、山東、陝西統軍司，[3]置都統、副統。[4]以太子詹事完顔守道從皇太子，[5]上召諭守道曰："卿任執政，所責非輕，自今毋從行。"辛丑，以右丞相僕散忠義兼都元帥。癸卯，僕散忠義還軍。河南路都統奚撻不也叛入于宋。[6]丙午，宋人攻破宿州。[7]辛亥，更定出征軍逃亡法。尚書省請籍天德間被誅大臣諸奴隸及從窩斡亂者爲軍，上以四方甫定，民意稍蘇，而復簽軍，非長策，不聽。癸丑，詔諭契丹餘黨蒲速越等，[8]如能自新，並釋其罪。若執蒲速越父子以來者，仍官賞之。左副元帥紇石烈志寧復取宿州，河南副統孛术魯定方死于陣。[9]乙卯，以北京留守完顔思敬復爲右副元帥。中都蝗。詔參知政事完顔守道按問大興府捕蝗官。[10]

[1]射柳：金人競技性娱樂活動。本遼人舊俗，金人延之。具體形式見於本書卷三五《禮志八》："凡重五日拜天禮畢，插柳球場爲兩行，當射者以尊卑序，各以帕識其枝，去地約數寸，削其皮而白之。先以一人馳馬前導，後馳馬以無羽横鏃箭射之，既斷柳，又以手接而馳去者爲上，斷而不能接去者，次之，或斷其青處，及中而不能斷，與不能中者，爲負。每射，必伐鼓以助其氣。"

[2]靈璧：縣名。治所在今安徽省靈璧縣。　虹縣：治所在今

安徽省泗縣。

［3］統軍司：官署名。金於河南、山東、陝西、山西四路設統軍司，督領軍馬、鎮攝封陲。據本書卷四四《兵志》，天德二年（1150）九月，“置統軍司于山西、河南、陝西三路，以元帥府都監、監軍爲使，分統天下之兵”。隸元帥府，長官爲統軍使，正三品。山東統軍司置於何時不詳。按本書卷八六《夾古胡剌傳》，“正隆末，山東盜起。山東路統軍司選諸軍八百人作十謀克”，則應設於海陵正隆末。本卷上文有陝西都統完顔璋，本書卷八七《紇石烈良弼傳》，“海陵死，世宗就以良弼爲南京留守兼開封尹，再兼河南都統”，本書卷六《世宗紀上》，“詔都元帥奔睹開府山東”，卷九一《完顔撒改傳》，“已而爲山東路元帥副都統”，可證此時河南、山東、陝西已皆設都統府。此處下文“置都統、副統”，似乎是至此時方設都統府，誤。此次罷統軍司，應是因爲其職掌與都統府重復，事權不一。故集權於都統府。

［4］都統：都統府長官。掌督領各路軍馬作戰。正三品。　副統：官名。都統府屬官。據本書卷一三三《移剌窩斡傳》，“吏部郎中（從五品）完顔達吉爲副統”，則此官應是正五品或從五品。

［5］太子詹事：太子詹事院負責人。總統東宫内外庶務。從三品。　完顔守道：女真人。本名習尼列，完顔希尹之孫。本書卷八八有傳。施國祁《金史詳校》卷一認爲，於完顔守道下當加“拜參知政事兼太子少保”。

［6］河南路都統：河南路都統府長官。本書卷八七《紇石烈良弼傳》，“海陵死，世宗就以良弼爲南京留守（正三品）兼開封尹（正三品），再兼河南都統”，則此官當始設於正隆末、大定初，爲正三品銜。本書爲此官者除奚撻不也之外僅三人，紇石烈良弼、宗尹、阿魯補。此官取消時間不詳，但考慮到設置河南路都統府是爲對宋戰爭的需要，對宋戰事結束後即應罷，故應罷於大定五年（1165）左右。　奚撻不也：本書僅見於此及卷八七。

［7］宿州：治所在今安徽省宿州市。

[8]蒲速越：本書僅見於此與卷一三三。

[9]孛术魯定方：女真人。本書卷八六有傳。《宋史》卷三〇《高宗紀七》紹興二十一年（1151）十二月作“兀术魯定方”。

[10]大興府：原名析津府。貞元元年（1153）更名永安，貞元二年更此名。治所在今北京市。

六月庚申朔，日有食之。以刑部尚書蘇保衡爲參知政事。[1]丙子，詔曰：“正隆之末，濟州路逃回軍士爲中都官軍所邀殺者，官爲收葬。”己卯，觀稼于近郊。甲申，太師、尚書令張浩罷。以宿直將軍阿勒根和衍爲橫賜夏國使。[2]

[1]刑部尚書蘇保衡：據本書卷八九《蘇保衡傳》，入爲太常卿，遷禮部尚書。三年拜參知政事。所記與此異，或本傳漏記刑部尚書。

[2]宿直將軍：殿前都點檢司屬官。掌總領親軍，管理宮城諸門衛禁及行從宿衛之事。定員八名，從五品。　阿勒根和衍：本書僅見於此及卷六一。按，卷六一《交聘表中》記此事在大定三年（1163）五月。

七月庚戌，太白晝見。以太子太師宗憲爲平章政事。[1]以孔總爲襲封衍聖公。[2]

[1]太子太師：東宮屬官。宮師府三師之一。正二品。

[2]孔總：字元會。本書卷一〇五有傳。

八月丙寅，太白經天。庚午，詔曰：“祖宗時有勞効未曾遷賞者，五品以上聞奏，六品以下及無職事者，尚書省約量升除。”甲戌，詔參知政事完顏守道招撫契丹餘黨。戊寅，詔罷契丹猛安謀克，其户分隸女直猛安謀克。命諸官員年老者，許存馬一二疋，餘並括買入官。勑殿前都點檢唐括德温：[1]“重九出獵，[2]國朝舊俗。今扈從軍二千，能無擾民！可嚴爲約束，仍以錢萬貫分賜之。”乙酉，如大房山。丁亥，薦享于睿陵。戊子，還宫。

[1]殿前都點檢：殿前都點檢司長官，例兼侍衛親軍馬步軍都指揮使。掌行從宿衛、關防門禁、督攝隊仗，總判司事。正三品。

[2]重九：節令名。農曆的九月初九稱“重九”，也稱“重陽”。

九月癸巳，[1]以宿直將軍僕散習尼列爲夏國生日使。[2]丁酉，秋獵。以重九，拜天于北郊。丙午，詔翰林待制劉仲誨等廉問車駕所經州縣。[3]乙卯，還宫。

[1]九月癸巳：原癸巳上無“九月”，“九月”繫於下文“丁酉”之前。從施國祁《金史詳校》卷一改。

[2]僕散習尼列：女真人。僅見於此及卷六一。本句前原脱“以”字，從中華點校本補。

[3]劉仲誨：本書卷七八有傳。

十月甲子，大享于太廟。丙寅，以許王府長史移剌天佛留爲高麗生日使。[1]癸酉，冬獵。

[1]許王府長史：親王府屬官。掌警嚴侍從、總統本府之事。從五品。許王爲金封爵名，天眷格，爲大國封號第十二。此許王指金世宗子永中。　移剌天佛留：本書僅見於此及卷六一。

十一月庚寅，太白晝見，經天。壬辰，還都。戊申，詔："求仕官輒入權要之門，追一官，仍降除。以請求有所饋獻及受之者，具狀奏裁。"庚戌，百官請上尊號，不允。詔："中都、平州及饑荒地并經契丹剽掠，[1]有質賣妻子者，官爲收贖。"壬子，尚書左丞翟永固罷。癸丑，罷貢金綫段疋。甲寅，以尚書右丞紇石烈良弼爲左丞，吏部尚書石琚爲參知政事。[2]

[1]平州：治所在今河北省盧龍縣。

[2]吏部尚書：尚書吏部長官。掌文武選授、勳封、考課、出給制誥等政事。正三品。

十二月丁丑，臘，[1]獵于近郊，以所獲薦山陵，自是歲以爲常。詔流民未復業，增限招誘。己卯，參知政事蘇保衡至自軍，辛巳，以爲尚書右丞。

[1]臘：祭名。在冬至後第三個戌日舉行。此日因也稱臘日。

四年正月丁亥朔，高麗、夏遣使來賀。戊子，罷路府州元日及萬春節貢獻。[1]上謂侍臣曰："秦王宗翰有功於國，[2]何乃無嗣？"皆未知所對。上曰："朕嘗聞宗翰在西京坑殺匄者千人，得非其報耶。"癸巳，百官復請上尊號，不允。丁酉，如安州春水。[3]壬寅，至安州。

大雪。詔扈從人舍民家者，人日支錢一百與其主。甲辰，元帥府言："宋遣審議官胡昉致尚書右僕射書，[4]來議和好。以其言失信，拘昉軍中，以書答之。"及以書進，上覽之曰："宋之失信，行人何罪，當即遣還。邊事令元帥府從宜措畫。"[5]乙巳，尚書省奏："徐州民曹珪討賊江志，而子弼亦在賊中，[6]并殺之。法當補二官，叙雜班。"[7]上以所奏未當，進一官，正班用之。[8]辛亥，獲頭鵝，[9]遣使薦山陵，自是歲以爲常。

[1]元日：正月初一。

[2]秦王：封爵名。天眷格，《大金集禮》爲大國封號第五，《金史·百官志》爲第四。　宗翰：女真人。本名粘没喝，漢語訛爲粘罕，國相撒改之長子。本書卷七四有傳。

[3]安州：天會七年（1129）升順安軍置。治所在今河北省高陽縣東舊城。大定二十八年（1188）移於今河北省安新縣西南安州。　春水：即春捺鉢，指皇帝春季外出游獵。據本書卷二四《地理志上》，安州高陽縣"有徐河，百濟河"，此次春水當在此處。高陽縣，此時爲安州首縣，治所在今河北省高陽縣東舊城。

[4]審議官：宋官名。全稱爲使金通問國信所審議官。　胡昉：宋人。本書見於卷六、六一、八七、九三。　尚書右僕射：宋官名。尚書令之佐，爲宰相，掌丞天子，議大政。此處指湯思退。按《宋史》卷三三《孝宗紀一》，宋隆興元年（1163）十一月，"以胡昉、楊由義爲使金通問國信所審議官"。

[5]元帥府：官署名。金於天會三年（1125）設元帥府，掌征討之事。長官爲都元帥，從一品。

[6]徐州：治所在今江蘇省徐州市。　曹珪：本書卷一二一有傳。　江志：本書僅見於此及卷一二一。　弼：本書僅見於此及卷

一二一。

[7]雜班：金代對官員出身所作的規定，凡不是進士、舉人、勞効、蔭襲、恩例出身的稱爲雜班。

[8]正班：金代對官員出身所作的規定，凡自進士、舉人、勞効、蔭襲、恩例出身的稱爲正班。

[9]頭鵝：春水時射獲的第一隻鵝，爲此舉行的慶祝性宴會稱頭鵝宴。

二月丁巳，[1]免安州今年賦役，及保塞縣御城、邊吴二村凡扈從人嘗止其家者，[2]亦復一年。辛酉，獵于高陽之北。[3]庚午，還都。庚辰，以北京粟價踴貴，詔免今年課甲。

[1]二月丁巳：施國祁《金史詳校》卷一認爲，此下當加“朔”字。

[2]保塞縣：治所在今河北省保定市。大定十六年（1176）更爲清苑縣。　御城：村名。在今河北省保定市附近。　邊吴：村名。在今河北省保定市附近。

[3]高陽：治所在今河北省高陽縣東舊城。

三月丙戌朔，萬春節，高麗、夏遣使來賀。詔免北京歲課段匹一年。庚子，京師地震。壬寅，百官復請上尊號，不允。

四月丁巳，平章政事完顔元宜罷。甲戌，出宫女二十一人。

五月，旱。癸卯，勅有司審冤獄，禁宫中音樂，放毬場役夫。乙巳，詔禮部尚書王競禱雨于北岳。[1]己酉，命參知政事石琚等於北郊望祭禱雨。[2]壬子，雨。窩斡餘黨蒲速越伏誅。

[1]禮部尚書：尚書禮部長官。掌禮樂、祭祀、燕享、學校、貢舉、儀式、制度、符印、表疏、圖書、册命、祥瑞、天文、漏刻、國忌、廟諱、醫卜、釋道、四方使客、諸國進貢、犒勞張設等事。正三品。　王競：本書卷一二五有傳。　北岳：山名。即今北岳恒山。

[2]望祭：又稱遥祭，指古代帝王祭祀山川、日月、星辰。此指遥祭北岳。

六月甲寅朔，日有食之。壬戌，尚書左丞紇石烈良弼至自征南元帥府。[1]甲子，以雨足，命有司祭謝岳、鎮、海、瀆于北郊。[2]己巳，幸東宫，視皇太子疾。庚午，初定祭五岳四瀆禮。[3]辛未，觀稼于近郊。庚辰，詔諭元帥府曰："所請伐宋軍萬五千，今以騎三千、步四千赴之。"詔陝西元帥府議入蜀利害以聞。[4]

[1]征南元帥府：官署名。爲元帥府的派出機構，設在南京，即今河南省開封市。負責指揮河南、山東各路部隊對宋作戰。大定四年（1164）設陝西元帥府後，稱征南元帥府以示區别。長官僕散忠義，當時的官職爲都元帥，從一品。據本書卷八七《紇石烈志寧傳》，僕散忠義還朝後，紇石烈志寧繼續主持征南元帥府的工作。至大定六年二月，紇石烈志寧還朝任樞密使，則征南元帥府當於此時撤銷。

[2]岳：高大的山。常指五岳。　鎮：古代稱一方的主山爲鎮。瀆：大川。

[3]五岳四瀆：五岳指北岳恒山、東岳泰山、西岳華山、中岳嵩山、南岳衡山。四瀆指長江、黄河、淮河、濟水。

[4]陝西元帥府：官署名。始設於大定四年（1164），初設於京兆府，即今陝西省西安市，後遷至河中府，即今山西省永濟市蒲州鎮。負責指揮陝西各路部隊對宋作戰。爲金元帥府的派出機構，第一任長官爲徒單合喜，當時的官職爲元帥左都監，從三品。本書卷二六《地理志下》，"大定五年置陝西元帥府"，誤。據本書卷八七《徒單合喜傳》，大定七年，徒單合喜入朝任樞密副使，則陝西元帥府當於此時撤銷。

七月壬辰，故衛王襄妃及其子和尚以妖妄伏誅。[1]庚子，以尚書左丞紇石烈良弼爲平章政事。辛丑，大風雷雨，拔木。

[1]衛王襄：指海陵弟完顏襄，其妃名僧酷。事見本書卷七六《完顏襄傳》。　和尚：女真人。一名樂善。見本書卷七六。

八月甲寅朔，詔征南元帥府曰："前所請收復舊疆，乞候秋凉進發，今已秋凉，復俟何時？"戊午，以參知政事完顏守道爲尚書左丞，大興尹唐括安禮爲參知政事。壬申，上謂宰臣曰："卿每奏皆常事，凡治國安民及朝政不便於民者，未嘗及也。如此，則宰相之任誰不能之。"己卯，如大房山。辛巳，致祭于山陵。

九月癸未朔，還都。乙酉，上謂宰臣曰："形勢之家，親識訴訟，請屬道達，[1]官吏往往屈法徇情，宜一切禁止。"己丑，上謂宰臣曰："北京、懿州、臨潢等路嘗經契丹寇掠，[2]平、薊二州近復蝗旱，[3]百姓艱食，父母兄弟不能相保，多冒鬻爲奴，朕甚閔之。可速遣使閱實其數，出内庫物贖之。”乙未，幸鷹房。主者以鷹隼置内省堂上，上怒曰：“此宰相聽事，豈置鷹隼處耶。”痛責其人，俾置他所。己亥，以宿直將軍烏里雅爲夏國生日使。[4]辛亥，以太子少詹事烏古論三合爲高麗生日使。[5]

[1]屬：同“囑”。

[2]懿州：治所在今遼寧省阜新市東北塔營子村。

[3]薊州：治所在今天津市薊縣。

[4]烏里雅：女真人。即完顔烏里雅。本書僅見於此及卷六一。

[5]烏古論三合：女真人。本書卷八二有傳。

十月癸丑朔，[1]獵于密雲縣。[2]丙寅，還都。己卯，命泰寧軍節度使張弘信等二十四人分路通檢諸路物力。[3]

[1]十月癸丑朔：“癸丑”，原作“癸亥”。按，是年八月甲寅朔，九月癸未朔，則十月朔應是癸丑。從中華點校本改。

[2]密雲縣：治所在今北京市密雲縣。

[3]泰寧軍節度使：州官名。節度州長官。從三品。泰寧軍設在兖州，治所在今山東省兖州市。大定十九年（1179）更名泰定軍。　張弘信：海陵時爲步軍都指揮使。按，本書卷四六《食貨志一》，“遣信臣泰寧軍節度使張弘信等十三人，分路通檢天下物力而差定之”，與此不同。

十一月乙西，征南都統徒單克寧敗宋兵，[1]取楚州。[2]己丑，封子永功爲鄭王。[3]辛卯，冬獵。乙未，詔進師伐宋。戊戌，次河間府。辛丑，尚書省火。甲辰，次清州。[4]

[1]征南都統：指征南元帥府下屬的都統。據本書卷九二《徒單克寧傳》，其時克寧官爲益都尹兼山東路兵馬都總管、行軍都統。則其正式的官稱應該是行軍都統。　徒單克寧：女真人。本名習顯。本書卷九二有傳。

[2]楚州：治所在今江蘇省淮安市。

[3]永功：女真人。本名宋葛，又名廣孫，金世宗之孫。本書卷八五有傳。　鄭王：金封爵名。大定格，爲次國封號第二。

[4]清州：治所在今河北省青縣。

閏月壬子朔，還都。

十二月丁亥，尚書省奏都統高景山取商州。[1]己丑，臘，獵于近郊。辛卯，太白晝見，經天。是歲，大有年。斷死罪十有七人。

[1]高景山：海陵時曾以簽書樞密院事爲賀宋生日使，世宗時官至延安尹、都統，受陝西元帥府統轄，領兵在西路與宋軍作戰，在商州一帶打過勝仗。據《三朝北盟會編》卷二一六，熙宗時官爲尚厩局使，曾參與弑熙宗。本書失載。

五年正月辛亥朔，高麗、夏遣使來賀。乙卯，詔泰州、臨潢接境設邊堡七十，[1]駐兵萬三千。己未，宋通問使魏杞等以國書來。[2]書不稱"大"，稱"姪宋皇帝"，稱名，"再拜奉書于叔大金皇帝"。歲幣二十萬。

辛未，詔中外。復命有司，旱、蝗、水溢之處，與免租賦。癸酉，命元帥府諸新、舊軍以六萬人留戍，餘並放還。以宋國歲幣悉賞諸軍。

[1]臨潢："潢"，原作"湟"，據殿本改。

[2]通問使：宋官名。宋在與金、蒙古戰争期間或戰後，爲求和或和談而派出的使臣。　魏杞：《宋史》卷三八五有傳。按，本書卷六一《交聘表中》繫此事於"癸亥"，與此異。

二月壬午，以左副都點檢完顏仲等爲宋報問使。[1]壬寅，罷納粟補官令。戊申，[2]萬春節，宋、高麗、夏遣使來賀。

[1]完顏仲：女真人。本名石古迺。本書卷七二有傳。

[2]戊申：原原文上有"三月"二字。按，本書卷六一《交聘表中》繫此事於大定五年（1165）二月，是。戊申爲本年二月二十九日，據删"三月"二字。施國祁《金史詳校》卷一認爲，此是使臣抵京日期，例於三月初一受賀。

三月壬申，[1]群臣奉上尊號曰應天興祚仁德聖孝皇帝，詔中外。

[1]三月壬申："三月"，原在上文"戊申"前，因戊申實爲二月二十九日，故將"三月"移此處。

四月癸卯，西京留守壽王京謀反，[1]獄成，特免死，杖之，除名，嵐州安置。[2]乙巳，右副元帥完顏思敬罷。

丁未，右丞相、都元帥僕散忠義還自軍。

[1]壽王：封爵名。大定格，爲次國封號第二十九。　京：女真人。本名忽魯，宗幹次子，金太祖之孫。本書卷七四有傳。

[2]嵐州：治所在今山西省嵐縣北之嵐城。

五月壬子，左副元帥紇石烈志寧以召入見。丁巳，以僕散忠義爲尚書左丞相，紇石烈志寧爲平章政事，還軍。乙丑，以平章政事宗憲爲尚書右丞相。癸酉，罷山東路都統府，[1]以其軍各隸總管府。[2]

[1]罷山東路都統府：山東路都統府置於何時不詳。參之本書卷六《世宗紀上》，大定二年（1162）二月，“詔都元帥奔睹開府山東”，“大定三年五月己亥，罷河南、山東、陝西統軍司”，似應在大定二、三年之間。

[2]總管府：官署名。金於各路設總管府，負責總督諸城兵馬甲仗，長官爲都總管，正三品。據本書卷九一《完顏撒改傳》，山東路元帥副都統完顏撒改“領山東、大名、東平三路軍八萬餘渡淮”，則山東路都統府至少管轄山東東、西路與大名府路三路的兵馬，所以此處纔説“以其軍各隸總管府”。

六月甲辰，芝産大安殿柱。[1]丙午，京師地震，雨毛。[2]

[1]大安殿：在中都大興府皇宫中，爲應天門内第一重宫殿。

[2]雨毛：按，本書卷二三《五行志》作“地生白毛”，與此不同。

七月戊申朔，京師地復震。罷陝西都統府，復置統軍司京兆，[1]徙陝西元帥府河中。[2]

［1］京兆：府名。治所在今陝西省西安市。
［2］河中：府名。治所在今山西省永濟市蒲州鎮。

八月己卯，前宿州防禦使烏林荅剌撒，以與宋李世輔交通，[1]伏誅。癸巳，宋、夏遣使賀尊號。

［1］烏林荅剌撒：大定初爲濟州押軍萬户，曾隨宗叙討契丹。後爲宿州防禦使，派人入宋境交易，私通宋將李世輔，至此伏誅。李世輔：原爲蘇尾九族巡檢。夏大德四年（1138）金攻陷宋延安，與父俱被俘，後投西夏，又投宋，改名顯忠。《宋史》卷三六七有傳。

九月丁未朔，以吏部尚書高衎等爲賀宋生日使。[1]戊申，秋獵。庚戌，以宿直將軍术虎蒲查爲夏國生日使。[2]甲戌，還都。

［1］高衎（kàn）：本書卷九〇有傳。
［2］术虎蒲查：女真人。本書僅見於本卷及卷六一。

十月丁丑朔，地震。辛巳，以大宗正丞璋爲高麗生日使。[1]乙未，冬獵。辛丑，還都。

［1］大宗正丞：大宗正府屬官。定員二人，一員於宗室中選能幹者充，一員不限親疏，分司上京長貳、兼管臨潢以東六司屬。從

四品。泰和六年（1206）改爲大睦親丞。

十一月丙午朔，上謂宰臣曰："朕在位日淺，未能徧識臣下賢否，全賴卿等盡公舉薦。今六品以下殊乏人材，何以副朕求賢之意。"癸丑，幸東宫。戊午，以右副都點檢烏古論粘没曷爲賀宋正旦使。[1]癸亥，立諸路通檢地土等第税法。癸酉，大霧，晝晦。

[1]右副點檢：殿前都點檢司屬官，例兼侍衛親軍馬步軍副都指揮使。掌宫掖及行從。從三品。　烏古論粘没曷：女真人。見本書卷一二〇。按，《宋史》卷三三《孝宗紀一》作烏古論忠弼，應爲其漢名。

十二月己丑，獵于近郊。高麗遣使賀尊號。

六年正月丙午朔，宋、高麗、夏遣使來賀。庚午，勅有司，宫中張設毋以塗金爲飾。

二月丁亥，尚書左丞相兼都元帥沂國公僕散忠義薨。[1]壬寅，[2]萬春節，宋、高麗、夏遣使來賀。

[1]沂國公：封爵名。大定格，爲次國封號第二十五。

[2]壬寅：原上有"三月"二字。按，本年二月乙亥朔，壬寅爲二月二十八。此上"三月"二字當移入下文"甲寅"之前。施國祁《金史詳校》卷一認爲，此爲使臣抵京日期，例於三月初一進賀。

三月甲寅，上如西京。庚申，次歸化州，[1]西京留守唐括德温上謁。戊辰，至西京。庚午，朝謁太祖廟。

壬申，擊毬，百姓縱觀。

[1]歸化州：遼以武州改名，治所在今河北省張家口市宣化區。大定七年（1167）改爲宣化州。

四月甲戌朔，詔月朔禁屠宰。戊戌，以尚書右司郎中移剌道爲橫賜高麗使，[1]宿直將軍斜卯撾剌爲橫賜夏國使。[2]辛丑，太白晝見。

[1]尚書右司郎中：尚書省右司屬官。掌本司奏事，總察兵、刑、工三部受事付事，兼帶修起居注。正五品。　移剌道：本名按。本書卷九〇有傳。

[2]斜卯撾剌：女真人。本書僅見於此及卷六一。卯，原作“夘”，今從中華點校本改。

五月戊申，幸華嚴寺，觀故遼諸帝銅像，詔主僧謹視之。壬子，詔雲中大同縣及警巡院給復一年。[1]壬戌，詔將幸銀山，[2]諸扈從軍士賜錢五萬貫，有敢損苗稼者，並償之。

[1]雲中大同縣：治所在今山西省大同市。　警巡院：官署名。負責平理獄訟，警察所部。長官爲警巡使，正六品。

[2]銀山：在今北京市懷柔區境内。

六月辛巳，太白晝見，經天。丙戌，發自西京。庚子，獵于銀山。

七月辛酉，次三叉口。[1]

［1］三叉口：地名。待考。原作“三义口”，從中華點校本改。

八月辛未朔，次凉陘。[1]庚辰，獵于望雲之南山。[2]

［1］凉陘：地名。在今河北省沽源縣西南閃電河上源處。

［2］望雲：縣名。治所在今河北省赤城縣北雲川。

九月辛丑朔，至自西京。丁未，以户部尚書魏子平爲賀宋生日使。辛亥，以翰林待制移剌熙載爲夏國生日使。[1]澤州刺史劉德裕等以盜用官錢伏誅。[2]壬子，太白晝見。癸丑，尚書右丞相宗憲薨。丙辰，太白晝見，經天。

［1］移剌熙載：本書僅見於此及卷六一、一二八。是時官爲兼修國史。

［2］劉德裕：本書僅見於此及卷八九。據卷八九《魏子平傳》，此次被處死的還有祁州刺史斜哥、滄州同知訛里也、易州同知訛里剌、楚丘縣令劉春哥。

十月己卯，以尚書兵部侍郎移剌按荅爲高麗生日使。[1]甲申，朝享于太廟。詔免雄、莫等州今年租。[2]壬辰，太白晝見，經天。丁酉，如安肅州，[3]冬獵。

［1］移剌按荅：契丹人。本書卷九一有傳。

［2］雄：州名。治所在今河北省雄縣。　莫：州名，治所在今河北省任丘市。

［3］安肅州：天德三年（1151）改徐州置。治所在今河北省徐水縣。

十一月丙午，還都。癸丑，以右副都點檢烏古論元忠爲賀宋正旦使。[1]上謂宰臣曰："朝官當慎選其人，庶可激勵其餘，若不當，則啓覬覦之心。卿等必知人才優劣，舉實才用之。"庚申，太白晝見，經天。丁卯，參知政事石琚以母憂罷。

［1］烏古論元忠：女真人。本名訛里也。本書卷一二〇有傳。

十二月甲戌，詔有司，每月朔望及上七日毋奏刑名。戊子，太白晝見，經天。甲午，泰州民合住謀反，[1]伏誅。丙申，以平章政事紇石烈良弼爲尚書右丞相，紇石烈志寧爲樞密使。[2]

［1］合住：本書計十四人名合住，此人僅此一見。
［2］紇石烈志寧爲樞密使：按，本書卷八七《紇石烈志寧傳》，"六年二月，志寧還京師，拜樞密使"，繫月與此不同。

七年正月庚子朔，宋、高麗、夏遣使來賀。辛亥，石琚起復參知政事。壬子，[1]上服衮冕，御大安殿，受尊號册寶禮。癸丑，大赦。庚申，以元帥左監軍徒單合喜爲樞密副使。

［1］壬子：按，大定七年（1167）正月庚子朔，壬子爲十三日。《大金集禮》卷二《大定七年册禮》則謂正月"十一日，皇帝

服兗冕，御大安殿，右丞相紇石烈良弼等恭奉册禮”。時間與此異。

二月庚寅，尚書右丞蘇保衡薨。丙申，以參知政事石琚爲尚書右丞。

三月己亥朔，萬春節，宋、高麗、夏遣使來賀。

四月戊辰朔，日有食之。壬辰，以御史大夫李石爲司徒，大夫如故。

五月丙午，大興府獄空，詔賜錢三百貫爲宴樂之用，以勞之。甲寅，以北京留守耨盌温敦兀帶爲參知政事。[1]

[1]耨盌温敦兀帶：女真人。本名乙剌補，又作移剌保。本書卷八四有傳。

六月癸酉，命地衣用龍文者罷之。

七月戊申，禁服用金綫，其織賣者皆抵罪。丙辰，幸東宫。己未，幸東宫視皇太子疾。

閏月丁卯，觀稼于近郊。戊辰，許王永中進封越王，[1]鄭王永功封隨王，[2]永成封瀋王。[3]甲戌，詔遣秘書監移剌子敬經略北邊。[4]戊寅，幸東宫。己卯，慶雲環日。壬午，觀稼于近郊。戊子，觀稼于北郊。

[1]許王永中進封越王：原作“越王永中進封許王”，按大定格，越爲大國封號第九，許爲大國封號第十。施國祁《金史詳校》卷一認爲應作“許王永中進封越王”，今據改。

[2]隨王：封爵名。大定格，爲次國封號第一。

[3]永成：女真人。本名鶴野，又名婁室，金世宗子。本書卷

八五有傳。　瀋王：封爵名。大定格，《大金集禮》爲次國封號第六，《金史·百官志》爲第七。

[4]移剌子敬：契丹人。本名屋骨朵魯。本書卷八九有傳。

八月辛亥，慶雲環日。癸丑，尚書右丞相監修國史紇石烈良弼進《太宗實録》，[1]上立受之。己未，如大房山。壬戌，致祭睿陵。

[1]監修國史：官名。國史院長官。例由丞相兼，負責國史的編寫工作。

九月乙丑朔，還宫。己巳，右三部檢法官韓贇以捕蝗受賂，[1]除名。詔吏人但犯贓罪，雖會赦，非特旨不叙。以勸農使蒲察莎魯窩等爲賀宋生日使。[2]辛未，參知政事唐括安禮罷。乙亥，以宿直將軍唐括鶻魯爲夏國生日使。[3]庚辰，地震。辛巳，以都水監李衛國爲高麗生日使。[4]乙酉，秋獵。庚寅，次保州。[5]詔修起居注王天祺察訪所經過州縣官。[6]

[1]右三部檢法官：尚書省下屬機構右三部檢法司屬官。掌檢斷各司取法文字。正八品。　韓贇：本書僅此一見。

[2]蒲察莎魯窩：女真人。見於本書卷六、六一、六四。

[3]唐括鶻魯：女真人。本書僅見於此及卷六一。

[4]都水監：都水監長官。掌川澤、津梁、舟楫、河渠之事。正四品。　李衛國：本書僅此一見。

[5]保州：治所在今河北省保定市。

[6]修起居注：記注院長官。負責記録皇帝言行。　王天祺：

本書僅見於此及卷一八。哀宗時官職爲都轉運知事，左、右司都事。

十月乙未朔，上謂侍臣曰："近聞朕所幸郡邑，曾宴寢堂宇，後皆避之，此甚無謂，可宣諭，令仍舊居止。"戊申，還都。丁巳，上謂宰臣曰："海陵不辨人才優劣，惟徇己欲，多所升擢。朕即位以來，以此爲戒，止取實才用之。近聞蠡州同知移剌延壽在官污濫，[1]詢其出身，乃正隆時鷹房子，如鷹房、厨人之類，可典城牧民耶？自今如此局分，不得授以臨民職任。"以御史中丞孟浩爲參知政事。[2]是日，參知政事耨盌温敦兀帶薨。辛酉，勅有司於東宫凉樓前增建殿位，孟浩諫曰："皇太子雖爲儲貳，宜示以儉德，不當與至尊宫室相侔。"乃罷之。

[1]蠡州同知：州官名。刺史州屬官。正七品。蠡州，金天德三年（1151）置，治所在今河北省蠡縣。　移剌延壽：本書僅此一見。

[2]御史中丞：御史臺屬官。協助御史大夫掌糾察朝儀、彈劾官邪、勘鞫官府公事，審斷所屬部門理斷不當引起上訴的案件。從三品。　孟浩：本書卷八九有傳。

十一月乙丑朔，上謂宰臣曰："聞縣令多非其人，其令吏部察其善惡，明加黜陟。"辛未，以河間尹徒單克寧等爲賀宋正旦使。[1]壬申，太白晝見。丁丑，歲星晝見。丁亥，樞密副使徒單合喜罷。

[1]徒單克寧爲賀宋正旦使：《宋史》卷三四《孝宗紀二》，“金遣徒單忠衛等來賀明年正旦”。此名不見於本書。

十二月戊戌，東京留守徒單合喜、北京留守完顔謀衍、肇州防禦使蒲察通朝辭，[1]賜通金帶，諭之曰：“卿雖有才，然用心多詐，朕左右須忠實人，故命卿補外。賜卿金帶者，答卿服勞之久也。”又顧謂左宣徽使敬嗣暉曰：[2]“如卿不可謂無才，所欠者純實耳。”甲辰，以北京留守完顔思敬爲平章政事。是歲，斷死囚二十人。

[1]蒲察通：女真人。本名蒲盧渾，一作蒲魯渾。本書卷九五有傳。

[2]左宣徽使：宣徽院長官。掌朝會、燕享、殿庭禮儀及監知御膳。正三品。　敬嗣暉：原作“敬嗣輝”，本書卷九一有《敬嗣暉傳》，當作“暉”，今據改。

八年正月甲子朔，宋、高麗、夏遣使來賀。乙丑，上謂宰臣曰：“朕治天下，方與卿等共之，事有不可，各當面陳，以輔朕之不逮，慎毋阿順取容。卿等致位公相，正行道揚名之時，苟或偷安自便，雖爲今日之幸，後世以爲何如。”群臣皆稱萬歲。辛未，謂秘書監移剌子敬等曰：“昔唐、虞之時，未有華飾，漢惟孝文務爲純儉。[1]朕於宫室惟恐過度，其或興修，即損宫人歲費以充之，今亦不復營建矣。如宴飲之事，近惟太子生日及歲元嘗飲酒，往者亦止上元、中秋飲之，亦未嘗至醉。至於佛法，尤所未信。梁武帝爲同泰寺奴，[2]遼道宗以民户賜寺僧，[3]復加以三公之官，其惑深矣。”庚辰，行皇太子册禮。

[1]孝文：謚號。即漢孝文帝劉恒，公元前180年至前157年在位。

[2]梁武帝：謚號。即蕭衍，502年至549年在位。

[3]遼道宗：廟號。即耶律洪基，1055年至1101年在位。

二月甲午朔，制子爲改嫁母服喪三年。上諭左宣徽使敬嗣暉曰：“凡爲人臣，上欲要君之恩，下欲干民之譽，必虧忠節，卿宜戒之。”

三月癸亥朔，萬春節，宋、高麗、夏遣使來賀。己巳，命以職官子補令史。丁丑，命護衛親軍百户、五十户，[1]非直日不得帶刀入宫。己丑，太白晝見。

[1]護衛親軍百户五十户：官名。本書《百官志》不載。本書卷四五《刑志》，“禁護衛百夫長、五十夫長，非直日不得帶刀入宫”，當是護衛親軍的頭領，隸殿前都點檢司。品秩不詳。此事本書卷四五《刑志》繫於大定七年（1167），與此異。

四月丙午，詔曰：“馬者軍旅所用，牛者農耕之資，殺牛有禁，馬亦何殊，其令禁之。”戊申，擊毬常武殿，[1]司天馬貴中諫曰：[2]“陛下爲天下主，繫社稷之重，又春秋高，圍獵擊毬，危事也，宜悉罷之。”上曰：“朕以示習武耳。”

[1]常武殿：在中都大興府皇宫中，爲擊球習射之所。

［2］司天：即司天監，司天臺長官。掌天文歷數，風雲氣色，密以奏聞。從五品。　馬貴中：本書卷一三一有傳。

五月甲子，北望淀大震、風、雨雹，[1]廣十里，長六十里。詔户、工兩部，[2]自今宫中之飾，並勿用黄金。乙丑，上如凉陘。丁卯，歲星晝見。庚寅，改旺國崖曰静寧山，[3]曷里滸東川曰金蓮川。[4]

［1］北望淀：據本書卷二四《地理志上》，撫州柔遠縣有"得勝口舊名北望淀，大定二十年更"，則此地當在柔遠縣境内。柔遠縣治所在今河北省張北縣。　大震風雨雹：本書卷二三《五行志》作"北望淀大風，雨雹"。

［2］户、工兩部：官署名。皆爲尚書省下屬機構，長官爲尚書，正三品。户部掌户口、錢糧、土地的政令及貢賦出納、金幣轉通、府庫收藏等事。設侍郎二員，郎中三員，員外郎三員。工部掌修造營建法式、諸作工匠、屯田、山林川澤之禁、江河堤岸、道路橋樑等事。設有侍郎一員，郎中一員，員外郎一員。

［3］旺國崖：據本書卷二四《地理志上》，撫州"有旺國崖，大定八年五月更名静寧山"，則當在今河北省張北縣附近。

［4］曷里滸東川：即金蓮川。今河北省沽源縣至内蒙古自治區正藍旗之間的閃電河。

六月，河决李固渡，[1]水入曹州。[2]

［1］李固渡：一作李固。在今河南省滑縣西南。

［2］曹州：治所在今山東省菏澤市。

七月甲子，制盗群牧馬者死，[1]告者給錢三百貫。

戊辰，上謂平章政事完顏思敬等曰："朕思得賢士，寤寐不忘。自今朝臣出外，即令體訪外任職官廉能者，及草萊之士可以助治者，具姓名以聞。"甲戌，秋獵。己卯，次三义口。[2]上諭點檢司曰：[3]"沿路禾稼甚佳，其扈從人少有蹂踐，則當汝罪。"

[1]群牧：金因遼代諸抹設群牧，負責馬、牛、羊、駝等的飼養與繁殖。長官爲群牧使，從四品。下設副使、判官、知法。也稱烏古里。

[2]三义口：本卷大定六年下作"三叉口"。

[3]點檢司：官署名。即殿前都點檢司。掌親軍，總領左右衛將軍、符寶郎、宿直將軍、左右振肅。下屬機構有宫籍監、近侍局、器物局、尚廄局、尚輦局、鷹坊、武庫署、武器署。長官爲殿前都點檢，例兼侍衛親軍馬步軍都指揮使，正三品。

八月乙卯，至自凉陘。

九月辛酉，上諭尚書右丞石琚、參政孟浩曰："聞蔚州采地蕈，[1]役夫數百千人，朕所用幾何，而擾動如此。自今差役凡稱御前者，皆須稟奏，仍令附册。"癸亥，以右宣徽使移剌神獨斡等爲賀宋生日使。[2]己巳，以引進使高希甫爲夏國生日使。[3]庚午，上幸東宫。癸酉，上諭宰臣曰："卿等舉用人材，凡己所知識，必使他人舉奏，朕甚不喜。如其果賢，何必以親疏爲避忌也。"以户部尚書魏子平爲參知政事。辛巳，上謂御史大夫李石曰："臺憲固在分别邪正，然内外百司豈謂無人。惟見卿等劾人之罪，不聞舉善。自今宜令監察御史分路刺舉善惡以聞。”上嘗命左衛將軍大磐訪求良弓，[4]而磐多自取，護衛婁室以告，[5]上命點檢司鞫磐。磐妹爲寶林，[6]磐屬内侍僧兒言之寶林，寶林以聞，命杖僧兒百，出磐爲隴州防禦使。[7]

[1]蔚州：治所在今河北省蔚縣。　蕈（xùn）：菌類植物。

[2]右宣徽使：宣徽院長官。掌朝會、燕享、殿庭禮儀及監知御膳。正三品。　移剌神獨斡：契丹人。耶律懷義之子。海陵時爲西北路招討都監，從軍南征。大定初，歷官同簽宣徽院事、同知宣徽院事。

[3]高希甫：本書僅見於此及卷六一。卷六一《交聘表中》繫此事於“丁卯”。

[4]左衛將軍：即殿前左衛將軍，都點檢司屬官。掌宫禁及行從宿衛警嚴，總領護衛。　大磐：渤海人。大臭之子，本名蒲速越。本書卷八〇有傳。

[5]護衛：皇帝的衛戍部隊。定員二百人，由五至七品官子孫及宗室、親軍、諸局分承應人中選拔，考試合格方可録用。負責皇宫的警衛及行從宿衛。　婁室：本書僅見於此及卷八〇。

[6]寶林：内命婦稱號。爲八十一御妻之一，位在御女、采女之上。正六品。

[7]隴州防禦使：州官名。防禦州長官。從四品。隴州，治所在今陝西省千陽縣西北。

十月己丑朔，以戒諭官吏貪墨詔中外。乙未，命涿州刺史兼提點山陵，[1]每以朔望致祭，朔則用素，望則用肉，仍以明年正月爲首。及命圖畫功臣於太祖廟，[2]其未立碑者立之。以翰林待制靖爲高麗生日使。[3]上謂宰臣曰："海陵時，修起居注不任直臣，故所書多不實。可訪求得實，詳而録之。"參政孟浩進曰："良史直筆，君舉必書，自古帝王不自觀史，意正在此。"辛亥，詔罷復州歲貢鹿筋。[4]

[1]涿州刺史：州官名。刺史州長官。正五品。涿州，治所在今河北省涿州市。

[2]及命圖畫功臣於太祖廟：施國祁《金史詳校》卷一認爲，"及"當作"又"。

[3]靖：女真人。即完顔靖。後曾以吏部侍郎出使高麗，以右宣徽使出使宋。

[4]復州：治所在今遼寧省瓦房店市。

十一月乙丑，幸東宫。以同簽大宗正事鬬合土等爲賀宋正旦使。[1]

[1]同簽大宗正事：大宗正府屬官。由宗室充任，協助大宗正丞掌敦睦宗屬欽奉王命。正三品。泰和六年（1206）改爲同簽大睦親事。　鬬合土：女真人。即完顔鬬合土。本書僅見於此及卷六一。按，《宋史》卷三四《孝宗紀二》乾道四年十二月作"完顔仲仁"，似爲其漢名。

十二月戊子朔，遣武定軍節度使移剌按等招諭阻轐。[1]

[1]武定軍節度使：州官名。節度州長官。從三品。武定軍設在奉聖州，治所在今河北省涿鹿縣。　阻轐（bǔ）：遼金時北邊部

族名。爲遼、金兩朝對韃靼的另一種稱呼。狹義上指塔塔兒部，廣義上則指漠北各部。

九年正月戊午朔，宋、高麗、夏遣使來賀。辛酉，上與宣徽使敬嗣暉、秘書監移剌子敬論古今事，因曰："亡遼日屠食羊三百，亦豈能盡用，徒傷生耳。朕雖處至尊，每當食，常思貧民飢餒，猶在己也。彼身爲惡而口祈福，何益之有。如海陵以張仲軻爲諫議大夫，[1]何以得聞忠言。朕與大臣論議一事，非正不言，卿等不以正對，豈人臣之道也。"庚午，詔諸州縣和糴，毋得抑配百姓。戊寅，契丹外失剌等謀叛，[2]伏誅。丙戌，制漢人、渤海兄弟之妻，服闋歸宗，以禮續婚者，聽。

[1]張仲軻：本書卷一二九有傳。　諫議大夫：諫院屬官。正四品。

[2]外失剌：本書僅此一見。

二月庚寅，制妄言邊關兵馬者，徒二年。丙申，詔改葬漢二燕王於城東。[1]庚子，以中都等路水，免税，詔中外。又以曹、單二州被水尤甚，[2]給復一年。甲寅，詔女直人與諸色人公事相關，只就女直理問。

[1]漢二燕王：詳見本書卷一二五《蔡珪傳》。

[2]單州：治所在今山東省單縣。

三月丁巳朔，萬春節，宋、高麗、夏遣使來賀。丁卯，以尚書省定網捕走獸法，或至徒，上曰："以禽獸之故而抵民以徒，是重禽獸而輕民命也，豈朕意哉。自今有犯，可杖而釋之。”詔御史中丞移剌道廉問山東、河南。辛未，禁民間稱言“銷金”，條理内舊有者，改作“明金”字。辛巳，以大名路諸猛安民户艱食，遣使發倉廩減價出之。

四月己丑，謂宰臣曰：“朕觀在位之臣，初入仕時，競求聲譽以取爵位，亦既顯達，即徇默苟容爲自安計，朕甚不取。宜宣諭百官，使知朕意。”癸巳，遣翰林修撰蒲察兀虎、監察御史完顔鶻沙分詣河北西路、大名、河南、山東等路勸猛安謀克農。[1]

[1]翰林修撰：翰林學士院屬官。分掌詞命文字，分判院事，凡應奉文字，銜内帶同知制誥。從六品。　蒲察兀虎：女真人。僅見於此及卷四四。其官職爲吏部郎中。　完顔鶻沙：女真人。本書僅此一見。　大名：府路名。治所在今河北省大名縣東。

五月丙辰朔，以符寶郎徒單懷貞爲横賜高麗使，[1]宿直將軍完顔賽也爲横賜夏國使。[2]戊辰，尚書省奏越王永中、隋王永功二府有所興造，發役夫。上曰：“朕見宫中竹有枯瘁者，欲令更植，恐勞人而止。二王府各有引從人力，又奴婢甚多，何得更役百姓。爾等但以例爲請，海陵横役無度，可盡爲例耶。自今在都浮役，久爲例者仍舊，餘並官給傭直，重者奏聞。”

[1]符寶郎：殿前都點檢司屬官。舊名牌印祗候，大定二年(1162）改爲符寶祗候，掌御寶及金銀等牌。定員四人。　徒單懷

貞：本書僅見於此及卷六一。

[2]完顏賽也：女真人。本書僅見於此及卷六一。

六月庚寅，冀州張和等反，[1]伏誅。戊戌，以久旱，命宫中毋用扇。庚子，雨。

[1]冀州：治所在今河北省冀州市。　張和：本書僅此一見。

七月乙卯朔，罷東北路采珠。[1]壬申，觀稼于近郊。

[1]東北路：按，本書卷二四《地理志上》無東北路，卷五七《百官志三》招討司，"三處置，西北路，西南路，東北路"，卷二四《地理志上》烏古敵烈統軍司，"後升爲招討司"，此當指東北路招討司。

八月甲申朔，有司奏日食，以雨不見，伐鼓用幣如常禮。

九月甲寅朔，以刑部尚書高德基等爲賀宋生日使，[1]宿直將軍僕散守中爲夏國生日使，[2]提點司天臺馬貴中爲高麗生日使。[3]罷皇太子月料，歲給錢五萬貫。上謂臺臣曰："比聞朝官内有攬中官物以規貨利者，[4]汝何不言？"皆對曰："不知。"上曰："朕尚知之，汝有不知者乎。朕若舉行，汝將安用。"壬戌，秋獵。

[1]高德基：本書卷九〇有傳。

[2]僕散守中：女真人。後爲臨潢尹，世宗因其與僕散師恭同族，免官。

[3]提點司天臺馬貴中爲高麗生日使：據本書卷六一《交聘表中》，此條記事前應加“丙辰”。

[4]中官：施國祁《金史詳校》卷一認爲當作“宫中”。

十月丁亥，還都。辛丑，以尚書右丞相紇石烈良弼爲左丞相，樞密使紇石烈志寧爲右丞相。詔宗廟之祭，以鹿代牛，著爲令。丙午，大享于太廟。辛亥，以平章政事完顔思敬爲樞密使。

十一月己未，以尚書左丞完顔守道爲平章政事，右丞石琚爲左丞，參知政事孟浩爲右丞。庚申，上幸東宫。辛酉，以京兆尹毅等爲賀宋正旦使。[1]壬戌，冬獵。丙子，還都。

[1]毅：本書僅見於此及卷六一。

十二月丙戌，詔賑臨潢、泰州、山東東路、河北東路諸猛安民。以東京留守徒單合喜爲平章政事。丁酉，太白晝見。辛丑，獵于近郊。丙午，制職官犯公罪，在官已承伏者，雖去官猶論。

十年正月壬子朔，宋、高麗、夏遣使來賀。甲子，命宫中元宵無得張燈。甲戌，以司徒、御史大夫李石爲太尉、尚書令。[1]

[1]司徒：三公之一。正一品。

二月甲午，安化軍節度使徒單子温、副使老君奴以贓罪，[1]伏誅。戊申，上謂近臣曰："護衛以後皆是治民之官，其令教以讀書。"

[1]安化軍節度使：州官名。節度州長官。從三品。安化軍設在密州，治所在今山東省諸城市。　徒單子温：女真人。徒單合喜之姪。大定初，爲翰林侍講學士，曾將《貞觀政要》《白氏策林》《史記》《漢書》等書譯爲女真文。兼同修國史。後爲安化軍節度使，以贓被誅。　副使：爲節度使之貳，協助節度使掌鎮撫諸軍防刺，總判本鎮兵馬之事。從五品。　老君奴：本書僅此一見。

三月壬子朔，萬春節，宋、高麗、夏遣使來賀。丙辰，上因命護衛中善射者押賜宋使射弓宴，宋使中五十，押宴者纔中其七，謂左右將軍曰："護衛十年出爲五品職官，每三日上直，役亦輕矣，豈徒令飽食安卧而已。弓矢不習，將焉用之。"戊午，以河南統軍使宗叙爲參知政事。庚午，上謂參政宗叙曰：[1]"卿昨爲河南統軍時，言黄河堤埽利害，甚合朕意。朕每念百姓差調，官吏互爲奸弊，不早計料，臨期星火率斂，所費倍蓰，爲害非細。卿既參朝政，皆當革弊，擇利行之。"又諭左丞石琚曰："女直人徑居達要，不知閭閻疾苦。汝等自丞簿至是，民間何事不知，凡有利害，宜悉敷陳。"

[1]宗叙：女真人。本名德壽，闍母第四子。本書卷七一有傳。

四月丁酉，制命婦犯奸，不用夫廕以子封者，不拘此法。

五月乙卯，如柳河川。[1]

[1]柳河川：地名。在今河北省赤城縣西南。

閏月庚辰，[1]夏國任得敬脅其主李仁孝，使上表，請中分其國。[2]上問宰臣李石，石等以爲事繫彼國，不如許之。上曰："彼劫於權臣耳。"詔不許，并却其貢物。

[1]庚辰：施國祁《金史詳校》卷一認爲當作"乙未"。中華點校本認爲庚辰下有脱文，並脱"乙未"二字。

[2]任得敬：西夏權臣。事見本書卷一三四《外國傳》。 李仁孝：西夏國君，1139年至1193年在位。

七月壬午，秋獵。戊戌，放圍場役夫。詔扈從糧食並從官給。乙巳，勑扈從人縱畜牧蹂踐禾稼者杖之，仍償其直。

八月己未，至自柳河川。壬申，遣參知政事宗叙北巡。

九月庚辰，尚書左丞相紇石烈良弼丁憂，起復如故。壬午，以簽書樞密院事移剌子敬爲賀宋生日使。[1]庚寅，以户部郎中夾谷阿里補爲夏國生日使。[2]

[1]簽書樞密院事：樞密院屬官。參掌武備機密之事。正三品。

[2]夾谷阿里補：女真人。大定三年（1163）爲監察御史出京勸農。事見於本卷及卷六一、九二。

十月己酉，以大宗正丞紇爲高麗生日使。[1]甲寅，如霸州，[2]冬獵。乙丑，上謂大臣曰："比因巡獵，聞固安縣令高昌裔不職，[3]已令罷之。霸州司候成奉先奉職謹恪，[4]可進一階，除固安令。"辛未，上謂宰臣曰："朕凡論事有未能深究其利害者，卿等宜悉心論列，無爲面從而退有後言。"

[1]紇：女真人。宗室子。事見於本卷及本書卷六一、一三五。

[2]霸州：治所在今河北省霸州市。

[3]固安縣令：縣官名。掌養百姓、按察所部、宣導風化、勸課農桑、平理獄訟、捕除盜賊、禁止游惰，兼管常平倉及通檢推排簿籍。大縣爲正七品，小縣爲從七品。固安縣，治所在今河北省固安縣。　高昌裔：本書僅此一見。

[4]霸州司候：霸州司侯司之長。正九品。　成奉先：本書僅此一見。

十一月辛巳，制盜太廟物者與盜宫中物論同。甲申，上幸東宫。丁亥，以太子詹事蒲察蒲速越等爲賀宋正旦使。[1]癸巳，夏國以誅任得敬遣使來謝，詔慰諭之。

[1]蒲察蒲速越：女真人。曾爲左司員外郎。本書僅見於此及卷六一、七八。

十二月丙寅，上謂宰臣曰："比體中不佳，有妨朝事。今觀所奏事，皆依條格，殊無一利國之事。若一朝行一事，歲計有餘，則其利博矣。朕居深宫，豈能悉知外事，卿等尤當注意。"

十一年正月丙子朔，宋、夏遣使來賀。丁丑，封子永升爲徐王，[1]永蹈爲滕王，[2]永濟爲薛王。[3]壬午，詔職官年七十以上致仕者，不拘官品，並給俸禄之半。丙申，命賑南京屯田猛安被水災者。戊戌，尚書省奏汾陽軍節度副使牛信昌生日受饋獻，[4]法當奪官。上曰："朝廷行事苟不自正，何以正天下。尚書省、樞密院生日節辰饋獻不少，[5]此而不問，小官饋獻即加按劾，豈正天下之道。自今宰執樞密饋獻亦宜罷去。"上謂宰臣曰："往歲清暑山西，近路禾稼甚廣，殆無畜牧之地，因命五里外乃得耕墾。今聞民皆去之他所，甚可矜憫，其令依舊耕種。事有類此，卿等宜即告朕。"

[1]永升：女真人。本名斜不出，一名鶴壽，金世宗之子。本書卷八五有傳。　徐王：封爵名。大定格，《大金集禮》爲次國封號第十二，《金史·百官志》爲第十一。

[2]永蹈：女真人。本名銀术可，初名石狗兒。金世宗之子。本書卷八五有傳。　滕王：封爵名。大定格，《大金集禮》爲次國封號第十三，《金史·百官志》爲第十二。

[3]永濟：女真人。金衛紹王名永濟，小字興勝，金世宗之子。見本書卷一三《衛紹王紀》。　薛王：封爵名。大定格，《大金集禮》爲次國封號第十四，《金史·百官志》爲第十三。

[4]汾陽軍節度使：州官名。節度州長官。從三品。汾陽軍設在汾州，治所在今山西省汾陽市。　牛信昌：本書僅此一見。

[5]樞密院：官署名。金於天輔七年（1123）仿遼南樞密院設樞密院，掌漢人軍政。後變成最高軍事機構，掌武備機密之事。泰和六年（1206）改爲元帥府，泰和八年恢復。長官爲樞密使，從一品。

三月乙亥朔，萬春節，宋、夏遣使來賀。辛巳，命有司以天水郡公旅櫬依一品禮葬於鞏、洛之原。[1]

[1]天水郡公：即宋欽宗（1100—1156）。1127年爲金兵所俘，1128年金太宗封其爲重昏侯。熙宗加封爲天水郡公。　鞏：州名。治所在今甘肅省隴西縣。　洛：州名。治所在今陝西省商洛市商州區。

四月丁未，歸德府民臧安兒謀反，[1]伏誅。大理卿李昌圖以廉問真定尹徒單貞、咸平尹石抹阿没剌受贓不法，[2]既得罪狀，不即黜罷，杖之四十。癸亥，參知政事魏子平罷。高麗國王晛弟晧，[3]廢其主自立，詐稱讓國，遣使以表來上。

[1]歸德府：天會八年（1130）改應天府置。治所在今河南省商丘市南。

[2]大理卿：大理寺長官。掌斷天下奏案，詳核疑獄。正四品。李昌圖：事見本書卷六、六一、九一、九五、一三二。　真定尹：府官名。真定即真定府，治所在今河北省正定縣。尹即府尹。　徒單貞：女真人。本名特思。本書卷一三二有傳。　石抹阿没剌：女真人。後因受贓死於獄中。見本書卷六、四五。

[3]高麗國王晛弟晧：據本書《交聘表》，此條記事上當加“丁卯”。

五月辛卯，詔遣吏部侍郎靖使高麗問故。癸巳，以南京留守移剌成爲樞密副使。[1]

[1]移剌成：契丹人。本名落兀。本書卷九一有傳。

六月己酉，詔曰："諸路常貢數内，同州沙苑羊非急用，[1]徒勞民爾，自今罷之。朕居深宫，勞民之事豈能盡知，似此當具以聞。"戊午，觀稼于近郊。甲子，平章政事徒單合喜薨。[2]

[1]同州：治所在今陝西省大荔縣。 沙苑：又名沙阜、沙海、沙窩。在陝西省大荔縣南洛、渭二河之間，東西八十里，南北三十里。

[2]徒單合喜："喜"，原作"嘉"，據殿本改。

七月甲申，參知政事宗叙薨。

八月癸卯朔，太白晝見。詔朝臣曰："朕嘗諭汝等，國家利便，治體遺闕，[1]皆可直言。外路官民亦嘗言事，汝等終無一語。凡政事所行，豈能皆當。自今直言得失，毋有所隱。"乙巳，上謂宰臣曰："隨朝之官，自謂歷一考則當得某職，兩考則當得某職。第務因循，碌碌而已。自今以外路官與内除者，察其公勤則升用之，但苟簡於事，[2]不須任滿，便以本品出之。賞罰不明，豈能勸勉。"庚戌，詔曰："應因窩斡被掠女直及諸色人未經刷放者，官爲贖放。隱匿者，以違制論。其年幼不能稱説住貫者，從便住坐。"上謂宰臣曰："五品以下闕員甚多，而難於得人。三品以上朕則知之，五品以下不能知也。卿等曾無一言見舉者。欲晝久安之計，興百姓之利，而無良輔佐，所行皆尋常事耳，雖日日視朝，何益之有。卿等宜勉思之。”己巳，以尚書刑部侍郎烏林荅天錫等爲賀宋生日使，[3]近侍局使劉琓爲夏國生日使。[4]

[1]闕：同“缺”。

[2]簡：原作“蕑”，從殿本改。

[3]烏林荅天錫：女真人。世宗昭德皇后之兄烏林荅暉的第三子。歷大理卿、攝太常卿、殿前都點檢，封太尉。

[4]劉琓：本書卷九七有傳。

九月癸未，獵于横山。[1]庚寅，還都。

[1]横山：山脉名。由出行時間來看，此非位於今陝西省横山、靖遠二縣境内的横山，應是北京附近一小山名。

十月壬寅朔，以左宣徽使敬嗣暉爲參知政事。甲寅，上謂宰臣曰：“朕已行之事，卿等以爲成命不可復更，但承順而已，一無執奏。且卿等凡有奏，何嘗不從。自今朕旨雖出，宜審而行，有未便者，即奏改之。或在下位有言尚書省所行未便，亦當從而改之，毋拒而不從。”丙寅，尚書左丞相紇石烈良弼進《睿宗實録》。戊辰，上謂宰臣曰：“衍慶宫圖畫功臣，已命增爲二十人。如丞相韓企先，[1]自本朝興國以來，憲章法度，多出其手。至於闗决大政，但與大臣謀議，終不使外人知覺。漢人宰相，前後無比，若褒顯之，亦足示勸，慎無遺之。”

[1]韓企先：本書卷七八有傳。

十一月丁丑，以西南路招討使宗寧等爲賀宋正旦使。[1]戊寅，幸東宮。上謂皇太子曰："吾兒在儲貳之位，朕爲汝措天下，當無復有經營之事。汝惟無忘祖宗純厚之風，以勤修道德爲孝，明信賞罰爲治而已。昔唐太宗謂其子高宗曰：[2]'吾伐高麗不克終，[3]汝可繼之。'如此之事，朕不以遺汝。如遼之海濱王，[4]以國人愛其子，嫉而殺之，此何理也。子爲衆愛，愈爲美事，所爲若此，安有不亡。唐太宗有道之君，而謂其子高宗曰：'爾於李勣無恩。[5]今以事出之，我死，宜即授以僕射，彼必致死力矣。'君人者，焉用僞爲？受恩於父，安有忘報於子者乎？朕御臣下，惟以誠實耳。"群臣皆稱萬歲。丙戌，朝享于太廟。丁亥，有事于圜丘，大赦。癸巳，群臣奉上尊號曰應天興祚欽文廣武仁德聖孝皇帝，乙未，詔中外。

[1]宗寧：女真人。本名阿土古。本書卷七三有傳。

[2]唐太宗：廟號。即李世民，627年至649年在位。　高宗：廟號。指唐高宗李治，650年至683年在位。

[3]高麗：通稱高句麗。夫余亡人朱蒙在東北建立的地方民族政權（前37—668）。

[4]海濱王：指遼天祚帝。

[5]李勣：《新唐書》卷九三、《舊唐書》卷六七有傳。

十二月癸卯，冬獵。乙卯，還宮。丙辰，參知政事敬嗣暉薨。辛酉，進封越王永中趙王，隨王永功曹王，瀋王永成豳王，徐王永升虞王，[1]滕王永蹈徐王，薛王永濟滕王。乙丑，趙王永中、曹王永功俱授猛安，[2]仍命永功親治事，以習爲政。

[1]虞王：封爵名。大定格，爲次國封號第十一。

[2]趙王永中、曹王永功俱授猛安：按本書卷八五《永中傳》未載授猛安之事，同卷《永功傳》載："十七年，授活活土世襲猛安。"時間與此不同。據本書卷八五《世宗諸子傳》，永成於大定十七年（1177）授世襲山東東路把魯古猛安，永升於大定二十七年授山東西路按必出虎必剌猛安，永德於明昌元年（1190）始授山東東路把魯古必剌猛安，則世宗諸子被授與世襲猛安的時間不一，永中、永功當是最早受封者，當早於永成。卷八五《永功傳》載其受封於大定十七年，或爲永成受封時間。參之明昌元年授永德猛安時，永成改授山東西路盆買必剌猛安，或永功於大定十一年授猛安後，於大定十七年改授活活土世襲猛安。總之，永中、永功授猛安時間當以本紀爲準，爲大定十一年十二月。

金史　卷七

本紀第七

世宗中

十二年正月庚午朔，宋、高麗、夏遣使來賀。[1]戊寅，詔有司："凡陳言文字，皆國政利害，自今言有可行，以其本封送祕書監，[2]當行者録副付所司。"丙申，以水旱，免中都、西京、南京、河北、河東、山東、陝西去年租稅。[3]

[1]宋：指南宋（1127—1279）。　高麗：指王建建立的王氏高麗政權（918—1392）。　夏：指西夏（1038—1227）。

[2]祕書監：官署名。下屬機構有著作局、筆硯局、書畫局、司天臺。長官爲秘書監，從三品。

[3]中都：京路名。遼開泰元年（1012）建號燕京，金初因之，貞元元年（1153）海陵遷都於此，更名爲中都。治所在今北京市。　西京：京路名。遼時建，金初因之。治所在今山西省大同市。　南京：京路名。即原北宋都城汴梁，金初稱汴京，貞元元年更名南京。治所在今河南省開封市。　河北：路名。天會七年

(1129)析置河北東、西路。河北東路治所在今河北省河間市。河北西路治所在今河北省正定縣。　河東：路名。分河東南、北路。河東南路治所在今山西省臨汾市。河東北路治所在今山西省太原市。　山東：路名。分山東東路與山東西路。山東東路治所在今山東省青州市。山東西路治所在今山東省東平縣。　陝西：路名。據本書卷二六《地理志下》："皇統二年省並陝西六路爲四，曰京兆，曰慶原，曰熙秦，曰鄜延。"京兆府路治京兆府，治所在今陝西省西安市。熙秦路治臨洮府，治所在今甘肅省臨洮縣。慶原路治慶陽府，治所在今甘肅省慶陽縣。鄜延路治延安府，治所在今陝西省延安市。此處當是概指上述四路，包括金在河東南、北路以西的所有領土。

二月壬寅，上召諸王府長史諭之曰：[1]"朕選汝等，正欲勸導諸王，使之爲善。如諸王所爲有所未善，當力陳之，尚或不從，則具某日行某事以奏。若阿意不言，朕惟汝罪。"丙午，尚書省奏，[2]廉察到同知城陽軍事山和尚等清强官，[3]上曰："此輩暗察明訪皆著政聲，可第其政績，各進官旌賞。其速議升除。"庚戌，上如順州春水。[4]癸丑，還都。丙辰，詔："自今官長不法，其僚佐不能糾正又不言上者，並坐之。"户部尚書高德基濫支朝官俸錢四十萬貫，[5]杖八十。

[1]諸王府長史：王府屬官。掌警嚴侍從，兼總統本府之事。從五品。

[2]尚書省：官署名。爲金最高行政機構，下屬機構有左、右司及吏、禮、户、刑、工、兵六部。長官爲尚書令，正一品。

[3]同知城陽軍事：正五品。城陽軍，軍鎮名，大定二十二年

(1182）升爲城陽州，大定二十四年更名莒州。治所在今山東省莒縣。　山和尚：本書僅見於此及卷五四。

［4］順州：治所在今北京市順義區。　春水：即春捺鉢，指皇帝在春季出外游獵。據本書卷二四《地理志上》順州温陽縣，"舊名懷柔，明昌六年更。有螺山、溆水、兔耳山"。此次春水當是去溆水邊。

［5］户部尚書：尚書户部長官。掌户口、錢糧、土地的政令及貢賦出納、金幣轉通、府庫收藏等事。正三品。　高德基：渤海人。字元履。本書卷九〇有傳。

三月己巳朔，萬春節，宋、高麗、夏遣使來賀。乙亥，詔尚書省："贓污之官，已被廉問，若仍舊職，必復害民。其遣使諸道，即日罷之。"丁丑，詔遣宿直將軍烏古論思列，[1]册封王晧爲高麗國王。庚寅，雨土。癸巳，以前西北路招討使移剌道爲參知政事。[2]回紇遣使來貢。[3]丁酉，北京曹貴等謀反，[4]伏誅。

［1］宿直將軍：殿前都點檢司屬官。掌總領親軍，宫城諸門衛禁及行從宿衛之事。定員八人，從五品。　烏古論思列：後官至河南統軍使、東平尹。大定二十五年（1185）因怨望被處死。

［2］西北路招討使：西北路招討司長官。掌招懷降附、征討攜離。正三品。　移剌道：本名趙三。本書卷八八有傳。　參知政事：爲執政官，宰相之貳，佐治省事。正二品。始設於天眷元年（1138）。

［3］回紇：中國古族名。北魏時，東部鐵勒的袁紇部游牧於鄂爾渾河與色楞格河流域，隋稱韋紇，大業元年（605）與僕固、同羅、拔野古等成立聯盟，總稱回紇。唐貞元四年（788）改稱回鶻。唐開成五年（840）以後，分成三支西遷：一支遷至吐魯番盆地，

稱高昌回鶻或西州回鶻；一支遷至葱嶺西楚河一帶，即葱嶺西回鶻；一支遷至河西走廊，稱河西回鶻。

[4]北京：京路名。遼時爲中京，金初因之，至海陵貞元元年(1153)改爲北京。治所在今内蒙古自治區寧城縣大明城。　曹貴：事見於本書卷七四、八六。

四月，旱。癸卯，尚書右丞孟浩罷。[1]丁巳，西北路納合七斤等謀反，[2]伏誅。癸亥，以久旱，命禱祠山川。詔宰臣曰："諸府少尹多闕員，[3]當選進士雖資叙未至而有政聲者，擢用之。"以宿直將軍唐括阿忽里爲横賜夏國使。[4]乙丑，大名尹荆王文以贓罪奪王爵，[5]降授德州防禦使。[6]回紇使使來貢。丙寅，尚書右丞相紇石烈志寧薨。[7]丁卯，宋、高麗遣使賀尊號。阻轐來貢。[8]

[1]尚書右丞：爲執政官，宰相之貳，佐治省事。正二品。　孟浩：字浩然。本書卷八九有傳。

[2]西北路：指西北路招討司。金於西北、西南、東北三路設招討司，掌招懷降附、征討携離。長官爲招討使，正三品。下設副招討使二員，從四品，判官一員，從六品，勘事官一員，從七品，知事一員，正八品，知法二員，正八品。西北路招討司最初設在撫州，大定八年(1168)遷至桓州。撫州治所在今河北省張北縣，一説在今内蒙古自治區興和縣境内。桓州治所在今内蒙古自治區正藍旗南黑城子。後北遷三十里建新桓州城，在今内蒙古自治區正藍旗北四郎城。　納合七斤：女真人。本書僅此一見。

[3]少尹：爲府尹佐貳，負責協助府尹處理本府政務。正五品。

[4]唐括阿忽里：女真人。本書僅見於此及卷六一。

[5]大名尹：府官名。大名即大名府，治所在今河北省大名縣東。尹即府尹，掌宣風導俗，肅清所部，總判府事。正三品。　荆

王：封爵名。大定格，《大金集禮》爲次國封號第二十七，《金史·百官志》爲第二十六。　文：女真人。本名胡剌，宗望之子，金太祖之孫。本書卷七四有傳。

[6]德州防禦使：州官名。防禦州長官。掌防捍不虞、禦制盜賊，總管本州政務。從四品。德州治所在今山東省陵縣。

[7]尚書右丞相：爲宰相，掌丞天子，平章萬機。從一品。紇石烈志寧：女真人。本名撒曷輦。本書卷八七有傳。

[8]阻轐：遼金時北邊部族名，是遼、金兩朝對韃靼的另一種稱呼。狹義上指塔塔兒部，廣義上則指漠北各部。

五月癸酉，上如百花川。[1]甲戌，命賑山東東路胡剌溫猛安民饑。[2]丁丑，次阻居。[3]久旱而雨。戊寅，觀稼。禁扈從蹂踐民田。[4]禁百官及承應人不得服純黄油衣。[5]癸未，諭宰臣曰："朕每次舍，凡秣馬之具皆假於民間，多亡失不還其主。此彈壓官不職，可擇人代之。所過即令詢問，但亡失民間什物，並償其直。"[6]乙酉，詔給西北路人户牛。

[1]百花川：地名。本書僅此一見。疑此"川"字爲"山"字之誤。即百花陀（山），在宛平縣西一百二十里。尚存金章宗石床。

[2]胡剌溫猛安：猛安名。具體所在地不詳。呼剌溫，河名，即今呼蘭河。此猛安自上京胡剌溫河流域遷來。

[3]阻居：地名。其地不可確指。

[4]蹂：殿本作"踩"。張元濟《金史校勘記》認爲殿本是。中華點校本據殿本改爲"踩"。

[5]承應人：各局司辦事員。按本書卷五八《百官志四》，百司承應包括尚書省、樞密院、六部與御史臺的令史、譯史、通事、誥院令史、國史院書寫、隨府書表、親王府祗候郎君、典客署引接

書表、走馬郎君、護衛長、護衛長行、奉御、東宫護衛長、東宫護衛長行、筆硯承奉、閤門祗候、侍衛親軍百户、五十户、妃護衛、奉職、符寶典書、東宫入殿小底、尚衣、捧案、擎執、奉輦、知把書畫、隨庫本把、左右藏庫本把、儀鸞局本把、尚輦局本把、妃奉事、弩傘什將、太醫、隨位承應都監、司天四科人、東宫筆硯、尚厩獸醫、秘書監楷書、秘書琴棋等待詔、駝馬牛羊群子、擠酪人等。

[6]直：同“值”。

六月甲寅，如金蓮川。[1]

[1]金蓮川：即曷里滸東川。指流經今河北省沽源縣至内蒙古自治區正藍旗之閃電河。

九月丙子，至自金蓮川。辛巳，以右副都點檢夾谷清臣等爲賀宋生日使，[1]右衛將軍粘割斡特剌爲夏國生日使。[2]丁亥，太白晝見，在日前。鄜州李方等謀反，[3]伏誅。

[1]右副都點檢：殿前都點檢司屬官，例兼侍衛親軍馬步軍都指揮使。掌宫掖及行從宿衛、關防門禁、督攝隊仗、總判司事。從三品。　夾谷清臣：女真人。本名阿不沙。本書卷九四有傳。

[2]右衛將軍：即殿前右衛將軍，殿前都點檢司屬官。掌宫禁及行從宿衛警嚴，總領護衛。　粘割斡特剌：女真人。本書卷九五有傳。

[3]鄜州：治所在今陝西省富縣。　李方：僅見於此及卷七四。

十月，高麗國王王晧遣使謝封册。乙未，臨奠故右丞相紇石烈志寧喪，志寧妻永安縣主進鎧甲、弓矢、鷹鶻、重綵。[1]壬子，召皇太子及趙王永中上殿，[2]上顧謂宰臣曰："京嘗圖逆，[3]今不除之，恐爲後患。"又曰："天下大器歸於有德。海陵失道，朕乃得之。但務脩德，餘何足慮。"皇太子及永中皆曰："誠如聖訓。"遂釋之。丙辰，以德州防禦使文貲産賜其兄之子咬住，[4]且諭其母："文之罪，汝等皆當連坐。念宋王有大功於國，[5]故置不問，仍以家産賜汝子。"

[1]永安縣主：女真人。完顏宗弼之女，永安縣主爲其封號。本書僅見於此及卷八七，其餘不詳。

[2]皇太子：即顯宗允恭。見本書卷一九《世紀補》。　趙王：封爵名。大定格，爲大國封號第八。　永中：女真人。本名實魯剌，又名萬僧，金世宗之子。本書卷八五有傳。

[3]京：女真人。本名忽魯，宗望次子，金太祖之孫。本書卷七四有傳。此處語意不順。按，本書卷七四《完顏京傳》："德州防禦使文謀反。上問皇太子、趙王允中及宰臣曰：'京謀不軌，朕特免死，今復緣坐，何如？'宰臣或言：'京圖逆，今不除之，恐爲後患。'"此處疑有脱文。

[4]咬住：女真人。完顏齊之子，宗望之孫。事見本書卷七、五九、七四。

[5]宋王：封爵名。天眷格，《大金集禮》爲大國封號第四，《金史·百官志》爲第三。此處指宗望。

十一月甲戌，上謂宰臣曰："宗室中有不任官事者，若不加恩澤，於親親之道，有所未弘。朕欲授以散官，量予廪禄，未知前代何如？"左丞石琚曰：[1]"陶唐之親九族，周家之内睦九族，見於《詩》《書》，皆帝王美事也。”丙子，上以曹國公主家奴犯事，[2]宛平令劉彦弼杖之，[3]主乃折辱令，既深責公主，又以臺臣徇勢偷安，[4]畏忌不敢言，奪俸一月。以陝西統軍使璋爲御史大夫。[5]以户部尚書曹望之爲賀宋正旦使。[6]壬午，同州民屈立等謀反，[7]伏誅。戊子，上屏侍臣，與宰臣議事，記注官亦退。[8]上曰：“史官記人君善惡，朕之言動及與卿等所議，皆當與知，其於記録無或有隱。可以朕意諭之。”

[1]左丞：爲執政官，宰相之貳，佐治省事。正二品。　石琚：字子美，本書卷八八有傳。

[2]曹國公主：公主封號。本書僅此一見。似爲金世宗之女。

[3]宛平令：縣官名。宛平即宛平縣，遼開泰元年（1012）改幽都縣置，治所在今北京市西南。令即縣令，掌養百姓、按察所部、宣導風化、勸課農桑、平理獄訟、捕除盜賊、禁止游惰，兼管常平倉及通檢推排簿籍。大興、宛平二縣爲從六品，其餘大縣爲正七品，小縣爲從七品。　劉彦弼：本書僅此一見。

[4]臺：官署名。指御史臺，掌糾察朝儀、彈劾官邪、勘鞫官府公事，審斷所屬部門理斷不當致引起上訴的案件。長官爲御史大夫，正三品，大定十二年（1172）升從二品。下設御史中丞一員，從三品。侍御史二員，從五品。治書侍御史二員，從六品。殿中侍御史二員，正七品。監察御史十二員，正七品。

[5]陝西統軍使：陝西統軍司長官。掌督領軍馬、鎮攝封陲、分管營衛、視察奸僞。正三品。　璋：女真人。本名胡麻愈，神土懣之子，斡者之孫。本書卷六五有傳。　御史大夫：御史臺長官。掌糾察朝儀、彈劾官邪、勘鞫官府公事，審斷所屬部門理斷不當引

起上訴的案件。正三品。大定十二年升爲從二品。

[6]曹望之：字景蕭。本書卷九二有傳。

[7]同州：治所在今陝西省大荔縣。　屈立：本書僅此一見。

[8]記注官：指記注院長官修起居注。負責記録皇帝的言行。

十二月乙未朔，以濟南尹劉蕚在定武軍貪墨不道，[1]命大理少卿張九思鞫之。[2]丁酉，詔遣官及護衛二十人，[3]分路選年二十以上、四十以下有門地才行及善射者充護衛，不得過百人。冀州王瓊等謀反，[4]伏誅。德州防禦使文以謀反，伏誅。辛丑，出宫女二十餘人。己酉，樞密副使移剌成罷。[5]辛亥，禁審録官以宴飲廢公務。詔金、銀坑冶聽民開采，毋得收税。癸丑，獵于近郊。以殿前都點檢徒單克寧爲樞密副使。[6]己未，詔自今除名人子孫有在仕者並取奏裁。

[1]濟南尹：府官名。濟南即濟南府，散府，屬山東東路。治所在今山東省濟南市。尹即府尹，正三品。　劉蕚：劉彦宗少子。本書卷七八有傳。　定武軍：軍鎮名。設在定州，治所在今河北省定州市。

[2]大理卿：大理寺長官。掌審斷天下奏案、詳核疑獄。正四品。　張九思：字全行。本書卷九〇有傳。

[3]護衛：皇帝的衛戍部隊。定員二百人，由五至七品官子孫及宗室、親軍、諸局分承應人中選拔，考試合格方可録用。負責皇宫的警衛及行從宿衛。

[4]冀州：治所在今河北省冀州市。　王瓊：本書僅此一見。

[5]樞密副使：樞密院屬官。協助樞密使掌管武備機密之事。從二品。　移剌成：契丹人。本名落兀。本書卷九一有傳。

[6]殿前都點檢：殿前都點檢司長官，例兼侍衛親軍馬步軍都指揮使。掌行從宿衛，關防門禁，督攝隊仗，總判司事。正三品。　徒單克寧：女真人。本名習顯，本書卷九二有傳。

十三年正月乙丑朔，宋、高麗、夏遣使來賀。癸酉，尚書省奏，南客車俊等因榷場貿易，[1]誤犯邊界，罪當死。上曰："本非故意，可免罪發還，毋令彼國知之，恐復治其罪。"詔有司嚴禁州縣坊里爲民害者。

[1]車俊：本書僅此一見。　榷場：金在邊境重要州縣設置的對外貿易市場。與南宋、西夏、高麗、蒙古進行商品交换，並兼有政治意義。東勝、净、慶三州成爲羈縻與鎮壓蒙古的基地，與宋的貿易獲利極大。

閏月壬子，詔太子詹事曰："東宫官屬尤當選用正人，如行檢不修及不稱職者，具以名聞。"辛酉，太白晝見。洛陽縣賊聚衆攻盧氏縣，[1]殺縣令李庭才，[2]亡入于宋。

[1]洛陽縣：治所在今河南省洛陽市。　盧氏縣：治所在今河南省盧氏縣。

[2]李庭才：本書僅此一見。

三月癸巳朔，萬春節，宋、高麗、夏遣使來賀。乙卯，上謂宰臣曰："會寧乃國家興王之地，[1]自海陵遷都永安，[2]女直人寖忘舊風。朕時嘗見女直風俗，迄今不忘。今之燕飲音樂，皆習漢風，蓋以備禮也，非朕心所好。東宫不知女直風俗，第以朕故，猶尚存之。恐異時一變此風，非長久之計。甚欲一至會寧，使子孫得見舊俗，庶幾習効之。”太子詹事劉仲誨請增東宫牧人及張設，[3]上曰：“東宫諸司局人自有常數，張設已具，尚何增益。太子生於富貴，易入於侈，惟當導以淳儉。朕自即位以來，服御器物，往往仍舊，卿以此意諭之。”

[1]會寧：府名。治所在今黑龍江省阿城市白城。

[2]永安：即大興府，原名析津府。貞元元年（1153）更名永安，貞元二年更名大興。治所在今北京市。

[3]太子詹事：東宫太子詹事院長官。總統東宫内外庶務。從三品。　劉仲誨：字子忠。本書卷七八有傳。

四月己巳，定出繼子所繼財産不及本家者，以所繼與本家財産通數均分制。以有司言，特授洺州孝子劉政太子掌飲丞。[1]乙亥，上御睿思殿，[2]命歌者歌女直詞。顧謂皇太子及諸王曰：“朕思先朝所行之事，未嘗暫忘，故時聽此詞，亦欲令汝輩知之。汝輩自幼惟習漢人風俗，不知女直純實之風，至於文字語言，或不通曉，是忘本也。汝輩當體朕意，至於子孫，亦當遵朕教誡也。”辛巳，更定盗宗廟祭物法。

[1]洺州：治所在今河北省永年縣東南。　劉政：本書卷一二七有傳。　太子掌飲丞：承奉賜茶及酒果之事。正九品。

[2]睿思殿：在中都大興府皇宫中。

五月壬辰朔，日有食之。戊戌，禁女直人毋得譯爲漢姓。壬寅，真定尹孟浩薨。[1]甲辰，尚書省奏，鄧州民范三毆殺人，[2]當死，而親老無侍。上曰："在醜不争謂之孝，孝然後能養。斯人以一朝之忿忘其身，而有事親之心乎？可論如法，其親官與養濟。"

[1]真定尹：府官名。真定即真定府，治所在今河北省正定縣。尹即府尹，正三品。

[2]鄧州：治所在今河南省鄧州市。　范三：本書僅此一見。

六月，樞密使完顔思敬薨。[1]

[1]樞密使：樞密院長官。掌武備機密之事。從一品。　完顔思敬：女真人。本名撒改，一名完顔思恭，避顯宗諱改名思敬。本書卷七〇有傳。

七月庚子，復以會寧府爲上京。庚戌，罷歲課雉尾。

八月丁卯，以判大興尹趙王永中爲樞密使。[1]詔賜諸猛安謀克廉能三等官賞。[2]己卯，御史大夫璋罷。丙戌，以左副都點檢襄等爲賀宋生日使。[3]丁亥，秋獵。

[1]判大興尹：府官名。大興即大興府，治所在今北京市。尹即府尹。此時永中官階爲一品，而大興尹是三品職務，職務比官階低，所以稱判。

[2]猛安謀克：猛安謀克爲金朝女真等北方民族的社會基層組織，三百户爲謀克，十謀克爲猛安，具有政治、軍事、生産等多種職能，有金一代未曾改變。猛安謀克官員平時爲行政長官，督促生

産，徵收賦税，審理部内民事訴訟，訓練武藝。戰時，猛安謀克户壯者爲兵，由猛安謀克長官率領征戰，戰争結束後，返回原居地。猛安謀克官員實行世襲制，不論任命還是襲職都由皇帝親自决定。熙宗以後，以猛安比防禦使，謀克比縣令。在内地者，受府、節度使統轄，在邊地者，受招討司統轄。

[3]左副都點檢：殿前都點檢司屬官，例兼侍衛親軍馬步軍都指揮使。掌宫掖及行從宿衛、關防門禁、督攝隊仗，總判司事。從三品。　襄：女真人。即完顏襄，本名永慶，宗幹之子，金太祖之孫。本書卷七六有傳。

九月辛卯朔，以宿直將軍胡什賚爲夏國生日使。[1]辛亥，還都。大名府僧李智究等謀反，[2]伏誅。

[1]胡什賚：女真人。完顏胡什賚，後官至右副都點檢，大定二十一年（1181）爲賀宋生日使。事見於此及卷八、六一。《宋史》卷三五《孝宗紀三》作完顏實，應爲其漢名。

[2]大名府：治所在今河北省大名縣東。　李智究：本書僅此一見。

十月乙丑，歲星晝見。丙子，以前南京留守唐括安禮爲尚書右丞。[1]

[1]南京留守：南京留守司長官，例兼本府府尹、本路兵馬都總管。正三品。南京，京路名，治所在今河南省開封市。　唐括安禮：女真人。本名斡魯古，字子敬。本書卷八八有傳。

十一月，[1]以大興尹璋爲賀宋正旦使，引進使大洞爲高麗生日使。[2]上謂宰臣曰："外路正五品職事多闕員，何也?”太尉李石對曰：“資考少有及者。”上曰：“苟有賢能，當不次用之。”壬子，吏部尚書梁肅請禁奴婢服羅綺。[3]上曰：“近已禁其服明金。行之以漸可也。且教化之行，當自貴近始。朕宫中服御，常自節約，舊服明金者，已減太半矣。近民間風俗，比正隆時聞稍淳儉，卿等當更務從儉素，使民知所効也。”

[1]十一月：據本書卷六一《交聘表中》，此下當加“甲午”。

[2]引進使：引進司長官。掌進外方人使貢獻禮物。正五品。　大洞：渤海人。本書僅見於此及卷六一。

[3]吏部尚書：尚書吏部長官。掌文武選授、勳封、考課、出給制誥等政事。正三品。　梁肅：字孟容。本書卷八九有傳。

十四年正月己丑朔，宋、高麗、夏遣使來賀。

二月壬戌，以大興尹璋使宋有罪，杖百五十，除名，仍以所受禮物入官。丙寅，以刑部尚書梁肅等爲宋詳問使。[1]庚午，以太尉、尚書令李石爲太保，[2]致仕。戊寅，詔免去年被水旱百姓租税。

[1]刑部尚書：尚書刑部長官。掌律令、刑名、監户、官户、配隸、功賞、捕亡等事。正三品。

[2]太尉：三公之一。正一品。　尚書令：尚書省長官。亦爲金之宰相。正一品。　李石：渤海人。本書卷八六有傳。　太保：三師之一。正一品。

三月戊子朔，萬春節，宋、高麗、夏遣使來賀。甲午，上謂大臣曰：“海陵純尚吏事，當時宰執止以案牘爲功。[1]卿等當思經濟之術，不可狃于故常也。”又詔：“猛安謀克之民，今後不許殺生祈祭。若遇節辰及祭天日，許得飲會。自二月一日至八月終，並禁絶飲燕，亦不許赴會他所，恐妨農功。雖閒月亦不許痛飲，犯者抵罪。可徧諭之。”又命：“應衛士有不閑女直語者，並勒習學，仍自後不得漢語。”辛丑，太白、歲星晝見。甲辰，上更名雍，[2]詔中外，丙辰，太白、歲星晝見，經天。

[1]宰執：指宰相與執政官。金於尚書省下設尚書令一員、左右丞相各一員、平章政事二員，爲宰相。設左右丞各一員、參知政事二員，爲執政官。

[2]上更名雍：關於金世宗的漢名史書記載不一。《三朝北盟會編》卷二三三引《正隆事迹》、卷二四四引《金虜圖經》作“裒”。《朱子語類》卷一三三《夷狄》、《宋史》卷三六六《劉錡傳》、《大金國志》卷一六作“褎”。《宋史》卷三七六《李顯忠傳》、卷三八一《張闡傳》、卷三八五《魏杞傳》等作“褒”。《建炎以來繫年要録》則三者並存。王曾瑜認爲當是“裒”（《金世宗漢名小考》）。已發現的世宗母塔銘爲“褎”，其他皆誤。

四月乙丑，上諭宰臣曰：“聞愚民祈福，多建佛寺，雖已條禁，尚多犯者，宜申約束，無令徒費財用。”戊辰，有事于太廟，以皇太子攝行事。乙亥，以勸農副使完顔蒲涅爲横賜高麗使。[1]上御垂拱殿，[2]顧謂皇太子及親王曰：“人之行，莫大於孝弟。孝弟無不蒙天日之祐。汝等宜盡孝于父母，友于兄弟。自古兄弟之際，多因妻妾離間，以至相違。且妻者乃外屬耳，可比兄弟之親乎。若妻言是聽，而兄弟相違，甚非理也。汝等當以朕言常銘于心。”戊子，以樞密副使徒單克寧兼大興尹。[3]

[1]勸農副使：勸農使司屬官。協助勸農使掌勸課天下力田之事。正五品。　完顏蒲涅：女真人。大定十三年（1173）以侍御史主持首屆女真進士科的考試。事見於本書卷二三、五一、六一、九九。

[2]垂拱殿：本書僅見於此及卷一九，當在中都大興府皇宮中。

[3]以樞密副使徒單克寧兼大興尹：本書卷九二《徒單克寧傳》繫此事於大定十二年，與此異。

五月丙戌朔，詳問使梁肅等還自宋。甲午，如金蓮川。

六月己未，太白晝見。

八月丁巳，次糺里舌。[1]日中，白龍見御帳東小港中，須臾，乘雲雷而去。癸亥，獵于彌離補。[2]己卯，太白晝見。

[1]糺里舌：本書僅見於卷七、二三。具體地點不詳。

[2]彌離補：本書僅此一見。具體地點不詳。

九月丁亥，還都。乙未，以兵部尚書完顏讓等爲賀宋生日使，[1]宿直將軍崇肅爲夏國生日使。[2]癸卯，上退朝，謂侍臣曰：“朕自在潛邸及踐阼以至于今，於親屬舊知未嘗欺心有徇。近御史臺奏，樞密使永中嘗致書河南統軍使完顏仲，[3]托以賣馬。朕知而不問。朕之欺心，此一事耳，夙夜思之，其如有疾。”己酉，宋遣使報聘。

[1]兵部尚書：尚書兵部長官。掌兵籍、軍器、城隍、鎮戍、厩牧、鋪驛、車輅、儀仗、郡邑圖志、險阻、障塞、遠方歸化等事。正三品。　完顏讓：女真人。歷任户部郎中、大興少尹、臨潢尹。

[2]崇肅：女真人。一作完顏宗肅。歷任寧昌軍節度使、西京留守、御史大夫、西北路招討使、知大興府。

[3]河南統軍使：河南統軍司長官。掌督領軍馬、鎮攝封陲，分管營衛、視察奸僞。正三品。　完顏仲：女真人。即完顏石古迺。本書卷七二有傳。

十月乙卯朔，詔圖畫功臣二十人衍慶宮聖武殿之左右廡。[1]

[1]衍慶宮聖武殿：爲金之原廟所在地，在中都路大興府皇宮中。據本書卷三三《禮志六》，"名其宮曰衍慶，殿曰聖武，門曰崇聖"。據本書卷三一《禮志四》，最初大定八年（1168）畫功臣二十人像於衍慶宮，大定十六年、十八年、二十二年續有更定。未提及大定十四年事。

十一月甲申朔，日有食之。丙申，御史中丞劉仲誨等爲賀宋正旦使。[1]戊戌，召尚食局使，[2]諭之曰："太官之食，皆民脂膏。日者品味太多，不可徧舉，徒爲虚費。自今止進可口者數品而已。"戊申，以儀鸞局使曹士元爲高麗國生日使。[3]

[1]御史中丞：御史臺屬官。協助御史大夫掌糾察朝儀、彈劾官邪，審斷所屬部門理斷不當引起上訴的案件。從三品。

［2］尚食局使：尚食局屬官。掌總知御膳，進食先嘗，兼管從官食。從五品。

［3］儀鸞局使：儀鸞局屬官。掌殿庭鋪設、帳幕、香燭之事。從五品。　曹士元：大定十五年（1177）以提點太醫院兼儀鸞使爲賀宋生日使。本書僅見於此與卷六一。

十二月戊寅，以平章政事完顔守道爲右丞相，[1]樞密副使徒單克寧爲平章政事。

［1］平章政事：爲宰相，掌丞天子，平章萬機。從一品。始設於天眷元年（1138）。　完顔守道：女真人。本名習尼列，完顔希尹之孫。本書卷八八有傳。

十五年正月。此下闕。

七月丙午，粘拔恩與所部康里孛古等内附。[1]

［1］粘拔恩與所部康里孛古：粘拔恩，部族名，即乃蠻部，11至12世紀活動在阿爾泰山一帶的操突厥語的部族，其族源可能同唐代的黠戛斯人有關。後爲成吉思汗所滅。康里，部族名，或言其爲高車人的後裔，或言其爲突厥人的一支。8至11世紀，游牧於烏拉爾河以東至鹹海東北地區，南部則與中亞河中爲鄰。12世紀時，個別部落曾臣屬於西遼和金。時康里人的活動地區在巴爾喀什湖以北，西達鹹海以北。跟隨粘拔恩部歸屬金朝的康里部，可能是靠近粘拔恩部的一些康里部落，即屬於東部康里人（馬建春《元代東遷西域人及其文化研究》，民族出版社2003年版，第36－37頁）。孛古是該部康里人的首領名，本書僅見於此及卷一二一《粘割韓奴傳》。另據本書卷一二一《粘割韓奴傳》，“粘拔恩君長撒里雅、寅特斯率康里部長孛古及户三萬餘求内附”，金遣禿里余睹、通事阿

魯帶出使粘拔恩部，因而得知粘割韓奴之事，才將粘割韓奴二子擢任。此條記載與本卷下文大定十六年十一月甲子下記載爲重出，繫於此處錯誤，應是因上文缺失所致。

九月戊子，至自金蓮川。辛卯，高麗西京留守趙位寵叛其君，[1]請以慈悲嶺以西，[2]鴨淥江以東四十餘城内附，[3]不納。丙申，幸新宫。

[1]西京留守：高麗官名。　趙位寵：高麗權臣。《高麗史》卷一〇〇有傳。

[2]慈悲嶺：今名東岘嶺。在今朝鮮黄海北道黄州境。

[3]鴨淥江：今中朝邊境的鴨緑江。

閏月己酉朔，定應禁弓箭槍刀路分，品官家奴、客旅等許帶弓箭制。上謂左丞相良弼曰：[1]“今之在官者，須職位稱愜所望，然後始加勉力。其或稍不如意，則止以度日爲務，是豈忠臣之道耶。”丁巳，又謂良弼曰：“海陵時，[2]領省秉德、左丞相言皆有能名，[3]然爲政不務遠圖，止以苛刻爲事。言及可喜等在會寧時，[4]一月之間，杖而殺之者二十人，罪皆不至於死，於理可乎？海陵爲人如虎，此輩尚欲以術數要之，以至賣直取死，得爲能乎？”己未，以歸德尹完顔王祥等爲賀宋生日使，[5]符寶郎斜卯和尚爲夏國生日使。[6]辛酉，高麗國王奏告趙位寵伏誅，詔慰答之。詔親王、百官傔人所服紅紫改爲黑紫。甲戌，詔年老之人毋注縣令。[7]年老而任從政，其佐亦擇壯者參用。

[1]左丞相：爲宰相，掌丞天子，平章萬機。從一品。　良弼：女真人。紇石烈良弼本名婁室，本書卷八八有傳。

[2]海陵：原作“武靈”，從施國祁《金史詳校》卷一改。

[3]領省：官名。即領行臺尚書省事。爲行臺尚書省負責人，位在行臺左右丞相、行臺平章政事、行臺左右丞、行臺参知政事之上。　秉德：女真人。本名乙辛。本書卷一三二有傳。　言：女真人。本名烏帶，阿魯補之子。本書卷一三二有傳。

[4]可喜：女真人。本書卷六九有傳。

[5]歸德尹：府官名。歸德即歸德府。天會八年（1130）改應天府置。治所在今河南省商丘市南。尹即府尹，正三品。　完顏王祥：女真人。《宋史》卷三四《孝宗紀二》作完顔禧。

[6]符寶郎：殿前都點檢司屬官。舊名牌印袛候，大定二年（1162）改爲符寶袛候。掌御寶及金、銀牌等。　斜卯和尚：女真人。大定初曾隨徒單克寧與宋軍作戰。本書僅見於此及卷六一、九二。

[7]縣令：縣官名。掌養百姓、按察所部、宣導風化、勸課農桑、平理獄訟、捕除盗賊、禁止游惰，兼管常平倉及通檢推排簿籍。大興、宛平二縣爲從六品，其餘大縣爲正七品，小縣爲從七品。

十月乙未，冬獵。丁未，還都。

十一月乙卯，上幸東宫。初，唐古部族節度使移剌毛得之子殺其妻而逃，[1]上命捕之。至是，皇姑梁國公主請赦之。[2]上謂宰臣曰：“公主婦人，不識典法，罪尚可恕。毛得請托至此，豈可貸宥。”不許。戊午，以右宣徽使靖等爲賀宋正旦使。[3]甲子，太白晝見。戊辰，以宿直將軍阿典蒲魯虎爲高麗生日使。[4]

［1］唐古部族節度使：唐古部長官。掌統制各部，鎮撫諸軍，在金的地方建置中大體相當於州節度。從三品。唐古部族，亦作唐括，女真部族之一，居住地在今呼蘭河北支通肯河與雙陽河一帶。移剌毛得：本書僅此一見。

［2］梁國公主：公主封號。按，下文作“大長公主”，本書卷一二〇《烏古論元忠傳》作“皇姑梁國大長公主”，此處脱“大長”二字。

［3］右宣徽使：宣徽院長官。掌朝會燕享，殿庭禮儀及監知御膳。正三品。　靖：女真人。即完顔靖，曾以翰林待制兼修國史、吏部侍郎的身份兩次出使高麗。本書見於此及卷六、六一、一三五。《宋史》卷三四《孝宗紀二》作完顔迨。

［4］阿典蒲魯虎：女真人。本書僅見於此與卷六一。

十六年正月戊申朔，宋、高麗、夏遣使來賀。甲寅，詔免去年被水、旱路分租税。甲子，詔宗屬未附玉牒者並與編次。丙寅，上與親王、宰執、從官從容論古今興廢事，曰：“經籍之興，其來久矣，垂教後世，無不盡善。今之學者，既能誦之，必須行之。然知而不能行者多矣，苟不能行，誦之何益。女直舊風最爲純直，雖不知書，然其祭天地，敬親戚，尊耆老，接賓客，信朋友，禮意款曲，皆出自然，其善與古書所載無異。汝輩當習學之，舊風不可忘也。”戊辰，宫中火。庚午，上按鷹高橋，[1]見道側醉人墮驢而卧，命左右扶而乘之，送至其家。辛未，皇姑邀上至私第，諸妃皆從，宴飲甚歡。公主每進酒，上立飲之。

［1］高橋：當在今北京市附近，具體地點不詳。

二月庚寅，皇子豳王妃徒單氏以奸伏誅。[1]己亥，平章政事徒單克寧罷，以女故。

[1]豳王妃：豳王爲封爵名。大定格，《大金集禮》爲次國封號第七，《金史·百官志》爲第六。此處指永成妃。見本書卷八五。"豳"，原作"瀋"，按本書卷八五《永成傳》，"大定七年始封瀋王"，"十一年進封豳"，則此時當爲豳王，施國祁《金史詳校》卷一亦作豳，今從改。　徒單氏：女真人。徒單克寧之女。

三月丙午朔，日有食之。是日，萬春節，改用明日，宋、高麗、夏遣使來賀。戊申，雨豆於臨潢之境。[1]戊午，上御廣仁殿，皇太子、親王皆侍膳，上從容訓之曰："大凡資用當務節省，如其有餘，可周親戚，勿妄費也。"因舉所御服曰："此服已三年未嘗更換，尚爾完好，汝等宜識之。"壬申，復置吾都椀部禿里。[2]

[1]臨潢：府名。治所在今内蒙古自治區巴林左旗林東鎮南波羅城。

[2]吾都椀部禿里：部族官。掌部落詞訟，防察違背等事。從七品。

四月丙戌，詔京府設學養士，及定宗室、宰相子程試等第。戊子，制商賈舟車不得用馬。以東京留守崇尹爲樞密副使。[1]壬寅，如金蓮川。

[1]東京留守：東京留守司長官，例兼本府府尹與本路兵馬都

總管。正三品。東京，京路名，治所在今遼寧省遼陽市。　崇尹：即完顔宗尹。本名阿里罕。本書卷七三有傳。

五月戊申，南京宫殿火。甲寅，太白晝見。庚申，遣使禱雨静寧山神，有頃而雨。[1]

[1]静寧山：據本書卷二四《地理志上》，撫州“有旺國崖，大定八年五月更名静寧山”，則當在今河北省張北縣附近。

六月，山東兩路蝗。

七月壬子，夏津縣令移剌山住坐贓，[1]伏誅。

[1]夏津：縣名。治所在今山東省夏津縣。　移剌山住：本書僅此一見。

八月辛巳，次霹靂濼。[1]

[1]霹靂濼：濼名。具體地點不詳。

九月乙巳，至自金蓮川。己酉，諭左丞相紇石烈良弼曰：“西邊自來不備儲蓄，其令所在和糴，以爲緩急之備。”癸丑，以殿前都點檢蒲察通等爲賀宋生日使，[1]宿直將軍完顔覿古速爲夏國生日使。[2]諭左丞相良弼曰：“海陵非理殺戮臣下，甚可哀憫。其孛論出等遺骸，[3]仰逐處訪求，官爲收葬。”辛酉，以南京宫殿火，留守、轉運兩司官皆抵罪。[4]

[1]蒲察通：女真人。本名蒲盧渾。本書卷九五有傳。

[2]完顏覿古速：女真人。大定十七年（1177）曾以監察御史的官職巡邊。本書僅見於此及卷六一、八八。

[3]孛論出：女真人。完顏孛論出，斜也之子。天德二年（1150）死於撒离喝之獄。世宗時追封龍虎衛上將軍。本書見於本卷及卷五九、七六。

[4]留守轉運兩司：皆官署名。留守司即諸京留守司，爲各京路最高軍政機構。長官爲留守，正三品。轉運司爲各路最高財政機構，長官爲轉運使，正三品。

十月丙申，詔諭宰執曰："諸王小字未嘗以女直語命之，今皆當更易，卿等擇名以上。"

十一月壬寅朔，參知政事王蔚罷。[1]尚書省奏，河北東路胡剌温猛安所轄謀克孛术魯舍厮，[2]以謀克讓其兄子蒲速列。[3]上賢而從之，仍令議加舍厮恩賞。戊午，以同知宣徽院事劉琉等爲賀宋正旦使。[4]庚申，以吏部尚書張汝弼爲參知政事。[5]甲子，以粘割韓奴之子詳古爲尚輦局直長，婁室爲武器直長。[6]初，韓奴被旨招契丹大石，[7]後不知所終。至是，因粘拔恩部長撒里雅、寅特斯等來，[8]詢知其死節之詳，故録其後。遣兵部郎中移剌子元爲高麗國生日使。[9]

[1]王蔚：字叔文。本書卷九六有傳。

[2]孛术魯舍厮：女真人。本書僅見於此。

[3]蒲速列：女真人。本書僅見於此。

[4]同知宣徽院事：宣徽院屬官。協助宣徽使掌朝會燕享，殿庭禮儀及監知御膳。正四品。　劉琉：字伯玉，幼名太平。本書卷

九七有傳。

[5]張汝弼：渤海人。本書卷八三有傳。

[6]粘割韓奴：女真人。本書卷一二一有傳。　詳古：本書僅見於此及卷一二一。據卷一二一《粘割韓奴傳》，詳古此前官爲永和縣商酒都監。　尚輦局直長：殿前都點檢司下屬機構尚輦局的負責人。掌承奉輿輦等事。正八品。　婁室：本書僅見於此及卷一二一。據卷一二一《粘割韓奴傳》，婁室此前官爲汝州巡檢。　武器直長：殿前都點檢司下屬機構武器署的負責人。參掌祭祀、朝會、巡幸及公卿婚葬儀仗旗幟鼓角等事。正八品。

[7]契丹大石：契丹人。即耶律大石。事見《遼史》卷二七《天祚紀一》。

[8]撒里雅、寅特斯：本書僅見於此及卷一二一《粘割韓奴傳》。中華點校本誤標點爲一人。按，本處稱"撒里雅寅特斯等"，可知此六字並非一個人的名字，據卷一二一《粘割韓奴傳》，"禿里余睹、通事阿魯帶至其國見撒里雅"，可知爲撒里雅、寅特斯二人名，二人皆爲粘拔恩部族首領，但撒里雅的地位可能高於寅特斯。

[9]兵部郎中：尚書兵部屬官。協助兵部尚書掌兵籍、軍器、城隍、鎮戍、厩牧、鋪驛、車輅、儀仗、郡邑圖志、險阻、障塞、遠方歸化等事。從五品。　移剌子元：大定十六年（1176）以兵部郎中爲高麗生日使，後改西北路招討都監。大定二十六年以刑部尚書使宋。本書見於卷七、八、六一、八八。

十二月壬申朔，詔諸科人出身四十年方注縣令，年歲太遠，[1]今後仕及三十二年，別無負犯贓染追奪，便與縣令。丙子，詔諸流移人老病者，官與養濟。上諭宰臣曰："凡已經奏斷事有未當，卿等勿謂已行，不爲奏聞改正。朕以萬幾之繁，豈無一失，卿等但言之，朕當更改，必無吝也。”庚寅，定榷場香、茶罪賞法。

[1]太：原作“大”，殿本作“太”。張元濟《金史校勘記》認爲殿本是，中華點校本據殿本改爲“太”。

十七年正月壬寅朔，宋、高麗、夏遣使來賀。高麗并表謝不納趙位寵。丙午，有司奏，高麗所進玉帶乃石似玉者，上曰：“小國無能辨識者，誤以爲玉耳。且人不易物，惟德其物，若復却之，豈禮體耶。”戊申，詔於衍慶宮聖武殿西建世祖神御殿，[1]東建太宗、睿宗神御殿。[2]詔西北路招討司契丹民户，[3]其嘗叛亂者已行措置，其不與叛亂及放良奴隸可徙烏古里石壘部，[4]令及春耕作。尚書省奏，吾都椀部體土胡魯雅里密斯請入獻，[5]許之。庚戌，詔諸大臣家應請功臣號者，既不許其子孫自陳，吏部考功郎其詳考其勞績，[6]當賜號者即以聞。壬子，上謂宰臣曰：“宗室中年高者，往往未有官稱。其先皆有功於國，朕欲稍加以官，使有名位可稱，如何?”對曰：“親親報功，先王之令則。”丁巳，詔朝官嫁娶給假三日，不須申告。壬戌，詔宰臣：“海陵時，大臣無辜被戮，家屬籍没者，並釋爲良。遼豫王、宋天水郡王被害子孫，[7]各葬於廣寧、河南舊塋。”[8]其後復詔“天水郡王親屬於都北安葬外，咸平所寄骨殖，[9]官爲葬於本處。遼豫王親屬未入本塋者，亦遷祔之”。

[1]世祖：廟號。即完顏劾里鉢。見本書卷一《世紀》。

［2］太宗：廟號。即完顔吴乞買，漢名晟。1123年至1135年在位。　睿宗：廟號。即完顔訛里朶，漢名宗輔，大定中改名宗堯，金太祖之子。本書卷一九《世紀補》有傳。按本書卷三三《禮志》"乃勑于聖武殿東西興建世祖、太宗、睿宗殿位"，繫於大定十六年正月下。

［3］西北路招討司：官署名。金於西北、西南、東北三路設招討司，掌招懷降附、征討携離。長官爲招討使，正三品。西北路招討司最初設在撫州，大定八年（1168）遷至桓州。撫州治所在今河北省張北縣，一説在今内蒙古自治區興和縣境内。桓州治所初在今内蒙古自治區正藍旗南黑城子。後北遷三十里建新桓州城，在今内蒙古自治區正藍旗北四郎城。

［4］烏古里石壘部：烏古里又譯作烏虎里，石壘又譯作十壘。女真部族之一。分布在嫩江中游以西雅魯、綽爾兩河流域之地。首領有節度使之職，金於其地設烏古迪烈統軍司，後升爲招討司，又改爲東北路招討司。後移於泰州。章宗泰和間，更設分司於金山下的金山縣。本書卷四四《兵志》："令遷之于烏古里石壘部及上京之地。"

［5］體土胡魯雅里密斯：本書僅此一見。

［6］吏部考功郎：即吏部郎中。定員二人，從五品。因其中一員負責勳級酬賞，承襲用蔭等事，所以稱之爲吏部考功郎。

［7］遼豫王：遼豫王即遼天祚帝（1075—1128）。天會三年（1125）爲金兵所擒，金太宗封其爲海濱王。後封爲豫王。豫王，封爵名。天眷格，《大金集禮》爲大國封號第十六，《金史·百官成》爲第十四。　宋天水郡王：即宋徽宗（1082—1135）。1127年爲金兵所俘，1128年金太宗封其爲昏德公，熙宗時改封爲天水郡王。

［8］廣寧：府名。天輔七年（1123）升顯州置。治所在今遼寧省北寧市。　河南：府名。治所在今河南省洛陽市。

［9］咸平：府名。治所在今遼寧省開原市開原老城。

三月辛丑朔，宋、高麗、夏遣使來賀。[1]辛亥，詔免河北、山東、陝西、河東、西京、遼東等十路去年被旱、蝗租稅。[2]賑東京、婆速、曷速館三路。[3]乙丑，尚書省奏，三路之粟，不能周給。上曰："朕嘗語卿等，遇豐年即廣糴以備凶歉。卿等皆言天下倉廪盈溢。今欲賑濟，乃云不給。自古帝王皆以蓄積爲國家長計，朕之積粟，豈欲獨用之耶。今既不給，可於鄰道取之以濟。自今預備，當以爲常。"

[1]遣使來賀：中華點校本認爲，依本紀體例，朔下應脱"萬春節"三字。

[2]河北、山東、陝西、河東、西京、遼東等十路：此云十路，名則爲六，其中山東、河北俱分爲東西路，河東分南北路，計九路，遼東即東京路。而陝西所指也爲兩路。本書卷二六《地理志下》平凉府，置"陝西東西路提刑司"，可證陝西舊爲兩路。同卷，"慶原路舊作陝西西路"，京兆，天德二年（1149）置"陝西東路轉運司"，應是舊名陝西東路。何時改名不詳。下文大定十八年（1178）正月"免中都、河北、河東、山東、河南、陝西等路前年被灾租税"，無西京、遼東，而有河南、中都。卷二三《五行志》載，大定十九年"中都、河北、山東、陝西、河東、遼東等十路旱蝗"，有遼東無河南。三處記載都有河東、河北、山東、陝西，而遼東兩見，中都兩見，西京、河南各一見。故此十路似應爲河北、河東、山東、陝西、遼東、中都。

[3]婆速：路名，隸屬於東京路。治所在今遼寧省丹東市九連城。　曷速館：路名。金初曷蘇館在遼陽府鶴野縣的長宜鎮，即今遼寧省蓋州市東南。天會七年（1129）徙治寧州，即今遼寧省熊岳城西南七十里瓦房店市永寧鎮。一説在今遼寧省大連市金州區南。

四月甲戌，制世襲猛安謀克若出仕者，雖年未及六十，欲令子孫襲者，聽。戊寅，諭宰臣曰："郡縣之官雖以罪解，一二歲後，亦須再用。猛安謀克皆太祖創業之際於國勤勞有功之人，其世襲之官，不宜以小罪奪免。"戊子，以滕王府長史徒單烏者爲横賜高麗使。[1]

[1]滕王府長史：親王府屬官。負責警嚴侍從，兼總統本府之事。從五品。滕王爲金封爵名，大定格，《大金集禮》爲次國封號第十三，《金史・百官志》爲第十二。　徒單烏者：女真人。本書僅見於此及卷六一。

五月，尚書省奏，定皇家袒免以上親燕饗班次，並從唐制。癸卯，幸姚村淀，[1]閱七品以下官及宗室子、諸局承應人射柳，[2]賞有差。

[1]姚村淀：本書僅見於此及卷一〇《章宗紀二》。按，今河北省定興縣西南有姚村，近易縣、徐水縣界，不確所指。

[2]射柳：射柳爲金人競技性娱樂活動。本遼人舊俗，金人延之。具體形式見於本書卷三五《禮志》："凡重五日拜天禮畢，插柳毬塲爲兩行，當射者以尊卑序，各以帕識其枝，去地約數寸，削其皮而白之。先以一人馳馬前導，後馳馬以無羽横鏃箭射之，既斷柳，又以手接而馳去者爲上，斷而不能接去者次之。或斷其青處，及中而不能斷，與不能中者，爲負。每射，必伐鼓以助其氣。"

六月己卯，謂宰臣曰："朕年老矣。恐因一時喜怒，處置有所不當，卿等即當執奏，毋爲面從，成朕之失。"

乙未，以英王爽之子思列爲忠順軍節度副使。[1]爽入謝，上曰："朕以卿疾故，特任卿子，所冀卿因喜而愈也。欲即加峻授，恐思列年幼，未閑政事。汝當訓之，使有善可觀，更當升擢。"

[1]英王：封爵名。天眷格，《大金集禮》爲次國封號第二十九，《金史·百官志》爲第二十八。　爽：女真人。本名阿鄰。本書卷六九有傳。　思列：本書僅見於此及卷六九。　忠順軍節度副使：州官名。節度州屬官。協助節度使處理本州政務。從五品。忠順軍設在蔚州，治所在今河北省蔚縣。

七月壬子，尚書省奏，歲以羊三萬賜西北路戍兵，[1]上問如何運致，宰臣不能對。上曰："朕雖退朝，留心政務，不遑安寧。卿等勿謂細事非帝王所宜問，以卿等於國家之事未嘗用心，故問之耳。"是月，大雨，河決。

[1]羊：按本書卷四四《兵志》養兵之法，大定"十七年七月，歲以羊皮三萬賜西北路戍兵"，與此不同。

八月己巳，觀稼于近郊。壬申，以監察御史體察東北路官吏，[1]輒受訟牒，爲不稱職，笞之五十。庚辰，上謂宰臣曰："今之在官者，同僚所見，事雖當理，必以爲非，意謂從之則恐人謂政非己出。如此者多，朕甚不取。今觀大理寺所斷，[2]雖制有正條，理不能行者别具情見，朕惟取其所長。夫爲人之理，他人之善者從之，則可謂善矣。"壬午，上謂宰臣曰："今在下僚豈無人材，但在上者不爲汲引，惡其材勝己故耳。”丙戌，上謂御史中丞紇石烈邈曰：[3]“臺臣糾察吏治之能否，務去其擾民，且冀其得賢也。今所至輒受訟牒，聽其妄告，使爲政者如何則可也。”

[1]監察御史：御史臺屬官。負責糾察内外非違、刷磨諸司察帳並監祭禮及出使之事。正員十二名，正七品。　東北路：指東北路招討司。金於西北、西南、東北三路設招討司，掌招懷降附、征討携離。長官爲招討使，正三品。東北路招討司治泰州，治所在今吉林省洮南市東北雙塔鄉城四家子舊城址，一説在今黑龍江省泰來縣塔子城，承安三年（1198）移治長春縣（治所在今吉林省前郭爾羅斯蒙古族自治縣西北塔虎村）。泰和間於金山縣設分司。

[2]大理寺：官署名。始設於天德二年（1150），負責審斷天下奏案、詳核疑獄。長官爲大理卿，正四品。

[3]紇石烈邈：女真人。小字阿補孫，大定十二年（1172）以同知南京留守事監護河工。本書僅見於卷七、二七。

九月丁酉朔，日有食之。辛丑，封子永德爲薛王。[1]以右副都點檢完顏習尼列等爲賀宋生日使。[2]癸卯，以兵部郎中石抹忽土爲夏國生日使。[3]戊申，秋獵。庚戌，歲星、熒惑、太白聚於尾。甲子，還都。

[1]永德：女真人。本名訛出。本書卷八五有傳。　薛王：封爵名。大定格，《大金集禮》爲次國封號第十四，《金史·百官志》爲第十三。按，卷八五《永德傳》，大定“二十七年，封薛王”，繫年與此異。

[2]完顏習尼列：女真人。《宋史》卷三四《孝宗紀二》作“完顏忠”。本書卷六五《斡者傳附璋傳》、卷八七《徒單合喜傳》

所見完顏習尼列，疑與此爲同一人。

[3]石抹忽土：女真人。本書僅見於此及卷六一。按，卷六一《交聘表中》繫此事於九月丁酉，與此不同。

十月己巳，夏國進百頭帳，詔却之境上。癸酉，有司奏："衍慶宮所畫功臣二十人，惟五人有謚，今考檢餘十五人功狀，擬定謚號以進。"詔可。詔以羊十萬付烏古里石壘部畜牧，其滋息以予貧民。丁丑，制諸猛安，父任别職，子須年二十五以上方許承襲。辛巳，上謂宰臣曰："今在位不聞薦賢何也。昔狄仁傑起自下僚，力扶唐祚，使既危而安，延數百年之永。仁傑雖賢，非婁師德何以自薦乎。"癸未，更護送罪人逃亡制。上謂宰臣曰："近觀上封章者，殊無大利害。且古之諫者既忠於國，亦以求名，今之諫者爲利而已。如户部尚書曹望之、濟南尹梁肅皆上書言事，蓋覬覦執政耳，其於國政竟何所補。達官如此，況餘人乎。昔海陵南伐，太醫使祁宰極諫，[1]至戮於市，此本朝以來一人而已。"丁亥，上命宰臣曰："監察御史田忠孺嘗上書言事，[2]今當升擢，以勵其餘。"

[1]太醫使：宣徽院下屬機構太醫院負責人。掌諸醫藥、總判院事。從五品。　祁宰：本書卷八三有傳。

[2]田忠孺：本書僅此一見。

十一月戊戌，以南京留守徒單克寧爲平章政事。庚戌，上謂宰臣曰："朕常恐重斂以困吾民，自今諸路差科之煩細者，亦具以聞。”有司奏，夏國進御帳使因邊臣懇求進入，乃許之。以尚書左丞石琚爲平章政事。丙辰，以延安尹完顔蒲剌睹等爲賀宋正旦使。[1]

[1]延安尹：府官名。延安即延安府，治所在今陝西省延安市。尹即府尹。正三品。 完顔蒲剌睹：女真人。本書僅見於此及卷六一。按，《宋史》卷三四《孝宗紀二》作完顔炳，似爲其漢名。

十二月戊辰，以渤海舊俗男女婚娶多不以禮，必先攘竊以奔，詔禁絶之，犯者以奸論。以宿直將軍僕散懷忠爲高麗生日使。[1]己巳，太白晝見。壬申，以尚書右丞唐括安禮爲左丞，殿前都點檢蒲察通爲右丞。上謂宰執曰：“朕今年已五十有五，若年踰六十，雖欲有爲，而莫之能矣。宜及朕之康强，其女直人猛安謀克及國家政事之未完，與夫法令之未一者，宜皆修舉之。凡所施行，朕不爲怠。”

[1]僕散懷忠：女真人。本書僅見於此及卷六一。

十八年正月丙申朔，宋、高麗、夏遣使來賀。壬寅，定殺異居周親奴婢、同居卑幼、輒殺奴婢及妻無罪而輒毆殺者罪。庚戌，修起居注移剌傑上書言：[1]“每屏人議事，雖史官亦不與聞，無由紀録。”上以問平章政事石琚、左丞唐括安禮，[2]對曰：“古者，天子置史官於左右，言動必書，所以儆戒人君，庶幾有所畏也。”庚申，免中都、河北、河東、山東、河南、陝西等路前年被災租税。壬戌，如春水。

[1]移剌傑：本書僅見於卷七、八八、九九。前爲翰林修撰。

[2]左丞唐括安禮：本卷上文大定十七年（1177）十二月“壬申，以尚書右丞唐括安禮爲左丞”，與此同。本書卷八八《石琚傳》作“琚與右丞唐括安禮對曰”。

二月丙寅朔，次管莊。[1]丙子，次華港。[2]己丑，還宮。

[1]管莊：地名。所在地不詳。莊，原作“壯”，從中華點校本改。

[2]華港：地名。所在地不詳。

三月乙未朔，萬春節，宋、高麗、夏遣使來賀。乙巳，命戍邊女直人遇祭祀、婚嫁、節辰許自造酒。丁未，上謂宰執曰：“縣令之職最爲親民，當得賢材用之。邇來犯法者衆，殊不聞有能者。比在春水，見石城、玉田兩縣令，[1]皆年老，苟禄而已。畿甸尚爾，遠縣可知。”平章政事石琚對曰：“良鄉令焦旭、慶都令李伯達皆能吏，[2]可任。”上曰：“審如卿言，可擢用之。”己酉，禁民間無得創興寺觀。獻州人殷小二等謀反，[3]伏誅。

[1]石城：治所在今河北省唐山市東北。　玉田：治所在今河北省玉田縣。

[2]良鄉令：縣官名。良鄉縣治所在今北京房山區良鄉鎮。

焦旭：字明鋭。本書卷九七有傳。　慶都令：縣官名。慶都縣，金改望都縣置。治所在今河北省望都縣。　李伯達：本書僅此一見。

［3］獻州：天德三年（1151）改壽州置。治所在今河北省獻縣。　殷小二：本書僅此一見。

四月己巳，上謂宰臣曰："朕巡幸所至，必令體訪官吏臧否。向玉田知主簿石抹沓乃能吏也，[1]可授本縣令。"己丑，以太子左贊善阿不罕德甫爲横賜夏國使。[2]

［1］主簿：縣官名。協助縣令掌養百姓、按察所部、宣導風化、勸課農桑、平理獄訟、捕除盜賊、禁止游惰，兼管常平倉及通檢推排簿籍。正九品。　石抹沓：本書僅此一見。

［2］太子左贊善：東宫屬官。掌贊諭道德、侍從文章。正六品。阿不罕德甫：前爲應奉翰林文字。　夏國：原作"高麗"，從施國祁《金史詳校》卷一改。

五月丙午，上如金蓮川。

六月庚午，尚書左丞相紇石烈良弼薨。

閏月辛丑，命賑西南、西北兩招討司民，[1]及烏古里石壘部轉户饑。

［1］西南招討司：官署名。金於西北、西南、東北三路設招討司，掌招懷降附、征討携離。長官爲招討使，正三品。大定八年（1168）以前治所在今内蒙古自治區呼和浩特市東南白塔村，大定八年以後治所在今山西省應縣。

七月丙子，上謂宰臣曰："職官始犯贓罪，容有過誤，至於再犯，是無改過之心。自今再犯不以贓數多寡，並除名。”

八月乙巳，至自金蓮川。丙辰，以尚書右丞相完顏守道爲左丞相，平章政事石琚爲右丞相。

九月辛未，以大理卿張九思等爲賀宋生日使，侍御史完顏蒲魯虎爲夏國生日使。[1]癸酉，以尚書左丞唐括安禮爲平章政事。乙亥，以右丞蒲察通爲左丞，參知政事移剌道爲右丞，刑部尚書粘割斡特剌爲參知政事。

[1]侍御史：御史臺屬官。掌奏事、判臺事。從五品。　完顏蒲魯虎：女真人。本書僅見於此及卷六一。

十月庚寅朔，陝州防禦使石抹靳家奴以罪除名。[1]甲午，御史中丞劉仲誨、侍御史李瑜坐失糾察大長公主事，[2]各削官一階。

[1]陝州防禦使：州官名。防禦州長官。從四品。陝州治所在今河南省三門峽市西舊陝縣。　石抹靳家奴：事見於本書卷九一《石抹榮傳》附傳中。

[2]劉仲誨：原作“劉仲晦”，從中華點校本改。　李瑜：本書僅見於此及卷七八。

十一月庚申朔，尚書省奏，擬同知永寧軍節度使事阿可爲刺史，[1]上曰：“阿可年幼，於事未練，授佐貳官可也。”[2]平章政事唐括安禮奏曰：“臣等以阿可宗室，故擬是職。”上曰：“郡守係千里休戚，安可不擇人而私其親耶。若以親親之恩，賜與雖厚，無害於政。使之治郡而非其才，一境何賴焉。”壬申，以静難軍節度使烏延查剌等爲賀宋正旦使。[3]丙子，[4]尚書省奏，崇信縣令石安節買車材於部民，[5]三日不償其直，當削官一階，解職。上因言：“凡在官者，但當取其貪污與清白之尤者數人黜陟之，則人自知懲勸矣。夫朝廷之政，太寬則人不知懼，太猛則小玷亦將不免於罪，惟當用中典耳。”戊寅，上責宰臣曰：“近問趙承元何故再任，[6]卿等言，曹王嘗遣人言其才能幹敏，[7]故再任之。官爵擬注，雖由卿輩，予奪之權，當出于朕。曹王之言尚從之，假皇太子有所諭，則其從可知矣。此事因卿言始知，其不知者知復幾何。且卿等公受請屬，可乎？”蓋承元前爲曹王府文學，與王邸婢奸，杖百五十除名，而復用也。[8]丙戌，以吏部尚書烏古論元忠爲御史大夫，[9]以東上閤門使左光慶爲高麗生日使。[10]

[1]同知永寧軍節度使事：州官名。永寧軍治所在今河北省蠡縣。同知節度使爲節度使佐貳，協助節度使處理本州政務。正五品。按本書卷二五《地理志中》，蠡州，“宋永寧軍，國初因之，天會七年升爲寧州博野郡軍，天德三年更爲蠡州”，則此處當稱蠡州爲是。　阿可：本書僅此一見。　刺史：刺史州長官。總管本州政務。正五品。

[2]佐貳官：按本書卷五五《百官志一》，皇統五年（1145）定“同知、簽院、副使、少尹、通判、丞爲‘佐貳官’”。

[3]静難軍節度使：州官名。節度州長官。從三品。静難軍設在邠州，治所在今陝西省彬縣。　烏延查剌：女真人。《宋史》卷三五《孝宗紀》作“烏延察”。

[4]丙子：原作“而子”，顯誤，據殿本改。

［5］崇信縣令：縣官名。崇信縣治所在今甘肅崇信縣。　石安節：本書僅此一見。

［6］趙承元：曾中進士第一。事見於本卷及卷一〇、五一。

［7］曹王：封爵名。大定格，爲大國封號第二十。此指金世宗子永功。

［8］復：原作“後”，據殿本改。

［9］烏古論元忠：女真人。本名訛里也。本書卷一二〇有傳。

［10］東上閤門使：宣徽院下屬機構閤門屬官。掌贊導殿庭禮儀。正五品。明昌六年（1195）改爲從五品。　左光慶：字君錫。本書卷七五有傳。

十二月庚戌，封孫吾都補温國公，[1]麻達葛金源郡王，[2]承慶道國公。[3]壬子，群臣奉上“大金受命萬世之寶”。

［1］吾都補：女真人。即金宣宗完顏珣。　温國公：封爵名。大定格，爲次國封號第三十。

［2］麻達葛：女真人。即金章宗完顏璟。　金源郡王：封爵名。封王郡號第一。

［3］承慶：女真人。名完顏琮。本書卷九三有傳。　道國公：封爵名。大定格，爲小國封號第三。按，《大金集禮》卷九作大定“十八年十一月二十三日，勑旨皇太子封金源郡王，長男授特進，封温國公，次男封道國公”。

十九年正月庚申朔，宋、高麗、夏遣使來賀。丁卯，如春水。

二月己酉，還宫。乙卯，免去年被水旱民田租税。

三月己未朔，萬春節，宋、高麗、夏遣使來賀。乙丑，尚書省奏，虧課院務官顏葵等六十八人，[1]各合削官一階。上曰："以承蔭人主榷沽，此遼法也。法弊則當更張，唐、宋法有可行者則行之。"己巳，上與宰臣論史事，且曰："朕觀前史多溢美。大抵史書載事貴實，不必浮辭諂諛也。"辛未，上謂宰臣曰："奸邪之臣，欲有規求，往往私其黨與，不肯明言，托以他事，陽不與而陰爲之力。朕觀古之奸人，當國家建儲之時，恐其聰明不利於己，往往風以陰事，破壞其議，惟擇昏懦者立之，冀他日可弄權爲功利也。如晋武欲立其弟，[2]而奸臣沮之，竟立惠帝，[3]以致喪亂，此明驗也。"丁丑，上謂宰臣曰："朕觀前代人臣將諫於朝，與父母妻子訣，示以必死。同列目覩其死，亦不顧身，又爲之諫。此盡忠於國者，人所難能也。"己卯，制糾彈之官知有犯法而不舉者，減犯人罪一等科之，關親者許回避，上謂宰臣曰："人多奉釋老，意欲徼福。朕蚤年亦頗惑之，[4]旋悟其非。且上天立君，使之治民，若盤樂怠忽，欲以僥幸祈福，難矣。果能愛養下民，上當天心，福必報之。"

[1]顏葵：本書僅此一見。

[2]晋武：晋武帝司馬炎。西晋建立者。265 年至 290 年在位。

[3]惠帝：晋惠帝司馬衷。290 年至 306 年在位。

[4]蚤：同"早"。

四月己丑朔，詔賑西南路招討司所部民。己酉，以升祔閔宗，[1]詔中外。丁巳，歲星晝見。

[1]閔宗：金熙宗大定初廟號爲閔宗。大定二十七年（1187）始定爲熙宗。　祔：祭名。新去世者附祭於先祖。

五月戊寅，幸太寧宮。[1]

[1]太寧宮：行宮名。在中都大興府城北。大定十九年（1179）建。後更名爲壽寧宮，又更名爲壽安宮，明昌二年（1191）更名爲萬寧宮。

六月戊子朔，詔更定制條。

七月辛未，有司奏擬趙王子石古迺人從，[1]上不從，謂宰相曰："兒輩尚幼，若奉承太過，使侈心滋大，卒難節抑，此不可長。諸兒每入侍，當其語笑娛樂之際，朕必淵默，涖之以嚴，庶其知朕教戒之意，使常畏慎而寡過也。"癸酉，密州民許通等謀反，[2]伏誅。丙子，太白晝見。庚辰，至自太寧宮。

[1]趙王：封爵名。大定格，爲大國封號第八。指世宗子永中。石古迺：女真人。完顏瑜本名石古迺，永中之子，金世宗之孫。大定十九年（1179）加光禄大夫，章宗即位升銀青榮禄大夫。本書見於卷七、五九、八五、一〇六。卷八五《永中傳》有附傳。

[2]密州：治所在今山東省諸城市。　許通：本書僅此一見。

八月壬辰，尚書右丞相石琚致仕。戊戌，以宋大觀錢當五用。[1]丙午，濟南民劉溪忠謀反，[2]伏誅。

[1]宋大觀錢：大觀，北宋徽宗趙佶年號（1107—1110）。大觀

錢指在大觀年間北宋所鑄的“大觀通寶”銅錢。

［2］劉溪忠：本書僅此一見。

九月戊午，以左宣徽使蒲察鼎壽等爲賀宋生日使，[1]太子左衛率府率裴滿胡剌爲夏國生日使。[2]癸亥，秋獵。癸未，還都。

［1］左宣徽使：宣徽院長官。掌朝會燕享，殿庭禮儀及監知御膳。正三品。　蒲察鼎壽：女真人。本名和尚。本書卷一二〇有傳。

［2］太子左衛率府率：東宫屬官。掌周衛導從儀仗。從五品。裴滿胡剌：本書僅見於此及卷六一。

十月辛卯，西南路招討使哲典以贓罪伏誅。[1]辛亥，制知情服内成親者，雖自首仍依律坐之。

［1］西南路招討使：西南路招討司長官。掌招懷降附、征討携離。正三品。　哲典：本書僅見於此及卷七三、九五。

十一月壬戌，改葬昭德皇后，[1]大赦。以御史中丞移剌慥等爲賀宋正旦使。[2]戊辰，以西上閤門使盧拱爲高麗生日使。[3]壬申，上如河間冬獵。[4]癸未，至自河間。

［1］昭德皇后：世宗昭德皇后烏林荅氏。本書卷六四有傳。

［2］移剌慥：契丹人。本名移敵列。本書卷八九有傳。

［3］西上閤門使：宣徽院下屬機構閤門屬官。掌贊導殿庭禮儀。

正五品。明昌六年（1195）改爲從五品。　盧拱：本書僅見於此及卷六一。

[4]河間：府名。治所在今河北省河間市。

二十年正月甲寅朔，宋、高麗、夏遣使來賀。戊午，定試令史格。壬戌，命歲以錢五千貫造隨朝百官節酒及冰、燭、藥、炭，視品秩給之。己巳，如春水。丙子，幸石城縣行宮。丁丑，以玉田縣行宮之地偏林爲御林，[1]大淀濼爲長春淀。[2]

[1]偏林：據本書卷二四《地理志上》薊州玉田縣"有行宮、偏林，大定二十年改爲御林"，當在今河北省玉田縣。

[2]大淀濼：據本書卷二四《地理志上》灤州石城縣"長春淀舊名大定淀，大定二十年更"，應在今河北省唐山市東北，作"大定淀"，與此"大定濼"不同。

二月丁未，還都。

三月癸丑朔，萬春節，宋、高麗、夏遣使來賀。己未，詔凡犯罪被問之官，[1]雖遇赦，不得復職。乙丑，以新定猛安謀克，詔免中都、西京、河北、山東、河東、陝西路去年租稅。辛巳，以平章政事徒單克寧爲尚書右丞相，[2]御史大夫烏古論元忠爲平章政事。

[1]凡：原爲"月"，殿本爲"有"。張元濟《金史校勘記》認爲："疑當作'凡'。"中華點校本改爲"凡"。

[2]以平章政事徒單克寧爲尚書右丞相：本書卷九二《徒單克寧傳》繫此事於大定十九年（1179），與此異。

四月丁亥，定冒蔭罪賞。己亥，制宗室及外戚并一品命婦，衣服聽用明金。以西上閤門使郭喜國爲横賜高麗使。[1]太寧宫火。乙巳，上謂宰臣曰："女直官多謂朕食用太儉，朕謂不然。夫一食多費，豈爲美事。况朕年高，不欲屠宰物命。貴爲天子，能自節約，亦不惡也。朕服御或舊，常使澣濯，至于破碎，方始更易。向時帳幕常用塗金爲飾，今則不爾，但令足用，何必事紛華也。"庚戌，如金蓮川。

[1]郭喜國：本書僅見於此及卷六一。

五月丙寅，京師地震，生黑白毛。

七月，旱。

八月壬午，秋獵。

九月壬戌，至自金蓮川。以太府監李佾等爲賀宋生日使，[1]少府少監賽補爲夏國生日使。[2]丙子，蒲速椀群牧老忽謀叛，[3]伏誅。

[1]太府監：官名。太府監長官。掌出納邦國財用錢穀之事。正四品。　李佾：本書僅見於此及卷六一。

[2]少府少監：少府監屬官。協助少府監掌邦國百工營造之事。從五品。　賽補：本書僅見於此及卷六一。

[3]蒲速椀群牧：群牧所名稱。大定七年（1167）分斡睹只群牧之地所置，承安三年（1198）改爲板底因烏魯古。群牧所掌檢校群牧畜養蕃息之事。長官爲群牧使，亦作烏魯古使，從四品。　老忽：本書僅此一見。

十月庚辰朔，更定銓注縣令丞簿格。[1]詔西北路招討司每進馬駝鷹鶻等，輒率斂部内，自今並罷之。壬午，上謂宰臣曰："察問細微，非人君之體，朕亦知之。然以卿等殊不用心，故時或察問。如山後之地，[2]皆爲親王、公主、權勢之家所占，轉租於民，皆由卿等之不察。卿等當盡心勤事，毋令朕之煩勞也。"詔徙遥落河、移馬河兩猛安於大名、東平等路安置。[3]戊戌，上謂宰臣曰："凡人在下位，欲冀升進，勉爲公廉，賢不肖何以知之。及其通顯，觀其施爲，方見本心。如招討哲典，初任定州同知，[4]繼爲都司，[5]未嘗少有私徇，所至皆有清名，及爲招討，不固守。人心險于山川，誠難知也。"壬寅，上謂宰臣曰："近覽《資治通鑑》，[6]編次累代廢興，甚有鑒戒，司馬光用心如此，[7]古之良史無以加也。校書郎毛麾，[8]朕屢問以事，善於應對，真該博老儒，可除太常職事，[9]以備討論。"甲辰，以殿前都點檢襄爲御史大夫。

[1]丞：縣官名。協助縣令掌養百姓、按察所部、宣導風化、勸課農桑、平理獄訟、捕除盜賊、禁止游惰，兼管常平倉及通檢推排簿籍。大興、宛平二縣爲正八品，其餘爲正九品。

[2]山後：古地區名。五代劉仁恭據盧龍，在今河北省太行山北端，軍都山以北地區，置山後八軍以防契丹。石敬瑭割燕雲十六州時，才有山後四州的稱呼。北宋末年所稱山後包括宋人企圖收復的山後、代北失地的全部，相當於今山西、河北兩省内外長城之間的地區。

[3]遥落河、移馬河兩猛安：按本書卷四四《兵志》，事在大

定二十一年（1181）二月。本書中反映猛安謀克遷徙之事往往在年代上存在分歧。大概而言，多爲兩個時間。一是在前一年的秋冬之間，一是在次年春。應是反映了遷徙的起止時間。因猛安謀克之徙是全部民户的大搬家，故途中所用時間較長，於秋收後動身，於次年春耕前到達指定地點，以不誤農時。史書中有的地方所記爲遷徙開始的時間，有的地方所記爲到達指定地點的時間，所以不同。此處也是這種情况。本紀中所記爲下詔遷徙時間，《兵志》則是到達指定地點的時間。遥落河、移馬河兩猛安皆爲契丹猛安，遥落與饒樂音近，一説今西拉木倫河，一説今英金河。移馬河與移馬嶺有關，在花道與梟嶺西陷泉之間，屬北京路。此兩猛安的原居住地當都在北京路。　大名：路名。即大名府路，治所在今河北省大名縣。　東平：府名。治所在今山東省東平縣。爲山東西路首府，此處用以代指山東西路。

［4］定州同知：同知節度使，爲節度州屬官。負責協助節度使處理本州政務。正五品。定州定武軍，治所在今河北省定州市。

［5］都司：指諸總管府節鎮兵馬司長官都指揮使，掌巡捕盗賊、提控禁夜、糾察諸博徒、屠宰牛馬等事，總判司事。正五品。

［6］資治通鑑：書名。北宋司馬光撰。二百九十四卷，又有考異、目録各三十卷。歷時十九年始成。上起周威烈王二十三年（前403），下迄後周世宗顯德六年（959）。取材除十七史外，尚有野史、傳狀、文集、譜録二百二十二種。

［7］司馬光：北宋政治家、史學家。反對王安石變法，在其任尚書左僕射兼門下侍郎期間，全面罷除王安石新法。死後贈太師、温國公，謚文正。著有《資治通鑑》《温國文正司馬公文集》《稽古録》等。

［8］校書郎：秘書監屬官。專管校勘在監文籍。從七品。　毛麾：本書僅此一見。

［9］太常：官署名。即太常寺。皇統三年（1143）始設，掌禮樂、郊廟、社稷、祠祀之事。下屬機構有太廟署、廩犧署、郊社

署、武成王廟署、諸陵署、園陵署、大樂署。長官爲太常卿，從三品。下設少卿、丞、博士、檢閱官、檢討、太祝、奉禮郎、協律郎等官。

十一月丁巳，尚書右丞移剌道罷。乙丑，以真定尹徒單守素等爲賀宋正旦使。[1]癸酉，以御史大夫襄爲尚書右丞。乙亥，上諭宰臣曰："郡守選人，資考雖未及，廉能者則升用之，以勵其餘。"以太常少卿任倜爲高麗生日使。[2]

[1]徒單守素：正隆末官爲武勝軍都總管，參與了殺害海陵王的兵變。本書僅見於此及卷六一、一三二。

[2]太常少卿：太常寺屬官。協助太常卿管理禮樂、郊廟、社稷、祠祀之事。正五品。　任倜：本書僅見於此及卷六一、九七。

十二月辛巳，上謂宰臣曰："岐國用人，[1]但一言合意便升用之，一言之失便責罰之。凡人言辭，一得一失，賢者不免。自古用人咸試以事，若止以奏對之間，安能知人賢否。朕之取人，衆所與者用之，不以獨見爲是也。"己亥，河決衛州。[2]辛丑，獵于近郊。癸卯，特授襲封衍聖公孔摠兖州曲阜令，[3]封爵如故。

[1]岐國：指海陵王。篡位前曾被封爲岐國王。

[2]己亥河決衛州：按，歲末水小，決河很不正常，本書卷二三《五行志》，大定二十年（1180）"秋，河決衛州"，是年八月辛巳朔，己亥爲八月十九，似志是。衛州治所原在今河南省輝縣市，因水患，於大定二十六年移至今河南省衛輝市，大定二十八年復舊

治，貞祐間移至今河南省延津縣北。

［3］孔捴：字元會。本書卷一〇五有傳。　兗州：治所在今山東省兗州市。　曲阜：縣名。治所在今山東省曲阜市東。

金史　卷八

本紀第八

世宗下

二十一年正月戊申朔，宋、高麗、夏遣使來賀。[1]壬子，以夏國請，詔復綏德軍榷場，[2]仍許就館市易。上聞山東、大名等路猛安謀克之民，[3]驕縱奢侈，不事耕稼。詔遣閱實，計口授地，必令自耕，地有餘而力不贍者，方許招人租佃，仍禁農時飲酒。丙辰，追貶海陵煬王亮爲庶人，詔中外。甲子，如春水。[4]丙子，次永清縣。[5]有移剌余里也者，[6]契丹人也，隸虞王猛安，[7]有一妻一妾。妻之子六，妾之子四。妻死，其六子廬墓下，列宿守之。妾之子皆曰："是嫡母也，我輩獨不當守墳墓乎。"於是，亦更宿焉，三歲如一。上因獵，過而聞之，賜錢五百貫，仍令縣官積錢於市，以示縣民，然後給之，以爲孝子之勸。

[1]宋：南宋（1127—1279）。　高麗：王建建立的王氏高麗政

權（918—1392）。　夏：西夏（1038—1227）。

［2］綏德軍：軍鎮名。大定二十二年（1182）升爲州。治所在今陝西省綏德縣。　榷場：金在邊境重要州縣設置的對外貿易市場。與南宋、西夏、高麗、蒙古進行商品交换，並兼有政治意義。東勝、净、慶三州成爲羈縻與鎮壓蒙古的基地，與南宋的貿易獲利極大。

［3］山東：路名，指山東東、西路。山東東路治所在今山東省青州市；山東西路治所在今山東省東平縣。　大名：路名，即大名府路。治所在今河北省大名縣東。　猛安謀克：金朝女真等北方民族的社會基層組織，三百户爲謀克，十謀克爲猛安，具有政治、軍事、生産等多種職能，有金一代未曾改變。猛安謀克官員平時爲行政長官，督促生産，徵收賦税，審理部内民事訴訟，訓練武藝。戰時，猛安謀克户壯者爲兵，由猛安謀克長官率領征戰，戰争結束後，返回原居地。猛安謀克官員實行世襲制，不論任命還是襲職都由皇帝親自决定。熙宗以後，以猛安比防禦使，謀克比縣令。在内地者，受府、節度使統轄，在邊地者，受招討司統轄。

［4］春水：即春捺鉢。指皇帝在春季外出游獵。本書卷六四《后妃傳下》繫此事於大定二十一年（1181）二月，與此繫月不同。據《后妃傳下》，“上如春水，次長春宫”，本書卷二四《地理志上》灤州石城縣“有長春行宫。長春淀舊名大定淀，大定二十年更”。則金世宗此次春水是去石城縣大定淀，在今河北省唐山市境内。

［5］永清縣：治所在今河北省永清縣。

［6］移剌余里也：契丹人。本書僅此一見。

［7］虞王：封爵名。大定格，爲次國封號第十一。據本書卷八五《允升傳》，“大定十一年，封徐王，進封虞王”，則此處當是指世宗子完顔永升。

二月戊戌，太白晝見。庚子，還都。壬寅，以河南尹張景仁爲御史大夫。[1]乙巳，以元妃李氏之喪，[2]致祭興德宫，[3]過市肆不聞樂聲，謂宰臣曰："豈以妃故禁之耶？細民日作而食，若禁之，是廢其生計也，其勿禁。朕前將詣興德宫，有司請由蓟門，[4]朕恐妨市民生業，特從他道。顧見街衢門肆，或有毁撤，障以簾箔，何必爾也。自今勿復毁撤。"

[1]河南尹：府官名。河南即河南府，治所在今河南省洛陽市。尹即府尹，掌宣風導俗，肅清所部，總判府事。正三品。　張景仁：字壽甫。本書卷八四有傳。　御史大夫：御史臺長官。掌糾察朝儀、彈劾官邪、勘鞫官府公事，審斷所屬部門理斷不當引起上訴的案件。從二品。

[2]元妃：内命婦稱號。位在貴妃、淑妃、德妃、賢妃之上。正一品。　李氏：渤海人。李石之女。本書卷六四有傳。

[3]興德宫：在中都路大興府皇宫中。按，本書卷二四《地理志上》，中都路大興府無興德宫，上京會寧府有"興德宫，後更名永祚宫，睿宗所居也"。疑此處誤。

[4]蓟門：宫門名。在中都路大興府皇宫中。

三月丁未朔，萬春節，宋、高麗、夏遣使來賀。上初聞蓟、平、灤等州民乏食，[1]命有司發粟糶之，貧不能糴者貸之。有司以貸貧民恐不能償，止貸有户籍者。上至長春宫，[2]聞之，更遣人閱實，賑貸。以監察御史石抹元禮、鄭達卿不糾舉，[3]各笞四十，前所遣官皆論罪。甲子，太白晝見。乙丑，詔山後冒占官地十頃以上者皆籍入官，[4]均給貧民。遼州民朱忠等亂言，[5]伏誅。

上謂宰臣曰："近聞宗州節度使阿思懣行事多不法，[6]通州刺史完顔守能既與招討職事，[7]猶不守廉。達官貴要多行非理，監察未嘗舉劾。斡覩只群牧副使僕散那也取部人二毬杖，[8]至細事也，乃便劾奏。謂之稱職，可乎？今監察職事修舉者與遷擢，不稱者，大則降罰，小則決責，仍不許去官。"

[1]薊：州名。治所在今天津市薊州區。　平：州名。治所在今河北省盧龍縣。　灤：州名。治所在今河北省灤縣。

[2]長春宫：行宫名。在今河北省唐山市境内。本書卷六四《后妃傳下》："大定二十一年二月，上如春水，次長春宫。"與此繫月不同。

[3]監察御史：御史臺屬官。掌糾察内外非違，刷磨諸司察帳並監祭禮及出使之事。正員十二人，正七品。　石抹元禮：女真人。本書僅此一見。　鄭達卿：本書僅此一見。"達"，殿本作"大"。

[4]山後：古地區名。五代劉仁恭據盧龍，在今河北省太行山北端，軍都山以北地區，置山後八軍以防契丹。石敬瑭割燕雲十六州時，才有山後四州的稱呼。北宋末年所稱山後包括宋人企圖收復的山後、代北失地的全部，相當今山西、河北兩省内外長城之間的地區。

[5]遼州：遼州名。治所在今遼寧省新賓滿族自治縣東北遼河西岸遼濱塔。金廢。本書《地理志》無遼州，廢於何時不詳。　朱忠：本書僅此一見。"朱"，殿本作"宋"。

[6]宗州節度使：節度州長官。掌鎮撫諸軍防刺，總判本鎮兵馬之事，兼本州管内觀察使。從三品。宗州治所在今遼寧省綏中縣。　阿思懣：女真人。本書僅見於此及卷七三。

[7]通州刺史：刺史州長官。負責本州政務。正五品。通州，

金天德三年（1151）置。治所在今北京市通州區。 完顏守能：女真人。本名胡剌，完顏希尹之孫。本書卷七三有傳。 招討職事：指招討使。據本書卷七三《完顏守能傳》，此時官爲西北路招討使。

[8]斡覩只群牧副使：斡覩只群牧所屬官。掌檢校群牧畜養蕃息之事。從六品。斡覩只群牧所，金世宗時置，所在地不詳。 僕散那也：女真人。本書僅見於此及卷七三。

閏月己卯，恩州民鄒明等亂言，[1]伏誅。辛卯，漁陽令夾谷移里罕、司候判官劉居漸以被命賑貸，[2]止給富户，各削三官，通州刺史郭邦傑總其事，[3]奪俸三月。乙未，[4]上謂宰臣曰："朕觀自古人君多進用讒諂，其間蒙蔽，爲害非細，若漢明帝尚爲此輩惑之。朕雖不及古之明君，然近習讒言，未嘗入耳。至於宰輔之臣，亦未嘗偏用一人私議也。"癸卯，以尚書左丞相完顏守道爲太尉、尚書令，[5]尚書左丞蒲察通爲平章政事，[6]右丞襄爲左丞，[7]參知政事張汝弼爲右丞，[8]彰德軍節度使梁肅爲參知政事。[9]

[1]恩州：治所在今山東省武城縣東北舊城。 鄒明：本書僅此一見。

[2]漁陽令：縣官名。漁陽即漁陽縣，治所在今天津市薊州區。令即縣令，掌養百姓、宣導風化、勸課農桑、平理獄訟、捕除盜賊、禁止游惰，兼管常平倉及通檢推排簿籍。大縣爲正七品，小縣爲從七品。 夾谷移里罕：女真人。本書僅此一見。 司候判官：諸防刺州司候司屬官。從九品。 劉居漸：本書僅此一見。

[3]郭邦傑：後累官右司郎中、刑部尚書、轉運使。事見本書卷八、四九、九七、九九。

[4]乙未：原與殿本於"乙未"上皆有"三月"二字。按，是年三月丁未朔，乙未在閏三月，此處叙事繫於閏三月下無誤，"三月"二字衍，據中華點校本删。

[5]尚書左丞相：爲宰相，掌丞天子，平章萬機。從一品。　完顏守道：女真人。本名習尼列，完顏希尹之孫。本書卷八八有傳。　太尉：三公之一。正一品。　尚書令：尚書省長官。正一品。

[6]尚書左丞：爲執政官，宰相之貳，佐治省事。正二品。　蒲察通：女真人。本名蒲魯渾。本書卷九五有傳。　平章政事：爲宰相，掌丞天子，平章萬機。從一品。始設於天眷元年（1138）。

[7]右丞：爲執政官，宰相之貳，佐治省事。正二品。　襄：女真人。本名永慶，本書卷九五有傳。

[8]参知政事：爲執政官，宰相之貳，佐治省事。從二品。始設於天眷元年。　張汝弼：渤海人。本書卷八三有傳。

[9]彰德軍節度使：州官名。節度州長官。從三品。彰德軍天會七年（1129）始設於相州，明昌三年（1192）升爲彰德府。治所在今河南省安陽市。　梁肅：字孟容。本書卷八九有傳。

四月戊申，以右丞相徒單克寧爲左丞相，[1]平章政事唐括安禮爲右丞相。[2]增築泰州、臨潢府等路邊堡及屋宇。[3]庚戌，奉安昭祖以下三祖三宗御容於衍慶宫，[4]行親祀禮。上諭宰臣曰："朕之言行豈能無過，常欲人直諫而無肯言者。使其言果善，朕從而行之，又何難也。"戊辰，以滕王府長史把德固爲横賜夏國使。[5]壬申，幸壽安宫。[6]

[1]右丞相：爲宰相，掌丞天子，平章萬機。從一品。　徒單克寧：女真人。本名習顯。本書卷九二有傳。

[2]唐括安禮：女真人。本名斡魯古。本書卷八八有傳。

[3]泰州：治所在今吉林省洮南市東北雙塔鄉城四家子舊城址，一説在今黑龍江省泰來縣塔子城，金承安三年（1198）移治長春縣，即今吉林省前郭爾羅斯蒙古族自治縣西北塔虎村。　臨潢府：治所在今内蒙古自治區巴林左旗林東鎮南波羅城。

[4]昭祖以下三祖三宗：指金昭祖石魯、景祖烏古乃、世祖劾里鉢、肅宗頗剌淑、穆宗盈歌、康宗烏雅束。俱見本書卷一《世紀》。施國祁《金史詳校》卷一認爲當作二祖二宗。　衍慶宫：金之原廟所在地，在中都路大興府皇宫中。據本書卷三三《禮志六》，"名其宫曰衍慶，殿曰聖武，門曰崇聖"。

[5]滕王府長史：諸王府屬官。掌警嚴侍從，總統本府之事。從五品。滕王，封爵名，大定格，《大金集禮》爲次國封號第十三，《金史·百官志》爲第十二。　把德固：明昌元年（1190）以簽書樞密院事爲賀宋正旦使。

[6]壽安宫：行宫名。在中都大興府城北，建於大定十九年（1179）。舊名太寧宫，又改爲壽寧宫。明昌二年（1191）更爲萬寧宫。

五月戊子，西北路招討使完顔守能以贓罪，[1]杖二百，[2]除名。

[1]西北路招討使：西北路招討司長官。掌招懷降附、征討携離。正三品。

[2]杖二百：殿本作"杖一百"。

七月丙戌，還都。丁酉，樞密使趙王永中罷。[1]己亥，以左丞相徒單克寧爲樞密使。辛丑，以太尉、尚書令完顔守道復爲左丞相，太尉如故。

[1]樞密使：樞密院長官。掌武備機密之事。從一品。　趙王：封爵名。大定格，爲大國封號第八。　永中：女真人。本名實魯剌，又名萬僧，金世宗之子。本書卷八五有傳。

八月乙丑，以右副都點檢胡什賚等爲賀宋生日使，[1]吏部郎中奚胡失海爲夏國生日使。[2]

[1]右副都點檢：即殿前右副都點檢，殿前都點檢司屬官，兼侍衛親軍副都指揮使。掌宫掖及行從宿衛。從三品。　胡什賚：女真人。《宋史》卷三五《孝宗紀三》作“完顏實”，似爲其漢名。

[2]吏部郎中：尚書吏部屬官。協助吏部尚書掌文武選授、勳封、考課、出給制誥等政事。從五品。　奚胡失海：奚人。事見於本書卷八、二四、六一。

二十二年三月辛未朔，萬春節，宋、高麗、夏遣使來賀。丁丑，命尚書省申勑西北路招討司，勒猛安謀克官督部人習武備。[1]甲申，諭户部，[2]今歲行幸山後，所須並不得取之民間，雖所用人夫，並以官錢和雇，違者杖八十，罷職。癸巳，詔頒《重修制條》。以吏部尚書張汝霖爲御史大夫。[3]

[1]尚書省：官署名。始設於天會四年（1126），爲金最高政務機關。下屬機構有吏、户、禮、兵、刑、工六部及尚書省左、右司。長官爲尚書令，正一品。　西北路招討司：官署名。金於西北、西南、東北三路設招討司，掌招懷降附、征討攜離。長官爲招討使，正三品。西北路招討司最初設在撫州，大定八年（1168）遷

至桓州。撫州治所在今河北省張北縣，一説在今内蒙古自治區興和縣境内。桓州治所在今内蒙古自治區正藍旗南黑城子。後北遷三十里建新桓州城，在今内蒙古自治區正藍旗北四郎城。

[2]户部：官署名。尚書省下屬機構。掌户口、錢糧、土地的政令及貢賦出納、金幣轉通、府庫收藏等事。金初與左、右司同署，天眷三年（1140）始分治。長官爲户部尚書，正三品。

[3]吏部尚書：尚書吏部長官。掌文武選授、勳封、考課、出給制誥等政事。正三品。　張汝霖：渤海人。本書卷八三有傳。

四月乙卯，行監臨院務官食直法。以削明肅尊號，詔中外，從皇太子請也。甲子，上如金蓮川。[1]

[1]金蓮川：指流經今河北省沽源縣與内蒙古自治區正藍旗的閃電河。

五月甲申，太白晝見。

六月庚子朔，制立限放良之奴，限内娶良人爲妻，所生男女即爲良。丁巳，右丞相致仕石琚薨。[1]

[1]石琚：字子美。本書卷八八有傳。

七月辛巳，宰臣奏事，上頗違豫，宰臣請退，上曰："豈以朕之微爽於和，而倦臨朝之大政耶。"使終其奏。甲午，秋獮。

八月戊辰，太白經天。

九月戊寅，至自金蓮川。以左衛將軍禪赤等爲賀宋生日使，[1]尚輦局使僕散曷速罕爲夏國生日使。[2]己丑，以同知東京留守司事裔在任專恣，[3]失上下之分，謫授復州刺史。[4]乙未，壽州刺史訛里也、同知查剌、軍事判官孫紹先、榷場副使韓仲英等以受商賂縱禁物出界，皆處死。[5]

[1]左衛將軍：即殿前左衛將軍。殿前都點檢司屬官。掌宫禁及行從警衛，總領護衛。　禪赤：女真人。僅見於此及本書卷六一。按，《宋史》卷三五《孝宗紀三》作“完顔宗回”。

[2]尚輦局使：殿前都點檢司下屬機構尚輦局長官。掌承奉輿輦等事。從五品。　僕散曷速罕：女真人。本書僅見於此及卷六一。

[3]同知東京留守司事：東京留守司屬官，兼同知本府尹與本路兵馬都總管。正四品。東京，京路名。治所在今遼寧省遼陽市。裔：本書共三人同名裔，此人僅此一見。

[4]復州刺史：州官名。刺史州長官。正五品。復州治所在今遼寧省瓦房店市西北。

[5]壽州刺史：州官名。刺史州長官。正五品。壽州治所在今安徽省鳳台縣。　訛里也：本書共七人同名訛里也，此人僅此一見。　同知：州官名。刺史州屬官。負責協助刺史處理本州政務。正七品。　查剌：本書共十二人同名查剌，此人僅此一見。　軍事判官：金州官名。參知州事，專掌通檢推排簿籍。從八品。　孫紹先：本書僅此一見。　榷場副使：負責協助榷場使管理沿邊榷場貿易及相關事務。本書《百官志》不載。品秩不詳。　韓仲英：本書僅此一見。

十月辛丑，徙河間宗室于平州。[1]庚戌，祫享于太廟。

[1]河間：府名。治所在今河北省河間市。　平州：州名。治所在今河北省盧龍縣。

十一月丙子，以吏部尚書孛术魯阿魯罕等爲賀宋正旦使。[1]東京留守徒單貞以與海陵逆謀，[2]伏誅。妻永平縣主，[3]子慎思並賜死。[4]甲申，以宿直將軍僕散忠佐爲高麗生日使。[5]玉田縣令移剌查坐贓，[6]伏誅。戊子，冬獵。十二月庚子，還都。癸丑，獵近郊。辛酉，立强取諸部羊馬法。

[1]孛术魯阿魯罕：女真人。《宋史》卷三五《孝宗紀三》作“孛术魯正”，似爲其漢名。

[2]東京留守：東京留守司長官，例兼本府府尹與本路兵馬都總管。正三品。東京，京路名，治所在今遼寧省遼陽市。　徒單貞：女真人。本名特思。本書卷一三二有傳。

[3]永平縣主：公主封號。此指宗幹之女，女真人，海陵王同母妹。嫁徒單貞。海陵時受封爲平陽長公主，世宗時降爲清平縣主，升爲任國公主。貶宗幹帝號時隨降永平縣主。

[4]慎思：女真人。本書僅見於此及卷一三二。按，本書卷一三二《徒單貞傳》，“詔誅貞及其妻與二子慎思、十六”，此處似脱“十六”二字。

[5]宿直將軍：殿前都點檢司屬官。掌總領親軍，宮衛門禁，行從宿衛之事。從五品。　僕散忠佐：女真人。僅見於此及本書卷六一。

[6]玉田縣令：金縣官名。令即縣令。玉田縣治所在今河北省玉田縣。　移剌查：本書僅此一見。

二十三年正月丁卯朔，宋、高麗、夏遣使來賀。庚午，詔有司但獲强盗，迹狀既明，賞隨給之，勿得更待。丁丑，參知政事梁肅致仕。辛巳，廣樂園燈山火。[1]壬午，如春水，詔夾道三十里内被役之民與免今年租稅，仍給傭直。甲午，大邦基伏誅。[2]

[1]廣樂園燈山火：本書卷二三《五行志》作："廣樂園燈山焚，延及熙春殿。"

[2]大邦基：渤海人。即大興國，天德四年（1152）海陵王賜名爲大邦基。本書卷一三二有傳。

二月乙巳，還都。戊申，以尚書右丞張汝弼攝太尉，致祭于至聖文宣王廟。[1]庚戌，以户部尚書張仲愈爲參知政事。[2]御史臺進所察州縣官罪，[3]上覽之曰："卿等所廉皆細碎事，又止録其惡而不舉其善，審如是，其爲官者不亦難乎。其併察善惡以聞。"

[1]至聖文宣王廟：即孔子廟。

[2]張仲愈：曾於大定六年（1166）以少府監爲賀宋正旦使。事見於本書卷八、一九、四七、四九、六一、八九。

[3]御史臺：官署名。掌糾察朝儀、彈劾官邪、勘鞫官府公事，審斷所屬部門理斷不當引起上訴的案件。長官爲御史大夫，從二品。

三月丙寅朔，萬春節，宋、高麗、夏遣使來賀。丙子，初製"宣命之寶"，金、玉各一。尚書右丞相烏古論元忠罷。[1]潞州涉縣人陳圓亂言，[2]伏誅。乙酉，雨土。丙戌，詔戒諭中外百官。

[1]烏古論元忠：女真人。本名訛里也。本書卷一二〇有傳。

[2]潞州：治所在今山西省長治市。　涉縣：治所在今河北省涉縣。　陳圓：本書僅此一見。

四月辛丑，[1]更定奉使三國人從差遣格。祁州刺史大磐坐無罪掠死染工，[2]妄認良人二十五口爲奴，削官四階，罷之。癸丑，地生白毛。以大理正紇石烈术列速爲横賜高麗使。[3]壬戌，幸壽安宫。敕有司爲民禱雨。是夕，雨。

[1]四月辛丑：原無“四月”，從施國祁《金史詳校》卷一補。

[2]祁州刺史：州官名。刺史州長官。正五品。祁州治所在今河北省安國市。　大磐：渤海人。本名蒲速越。本書卷八〇有傳。

[3]大理正：大理寺屬官。掌審斷天下奏案，詳核疑獄。正六品。　紇石烈术列速：女真人。卷六一作紇石烈述烈速。本書僅此兩見。

五月庚午，縣令大雛訛只等十人以不任職罷歸。[1]六十以上者進官兩階，[2]六十以下者進官一階，並給半俸。甲戌，命應部除官嘗以罪罷而再叙者，遣使按其治迹，如有善狀，方許授以縣令，無治狀者，不以任數多少，[3]並不得授。丁亥，雷，雨雹，地生白毛。

[1]大雛訛只：渤海人。本書僅此一見。

[2]六十以上者進官兩階：按此句當有闕文。施國祁認爲“六十以上”前當加“詔致仕官，年”等字。

[3]不以任數多少：殿本作“不論任數多少”。

六月壬子，有司奏右司郎中段珪卒，[1]上曰：“是人甚明正，可用者也。如知登聞檢院巨構，[2]每事但委順而已。燕人自古忠直者鮮，遼兵至則從遼，宋人至則從宋，本朝至則從本朝，其俗詭隨，有自來矣。雖屢經遷變而未嘗殘破者，凡以此也。南人勁挺，敢言直諫者多，前有一人見殺，後復一人諫之，甚可尚也。”又曰：“昨夕苦暑，朕通宵不寐，因念小民比屋卑隘，何以安處。”

[1]右司郎中：尚書省右司長官。掌本司奏事，總察兵、刑、工三部受事付事。正五品。　段珪：本書僅見於此及卷九七。

[2]知登聞檢院：登聞檢院負責人。掌奏御進告尚書省、御史臺理斷不當事。從五品。　巨構：字子成。本書卷九七有傳。

七月乙酉，平章政事移剌道，[1]參知政事張仲愈皆罷。御史大夫張汝霖坐失糾舉，降授棣州防禦使。[2]

[1]移剌道：契丹人。一名趙三。本書卷八八有傳。

[2]棣州防禦使：防禦州長官。總判一州政務，防捍不虞，禦制盜賊。從四品。棣州治所在今山東省惠民縣。

八月乙未，觀稼于東郊。以女直字《孝經》千部付點檢司，分賜護衛親軍。[1]癸卯，還都。乙巳，大名府猛安人馬和尚謀叛，[2]伏誅。括定猛安謀克户口田土牛具。以户部尚書程輝爲參知政事。[3]

[1]點檢司：官署名。即殿前都點檢司，始設於天眷元年(1138)。掌親軍，總領左右衛將軍、符寶郎、宿直將軍、左右振肅。負責行從宿衛、關防門禁、督攝隊仗。下屬機構有宫籍監、近侍局、器物局、尚厩局、尚輦局、鷹坊、武庫署、武器署。長官爲殿前都點檢，例兼侍衛親軍馬步軍都指揮使。正三品。

[2]大名府：治所在今河北省大名縣東。　馬和尚：本書僅此一見。

[3]程輝：字日新。本書卷九五有傳。

九月己巳，以同僉大宗正事方等爲賀宋生日使，[1]宿直將軍完顔斜里虎爲夏國生日使。[2]譯經所進所譯《易》《書》《論語》《孟子》《老子》《揚子》《文中子》《劉子》及《新唐書》。[3]上謂宰臣曰："朕所以令譯五經者，正欲女直人知仁義道德所在耳。"命頒行之。辛未，秋獵。

[1]同僉大宗正事：大宗正府屬官。以皇族充。協助判大宗正事掌敦睦親族欽奉王命。泰和六年（1206）改爲同判大睦親事。從三品。"僉"，本書卷五五《百官志一》、卷八〇《完顔方傳》皆作"簽"。　方：女真人。阿离補之子，景祖後裔。本書卷八〇有傳。

[2]完顔斜里虎：女真人。本書僅見於此及卷六一。

[3]譯經所：官署名。負責將漢語的中國古代典籍譯爲女真文字。本書未載始設於何時。但金代大規模翻譯運動共有兩次，一次始於大定四年（1164）。據本書卷九九《徒單鎰傳》："大定四年，詔以女真字譯書籍。五年，翰林侍講學士徒單子温進所譯《貞觀政要》《白氏策林》等書。六年，復進《史記》《西漢書》，詔頒行之。"另一次始於大定十五年。從此處下文所提到的書名及時間上

分析，譯經所當是在第二次翻譯運動中成立的，即始設於大定十五年。據本書卷九九《徒單鎰傳》、卷一〇五《温迪罕締達傳》，當時的負責人應是温迪罕締達，官爲著作佐郎，正七品。譯經所撤於何時不詳。

十月癸巳，還都。庚戌，幸東宫，賜皇孫吾都補洗兒禮。[1]己未，慶雲見。辛酉，太白晝見。

[1]吾都補：即金宣宗，本名吾都補。

十一月壬戌朔，日有食之。丙寅，平章政事蒲察通罷。丁卯，歲星晝見。壬申，以樞密副使崇尹爲平章政事。[1]

[1]樞密副使：樞密院屬官。協助樞密使掌武備機密之事。從二品。　崇尹：女真人。即完顔宗尹，本名阿里罕。本書卷七三有傳。

閏月甲午，上謂宰臣曰："帝王之政，固以寬慈爲德，然如梁武帝專務寬慈，[1]以至綱紀大壞。朕嘗思之，賞罰不濫，即是寬政也，餘復何爲。"以尚書左丞襄爲平章政事，右丞張汝弼爲左丞，參知政事粘割斡特剌爲右丞，[2]禮部尚書張汝霖爲參知政事。[3]以西京留守婆盧火等爲賀宋正旦使。[4]制外任官嘗爲宰執者，[5]凡吏牘上省部，[6]依親王例，免書名。戊午，歲星晝見。上謂宰臣曰："女直進士可依漢兒進士補省令史。[7]夫儒者操行清潔，非禮不行。以吏出身者，自幼爲吏，習其貪墨，至於爲官，習性不能遷改。政道興廢，實由於此。”庚申，尚書省左司員外郎徐偉奏事，[8]上謂宰臣曰：“斯人純而幹，右司郎中郭邦傑直而頗躁。”

[1]梁武帝：即蕭衍。南朝梁的建立者。502年至549年在位。

[2]粘割斡特剌：女真人。又作粘哥斡特剌。本書卷九五有傳。

[3]禮部尚書：尚書禮部長官。掌禮樂、祭祀、燕享、學校、貢舉、儀式、制度、符印、表疏、圖書、册命、祥瑞、天文、漏刻、國忌、廟諱、醫卜、釋道、四方使客、諸國進貢、犒勞張設等事。正三品。

[4]西京留守：西京留守司長官，例兼本府府尹、本路兵馬都總管。正三品。西京，京路名，治所在今山西省大同市。　婆盧火：本書僅見於此及卷六一。

[5]宰執：指宰相與執政官。金於尚書省下設尚書令一員、左右丞相各一員、平章政事二員，爲宰相。設左右丞各一員、參知政事二員，爲執政官。

[6]省部：指尚書省及其下屬的吏、户、禮、兵、刑、工六部。

[7]女直進士：即女真進士。金於大定十三年（1173）始設女真進士科，最初止試策，每場一道，五百字以上成，免鄉試、府試，止參加會試、殿試。後又增試論。故又稱爲策論進士。　省令史：即尚書省令史。尚書省左、右司辦事員。

[8]尚書省左司員外郎：尚書省屬官。掌本司奏事，總察吏、户、禮部受事付事，兼帶修起居注。正六品。　徐偉：前爲同知河北西路轉運使。本書僅見於此及卷二七。

十二月癸酉，上謂宰臣曰：“海陵自以失道，恐上京宗室起而圖之，[1]故不問疏近，並徙之南。豈非以漢光武、宋康王之疏庶得繼大統，[2]故有是心。過慮若此，何其謬也。”乙酉，高麗以母喪來告。丁亥，以真定尹烏古論元忠復爲尚書右丞相。[3]

[1]上京：京路名。治所在今黑龍江省阿城市白城。

[2]漢光武：即漢光武帝劉秀。25 年至 57 年在位。　宋康王：即宋高宗趙構。南宋的建立者，在北宋時曾被封爲康王。1127 年至 1162 年在位。

[3]真定尹：府官名。真定即真定府，治所在今河北省正定縣。尹即府尹，正三品。

二十四年正月辛卯朔，宋、夏遣使來賀。徐州進芝草十有八莖，[1]真定進嘉禾二本，六莖，異畝同穎。戊戌，如長春宫春水。

[1]徐州：治所在今江蘇省徐州市。

二月壬申，還都。癸酉，上曰：“朕將往上京。念本朝風俗重端午節，比及端午到上京，則燕勞鄉間宗室父老。”甲戌，制一品職事官庶孽子承蔭，[1]更不引見。丙戌，以東上閤門使完顔進兒等爲高麗勅祭使，[2]西上閤門使大仲尹爲慰問使，[3]虞王府長史永明爲起復使，[4]以器物局使亩爲横賜夏國使。[5]

[1]一品職事官：詳見本書《百官志》。

[2]東上閤門使：宣徽院下屬機構閤門屬官。掌贊導殿庭禮儀。正五品。明昌六年（1195）改爲從五品。　完顔進兒：女真人。本書僅見於此及卷六一。

［3］西上閤門使：宣徽院下屬機構閤門屬官。掌贊導殿庭禮儀。正五品。明昌六年（1195）改爲從五品。　大仲尹：渤海人。本書僅見於此及卷六一。

［4］虞王府長史：長史，諸王府屬官。掌警嚴侍從，總統本府之事。從五品。虞王，封爵名，大定格，爲次國封號第十一。　永明：本書僅見於此及卷六一。

［5］器物局使：器物局屬官。掌進御器械鞍轡之物。從五品。亩：本書共三人同名亩。此人僅見於此及卷六一。

三月庚寅朔，萬春節，宋、夏遣使來賀。甲午，以上將如上京，尚書省奏定皇太子守國諸儀。丙申，尚書省進"皇太子守國寶"，上召皇太子授之，且諭之曰："上京祖宗興王之地，欲與諸王一到，或留三二年，以汝守國。譬之農家種田，商人營財，但能不墜父業，即爲克家子，况社稷任重，尤宜畏慎。常時觀汝甚謹，今日能紓朕憂，乃見中心孝也。"皇太子再三辭讓，以不諳政務，乞備扈從。上曰："政事無甚難，但用心公正，毋納讒邪，久之自熟。"皇太子流涕，左右皆爲之感動。皇太子乃受寶。丁酉，如山陵。己亥，還都。壬寅，如上京，皇太子允恭守國。癸卯，宰執以下奉辭于通州。上謂宰執曰："卿輩皆故老，皇太子守國，宜悉心輔之，以副朕意。"又謂樞密使徒單克寧曰："朕巡省之後，脱或有事，卿必親之。毋忽細微，大難圖也。"又顧六部官曰："朕聞省部文字多以小不合而駁之，苟求自便，致累歲不能結絶，朕甚惡之。自今可行則行，可罷則罷，毋使在下有滯留之歎。"時諸王皆從，以趙王永中留輔太子。

四月己未朔，太白晝見。咸平尹移剌道薨。[1]庚申，次廣寧府。[2]丙寅，次東京。[3]丁卯，朝謁孝寧宫。[4]給復東京百里内夏秋税租一年，在城隨闕年七十者補一官，[5]曲赦百里内犯徒二年以下罪。乙酉，觀漁于混同江。[6]

[1]咸平尹：府官名。咸平即咸平府，治所在今遼寧省開原市開原老城。尹即府尹。

[2]廣寧府：治所在今遼寧省北寧市。

[3]東京：京路名。治所在今遼寧省遼陽市。

[4]孝寧宫：在東京遼陽府，建於皇統四年（1144），爲世宗生母的陵園。

[5]闕：施國祁《金史詳校》卷一認爲當作"闕"。

[6]混同江：指今松花江自哈爾濱市往北至同江縣的一段，和黑龍江自同江縣往北直至入海口的一段。

五月己丑，至上京，居于光興宫。[1]庚寅，朝謁于慶元宫。[2]戊戌，宴于皇武殿。[3]上謂宗戚曰："朕思故鄉，積有日矣，今既至此，可極歡飲，君臣同之。"賜諸王妃主、宰執百官命婦各有差。宗戚皆沾醉起舞，竟日乃罷。

[1]光興宫：在上京會寧府皇宫中，建於大定二十一年（1181）。

[2]慶元宫：在上京會寧府皇宫中，始建於天會十三年（1135）。天眷二年（1139）安太祖以下御容，爲原廟。毀於正隆

二年（1157）。世宗大定二十一年（1181）重建。

[3]皇武殿：在上京會寧府皇宫中，爲擊球校射之所。建於大定二十一年（1181）。

六月辛酉，幸按出虎水臨漪亭。[1]壬戌，閱馬于緑野淀。[2]

[1]按出虎水：即今黑龍江省阿城市境内的阿什河。 臨漪亭：宫殿名。在上京會寧府，按出虎水邊。

[2]緑野淀：地名。據本書卷二四《地理志上》，在上京會寧府會寧縣。當在今黑龍江省阿城市白城附近。

七月乙未，上謂宰臣曰："天子巡狩當舉善罰惡，凡士民之孝弟婣睦者舉而用之，[1]其不顧廉耻無行之人則教戒之，不悛者則加懲罰。"丙午，獵于勃野淀。[2]乙卯，上謂宰臣曰："今時之人，有罪不問，既過之後，則謂不知。有罪必責，則謂每事尋罪。風俗之薄如此。不以文德感化，不能復于古也。卿等以德輔佐，當使復還古風。"

[1]婣：同"姻"。

[2]勃野淀：地名。據本書卷二四《地理志上》，在上京會寧府會寧縣。當在今黑龍江省阿城市白城附近。

八月癸亥，以太府監張大節等爲賀宋生日使，[1]侍御史遥里特末哥爲夏國生日使。[2]乙亥，詔免上京今年市税。

［1］太府監：官名。太府監長官。掌出納邦國財用錢穀之事。正四品。　張大節：字信之。本書卷九七有傳。

［2］侍御史：御史臺屬官。掌奏事、判臺事。從五品。　遥里特末哥：奚人。本書僅見於此及卷六一。

九月甲辰，歲星晝見。

十月丁卯，獵于近郊。

十一月辛卯，還宫。甲午，詔以上京天寒地遠，宋正旦、生日，高麗、夏國生日，並不須遣使，令有司報諭。丙午，尚書省奏徙速頻、胡里改三猛安二十四謀克以實上京。[1]

［1］速頻、胡里改：皆爲路名，屬上京。速頻路也作恤品路、速濱路，治所在今俄羅斯濱海邊區烏蘇里斯克城（雙城子）。胡里改路治所在今黑龍江省依蘭縣喇嘛廟。按，本書卷四四《兵志》，大定二十四年（1184），“遷速頻一猛安、胡里改二猛安二十四謀克”，與此同。下文則爲“詔於速頻、胡里改兩路猛安下選三十謀克爲三猛安，移置于率、督畔窟之地”，猛安數與此相同，而謀克數異。但二者應是一事。依猛安謀克遷徙慣例，此處所記應爲其遷徙開始時間，下文大定二十五年四月爲其到達指定地點的時間。可能是在最初預計遷徙二十四謀克，組成三猛安，而在實際執行中有所更動，變爲三十謀克。

十二月丙辰，獵于近郊。己卯，還宫。

二十五年正月乙酉朔。丁亥，宴妃嬪、親王、公主、文武從官于光德殿，[1]宗室、宗婦及五品以上命婦，與坐者千七百餘人，賞賚有差。

[1]光德殿：本書僅此一見。當在上京會寧府皇城中。

二月癸酉，以東平尹烏古論思列怨望，[1]殺之。丁丑，如春水。

[1]東平尹：府官名。東平即東平府，治所在今山東省東平縣。尹即府尹，正三品。　烏古論思列：女真人。本書僅見於卷七、八、六一、八八。

四月己未，至自春水。癸亥，幸皇武殿擊毬，許士民縱觀。甲子，詔於速頻、胡里改兩路猛安下選三十謀克爲三猛安，移置于率、督畔窟之地，[1]以實上京。壬申，曲赦會寧府，[2]仍放免今年租税，百姓年七十以上者補一官。甲戌，以會寧府官一人兼大宗正丞，[3]以治宗室之政。上謂群臣曰："上京風物，朕自樂之，每奏還都，輒用感愴。祖宗舊邦，不忍捨去，萬歲之後，當置朕于太祖之側，[4]卿等無忘朕言。"丁丑，宴宗室、宗婦于皇武殿，大功親賜官三階，[5]小功二階，[6]緦麻一階，[7]年高屬近者加宣武將軍，[8]及封宗女，賜銀、絹各有差。曰："朕尋常不飲酒，今日甚欲成醉，此樂亦不易得也。"宗室婦女及群臣故老，以次起舞、進酒。上曰："吾來數月，未有一人歌本曲者，吾爲汝等歌之。"命宗室子弟叙坐殿下者皆坐殿上，聽上自歌。其詞道王業之艱難，及繼述之不易，至"慨想祖宗，宛然如睹"，慷慨悲激，[9]不能成聲，歌畢泣下。右丞相元忠率群臣、宗戚捧觴上壽，皆稱萬歲。於是，諸夫人更歌本曲，如私家之會。既醉，上復續調，至一鼓乃罷。己卯，發上京。庚辰，宗室戚屬奉辭。上曰："朕久思故鄉，甚欲留一二歲，京師天下根本，不能久於此也。太平歲久，國無征徭，汝等皆奢縱，往往貧乏，朕甚憐之。當務儉約，無忘祖先艱難。"因泣數行下，宗室戚屬皆感泣而退。

[1]率、督畔窟：按，本書卷四四《兵志》作"率、胡剌温"。三上次男認爲，率就是帥水，可能是松花江北呼蘭河附近的一條河。胡剌温就是呼蘭河。督畔窟不詳，似爲呼蘭河附近的地名。

[2]會寧府：治所在今黑龍江省阿城市白城。

[3]大宗正丞：大宗正府屬官。分司上京及臨潢以東六司屬之事。泰和六年（1206）改爲大睦親丞。從四品。

[4]太祖：廟號。即完顏阿骨打，漢名旻。1115年至1123年在位。

[5]大功親：大功爲喪服名，服期九個月，堂兄弟、未嫁的堂姐妹、已嫁的姑姐妹均服之。大功親指應服大功喪服的上述親屬。

[6]小功：喪服名。服期五個月，爲曾祖父母、伯叔祖父母、堂伯叔父母、未嫁祖姑、堂姑、已嫁堂姐妹、兄弟妻、從堂兄弟及未嫁從堂姐妹服，外親爲外祖父母、母舅、母姨而服。此指小功親，即應服小功喪服的上述親屬。

[7]緦麻：喪服名。服期三個月，爲高祖父母、曾伯叔祖父母、族伯叔父母、族兄弟及未嫁族姐妹服，外姓爲中表兄弟、岳父母而服。此指緦麻親，即應服緦麻喪服的上述親屬。

[8]宣武將軍：武散官。爲從五品下階。

[9]慷慨悲激：殿本作"慷慨悲咽"。

五月庚寅，平章政事襄、奉御平山等射懷孕兔。[1]上怒，杖平山三十，召襄誡飭之，遂下詔禁射兔。壬寅，次天平山好水川。[2]癸卯，遣使臨潢、泰州勸農。丙午，命尚書省奏事衣窄紫。

[1]奉御：殿前都點檢司下屬機構近侍局屬官。舊名入寢殿小底，也作寢殿小底，大定十二年（1172）更今名。定員十六人。平山：人名。本書僅此一見。

[2]天平山：在今内蒙古自治區扎魯特旗境内。　好水川：在今内蒙古自治區扎魯特旗境内。據本書卷二四《地理志上》，臨潢府"有天平山、好水川，行宫地也，大定二十五年命名"。當是世宗此行所命名，原名不詳。

六月甲寅，獵近山，見田壟不治，命笞田者。庚申，皇太子允恭薨。丙寅，尚書右丞相烏古論元忠罷。庚午，遣左宣徽使唐括鼎詣京師，[1]致祭皇太子。戊寅，命皇太子妃及諸皇孫執喪，並用漢儀。

[1]左宣徽使：宣徽院長官。掌朝會燕享，殿庭禮儀及監知御膳。正三品。　唐括鼎：女真人。唐括德温之子，世襲西北路没里山猛安。娶金世宗第五女蜀國公主，爲駙馬都尉。世宗時官至定武軍節度使、左宣徽使。

七月戊申，發好水川。

九月辛巳朔，次轄沙河，[1]賜百歲老嫗帛。甲申，次遼水，[2]召見百二十歲女直老人，能道太祖開創事，上嘉歎，賜食，并賜帛。己酉，至自上京。是日，上臨奠宣孝皇太子于熙春園。[3]

[1]轄沙河：本書僅此一見。本書卷九三《僕散揆傳》有臨潢府路赫沙河世襲猛安，當即此轄沙河。在好水川與遼水之間。

[2]遼水：今西拉木倫河。

[3]宣孝皇太子：即允恭，本書卷一九《世紀補》有傳。 熙春園：在中都皇城中。

十月丙辰，尚書省奏親軍數多，宜稍減損，詔定額爲三千。[1]宰臣退，上謂左右曰："宰相年老，艱于久立，可置小榻廊下，使少休息。"甲子，禁上京等路大雪及含胎時采捕。上謂宰臣曰："護衛年老出職而授臨民，手字尚不能畫，[2]何以治民。人胸中明暗外不能知，精神昏耄已見於外，是强其所不能也。天子以兆民爲子，不能家家而撫，在用人而已。知其不能而强授之，百姓其謂我何。"丁丑，命學士院、諫院、祕書監、司天臺、著作局、閤門、通進、拱衛直、武器署等官，[3]凡直宫中，午前許退。

[1]詔定額爲三千：據本書卷四四《兵志》："大定初，親軍置四千人。二十二年，省爲三千五百。"則此前的親軍定額爲三千五百人。

[2]手字尚不能畫："畫"，殿本作"書"。

[3]學士院：官署名。即翰林學士院，掌制撰詞命，應奉文字。長官爲翰林學士承旨，正三品。下設翰林學士，正三品；翰林侍讀學士、翰林侍講學士，皆從三品；翰林直學士，從四品；翰林待

制，正五品；翰林修撰，從六品；應奉翰林文字，從七品。　諫院：官署名。長官爲左、右諫議大夫，皆正四品；下設左、右司諫，皆從五品；左、右補闕，左、右拾遺，皆正七品。　祕書監：官署名。長官爲秘書監，從三品。下設少監一員，正五品；丞一員，正六品；秘書郎二員，正七品；校書郎一員，從七品。下屬機構有著作局、筆硯局、書畫局、司天臺。　司天臺：官署名。爲秘書監下屬機構，掌天文曆數、風雲氣色，密以奏聞。長官爲提點司天臺，正五品。下設司天監、司天少監、司天臺判官、教授、司天管勾、長行、天文科、算曆科、三式科、測驗科、漏刻科。　著作局：官署名。秘書監下屬機構，掌修日曆。長官爲著作郎，從六品。下設著作佐郎一員，正七品。　閤門：官署名。掌贊導殿庭禮儀。設東上閤門使與西上閤門使各二員，皆正五品。　通進：官名。即御院通進，爲宣徽院下屬機構閤門屬官，掌諸進獻禮物及薦享編次位序。定員四人，從七品。　拱衛直：官署名。爲宣徽院下屬機構。舊名龍翔軍，正隆二年（1157）更爲神衛軍，大定二年（1162）更爲拱衛司。長官爲都指揮使，從四品。　武器局：官署名。即本書卷五六《百官志二》所説的武器署。爲殿前都點檢司下屬機構，掌祭祀、朝會、巡幸及公卿婚葬儀仗旗鼓笛角之事。長官爲提點武器署，從五品。

十一月庚辰朔，詔曰："豺未祭獸，不許采捕。冬月，雪尺以上，不許用網及速撒海，恐盡獸類。"歲星晝見。壬午，太白晝見。甲午，以臨潢尹僕散守中等爲賀宋正旦使。[1]丙申，夏國遣使問起居。戊戌，以曹王永功爲御史大夫。[2]壬寅，以禮部員外郎移剌履爲高麗生日使。[3]

[1]僕散守中：女真人。大定九年（1169），曾以宿直將軍爲

夏國生日使，官至臨潢尹。後世宗因其與僕散師恭同族，免官。

[2]曹王：封爵名。大定格，爲大國封號第二十。　永功：女真人。本名宋葛，又名廣孫，世宗之子。本書卷八五有傳。

[3]禮部員外郎：尚書禮部屬官。協助禮部尚書掌禮樂、祭祀、燕享、學校、貢舉、儀式、制度、符印、表疏、圖書、册命、祥瑞、天文、漏刻、國忌、廟諱、醫卜、釋道、四方使客、諸國進貢、犒勞張設等事。從六品。　移剌履：契丹人。字履道。本書卷九五有傳。

十二月戊午，以皇孫金源郡王麻達葛判大興尹，[1]進封原王。[2]甲子，太白晝見，經天。丙寅，左丞相完顔守道、左丞張汝弼、右丞粘割斡特剌、參知政事張汝霖坐擅增東宫諸皇孫食料，各削官一階。甲戌，制增留守、統軍、總管、招討、都轉運、府尹、轉運、節度使月俸。[3]上謂宰臣曰："太尉守道論事止務從寬，犯罪罷職者多欲復用。若懲其首惡，後來知畏，罪而復用，何以示戒。"是日，命範銅爲"禮信之寶"，凡賜外方禮物，給信袋則用之。丙子，上問宰臣曰："原王大興行事如何?"右丞斡特剌對曰："聞都人皆稱之。"上曰："朕令察于民間，咸言見事甚明，予奪皆不失當，曹、豳二王弗能及也。[4]又聞有女直人訴事，以女直語問之，漢人訴事，漢語問之。大抵習本朝語爲善，不習，則淳風將棄。"汝弼對曰："不忘本者，聖人之道也。"斡特剌曰："以西夏小邦，崇尚舊俗，猶能保國數百年。"上曰："事當任實，一事有僞則喪百真，故凡事莫如真實也。"

[1]金源郡王：封爵名。爲封王郡號第一。　麻達葛：即金章宗。　判大興尹：府官名。大興即大興府，治所在今北京市。尹即府尹，掌宣風導俗，肅清所部，總判府事，正三品。此時金章宗官階已達正一品，而任此職務爲正三品官，官階高於職務，故稱判。

[2]原王：封爵名。大定格，《大金集禮》爲次國封號第十六，《金史·百官志》爲第十五。

[3]統軍：即統軍使，爲統軍司長官。掌督領軍馬、鎮攝封陲、分管營衛、視察奸僞。正三品。　總管：即都總管，爲諸總管府長官。掌統領各城兵馬甲仗，總判總管府之事。正三品。　都轉運：即都轉運使，都轉運司長官。掌税賦錢穀，倉庫出納，權度量之制。正三品。按，本書卷五七《百官志三》，“惟中都路置都轉運司，余置轉運司”，考之本書卷五《海陵紀》有汴京路都轉運使左瀛，卷八二稱其爲南京都轉運使，卷一〇二見南京都轉運使李特立，卷一〇三見南京都轉運使阿勒根彦忠，則南京路似同爲都轉運使。　轉運：即轉運使，轉運司長官。掌税賦錢穀，倉庫出納，權度量之制。正三品。

[4]豳王：封爵名。大定格，《大金集禮》爲次國封號第七，《金史·百官志》爲第六。此處曹王指世宗子永功，豳王指世宗子永成。永功本名宋葛，又名廣孫；永成本名鶴野，又名婁室。本書卷八五皆有傳。

二十六年正月庚辰朔，宋、高麗、夏遣使來賀。甲辰，如長春宫春水。

二月癸酉，還都。乙亥，詔曰：“每季求仕人，問以疑難，令剖決之。其才識可取者，仍訪察政迹，如其言行相副，即加陞用。”

三月己卯朔，萬春節，宋、高麗、夏遣使來賀。丁亥，以大理卿闕，[1]上問誰可，右丞粘割斡特剌言，前吏部尚書唐括貢可，[2]乃授以是職。己丑，尚書省擬奏除授，上曰："卿等在省未嘗薦士，止限資級，安能得人。古有布衣入相者，聞宋亦多用山東、河南流寓疏遠之人，皆不拘於貴近也。以本朝境土之大，豈無其人，朕難遍知，卿又不舉。自古豈有終身爲相者。外官三品以上，必有可用之人，但無故得進耳。"左丞張汝弼曰："下位雖有才能，必試之乃見。"參政程輝曰："外官雖有聲，一旦入朝，却不稱任，亦在沙汰而已。"癸巳，香山寺成，幸其寺，賜名大永安，給田二千畝，栗七千株，錢二萬貫。丁酉，以親軍完顏乞奴言，[3]制猛安謀克皆先讀女直字經史然後承襲。因曰："但令稍通古今，則不肯爲非。爾一親軍麄人，[4]乃能言此，審其有益，何憚而不從。"

[1]大理卿：大理寺長官。掌審斷天下奏案、詳核疑獄。正四品。闕，同"缺"。

[2]唐括貢：女真人。本名達哥。本書卷一二〇有傳。

[3]完顏乞奴：女真人。本書僅此一見。

[4]爾：原作"前"，從中華點校本改。　麄："麤"的俗字，今人概用"粗"。

四月壬子，尚書省奏定院務監官虧兑陪納法及横班格。因曰："朕常日御膳亦從减省，嘗有一公主至，至無餘膳可與，當直官皆目睹之。若欲豐腆，[1]雖日用五十羊亦不難矣，然皆民之脂膏，不忍爲也。監臨官惟知利己，不知其利自何而來。朕嘗歷外任，稔知民間之事，想前代之君，雖享富貴，不知稼穡艱難者甚多，其失天下，皆由此也。遼主聞民間乏食，謂何不食乾腊，蓋幼失師保之訓，及其即位，故不知民間疾苦也。隋煬帝時，[2]楊素專權行事，[3]乃不慎委任之過也。與正人同處，所知必正道，所聞必正言，不可不慎也。今原王府官屬，當選純謹秉性正直者充，勿用有權術之人。”戊午，尚書左丞張汝弼罷。己未，幸永安宮。[4]壬戌，太尉、左丞相完顏守道致仕。以客省使李磐爲横賜高麗使。[5]尚書省奏“北京轉運使以贓除名”。[6]尚書省奏事，上曰：“比有上書言，職官犯除名不可復用，朕謂此言極當。如軍期急速，權可使用。今天下無事，復用此輩，何以戒將來？”又奏“年前以諸路水旱，於軍民地土二十一萬餘頃内，擬免稅四十九萬餘石”，從之。詔曰：“今之稅，考古行之，但遇災傷，常加蠲免。”[7]

[1]腆（tiǎn）：飯菜豐盛。

[2]隋煬帝：本名楊廣。605 年至 617 年在位。

[3]楊素：隋初大臣。廢太子楊勇，擁立楊廣。《隋書》卷四八有傳。

[4]永安宮：施國祁《金史詳校》卷一認爲當作“壽安宮”。

[5]客省使：客省長官。掌接伴人使見辭之事。正五品。　李磐：大興少尹李天吉之子。事見於本書卷八、六一、六五、六九。

[6]北京轉運使：北京路轉運使司長官。北京即北京路，治所在今内蒙古自治區寧城縣大明城。轉運使，掌賦稅錢穀，倉庫出納及度量之制。正三品。中華點校本認爲“轉運使”下當脱人名，是。

[7]蠲（juān）：免除。

五月甲申，以司徒、樞密使徒單克寧爲太尉、尚書左丞相，[1]判大宗正事趙王永中復爲樞密使，[2]大興尹原王麻達葛爲尚書右丞相，賜名璟。參知政事程輝致仕。戊子，盧溝决於上陽村，[3]湍流成河，遂因之。庚寅，御史大夫曹王永功罷，以豳王永成爲御史大夫。戊戌，以尚書右丞粘割斡特剌爲左丞，參知政事張汝霖爲右丞。

[1]司徒：三公之一。正一品。

[2]判大宗正事：大宗正府長官。以皇族中屬親者充，掌敦睦糾率宗屬欽奉王命。從一品。泰和六年（1206）因避諱改爲判大睦親事。

[3]盧溝：一作盧溝河，即今河北省境内的永定河。　上陽村：地名。所指不詳。按，本書卷二七《河渠志》繫此事於大定二十五年（1185）五月，與此異。

六月癸亥，尚書省奏速頻、胡里改世襲謀克事，上曰：“其人皆勇悍，昔世祖與之鄰，[1]苦戰累年，僅能克復。其後乍服乍叛，至穆、康時，[2]始服聲教。近世亦嘗分徙。朕欲稍遷其民上京，實國家長久之計。”己巳，上謂宰執曰：“齊桓，中庸主也，[3]得一管仲，[4]遂成霸業。朕夙夜以思，惟恐失人。朕既不知，卿等又不薦，必俟全才而後舉，蓋亦難矣。如舉某人長於某事，朕亦量材用之。朕與卿等俱老矣。天下至大，豈得無人，薦舉人材，當今急務也。”又言：“人之有幹能，固不易得，然不若德行之士最優也。”上謂右丞相原王曰：“爾嘗讀《太祖實録》乎？[5]太祖征麻產，[6]襲之，至泥淖馬不能進，太祖捨馬而步，歡都射中麻產，[7]遂擒之。創業之難如此，可不思乎。”甲戌，詔曰：“凡陳言文字詣登聞檢院送學士院聞奏，[8]毋經省廷。”

[1]世祖：即金世祖，名劾里鉢。見本書卷一《世紀》。

[2]穆、康：即金穆宗、金康宗。皆見本書卷一《世紀》。

[3]齊桓：即齊桓公，春秋五霸之一。見《史記·齊太公世家》。

[4]管仲：春秋時齊國人。見《史記·管晏列傳》。

[5]太祖實録：共二十卷，皇統八年（1148）成書。完顔勗等撰。

[6]麻產：女真人。本書卷六七有傳。

[7]歡都：女真人。本書卷六八有傳。

[8]登聞檢院：官署名。掌奏御進告尚書省、御史臺理斷不當事。長官爲知登聞檢院，從五品。

七月壬午，詔給内外職事官兼職俸錢。丙申，御史中丞馬惠迪爲參知政事。[1]庚子，上聞同知中都路都轉運使事趙曦瑞，[2]其在職應錢穀利害文字多不題署，但思安身，降授積石州刺史。[3]

[1]御史中丞：御史臺屬官。協助御史大夫掌糾察朝儀、彈劾官邪、勘鞫官府公事，審斷所屬部門理斷不當引起上訴的案件。從三品。　馬惠迪：字吉甫。本書卷九五有傳。

[2]同知中都路轉運使：中都路轉運使屬官。協助轉運使管理

稅賦錢穀、倉庫出納及度量之制。從四品。中都，即中都路，治所在今北京市。　趙曦瑞：本書僅此一見。

[3]積石州刺史：州官名。刺史州長官。正五品。積石州，大定二十二年（1182）升積石軍置。治所在今青海省貴德縣西。

閏月己未，還都。

八月丁丑，上謂宰臣曰："親軍雖不識字，亦令依例出職，若涉贓賄，必痛繩之。"太尉左丞相克寧曰："依法則可。"上曰："朕於女直人未嘗不知優恤。然涉於贓罪，雖朕子弟亦不能恕。太尉之意，欲姑息女直人耳。"戊寅，尚書省奏，河決，衛州壞。[1]命户部侍郎王寂、都水少監王汝嘉徙衛州胙城縣。[2]丁亥，尚書省奏，遣吏部侍郎李晏等二十六人分路推排諸路物力，[3]從之。己丑，以宿直將軍李達可爲夏國生日使。[4]辛卯，以益都尹宗浩等爲賀宋生日使。[5]甲午，秋獵。庚子，[6]次薊州。辛丑，幸仙洞寺。壬寅，幸香林、净名二寺。

[1]衛州：治所在今河南省衛輝市。大定二十六年（1186）移至今河南省輝縣市，不久還治汲縣。

[2]户部侍郎：尚書户部屬官。協助户部尚書掌户口、錢糧、土地的政令及貢賦出納、金幣轉通、府庫收藏等事。正四品。　王寂：本書僅見於此及卷二七。《大金國志》卷二八有傳。　都水少監：都水監屬官。協助都水監掌川澤、津梁、舟楫、河渠之事，兼管漕運。從五品。　王汝嘉：後爲河平軍節度使。　胙城：縣名。治所在今河南省延津縣東北。

[3]吏部侍郎：尚書省吏部屬官。協助吏部尚書掌文武選授、勳封、考課、出給制誥等政事。正四品。　李晏：字致美。本書卷

九六有傳。

[4]李達可：後官至權同知臨潢府事。

[5]益都尹：府官名。益都即益都府，治所在今山東省青州市。尹即府尹，正三品。　宗浩：女真人。字師孟，本名老。金昭祖四世孫，完顏昂之子。本書卷九三有傳。“宗”，原作“崇”，據中華點校本改。

[6]庚子：原前有“九月”二字，從施國祁《金史詳校》卷一删。

九月甲辰朔，幸盤山上方寺，因遍歷中盤、天香、感化諸寺。庚申，還都。丙寅，上謂宰臣曰：“烏底改叛亡，[1]已遣人討之，可益以甲士，毁其船筏。”參知政事馬惠迪曰：“得其人不可用，有其地不可居，恐不足勞聖慮。”上曰：“朕亦知此類無用，所以毁其船筏，欲不使再窺邊境耳。”

[1]烏底改：部族名。主要分布在黑龍江下游，最遠達烏第河流域。

十月戊寅，定職官犯贓同職相糾察法。庚寅，上謂宰臣曰：“西南、西北兩路招討司地隘，[1]猛安人户無處圍獵，不能閑習騎射。委各猛安謀克官依時教練，其弛慢過期及不親監視，並决罰之。”甲午，詔增河防軍數。戊戌，寧昌軍節度使崇肅、行軍都統忠道以討烏底改不待克敵而還，[2]崇肅杖七十，削官一階，忠道杖八十，削官三階。

[1]西南、西北兩路招討司：官署名。金於西南、西北、東北三路設招討司，掌招懷降附，征討携離。長官爲招討使，正三品。大定八年（1168）以前，西北路招討司設在撫州，西南路招討司設在豐州。大定八年以後西北路招討司設在桓州，西南路招討司設在應州。撫州治所在今河北省張北縣，一説在今内蒙古自治區興和縣境内，豐州治所在今内蒙古自治區呼和浩特市東南白塔村。桓州治所在今内蒙古自治區正藍旗南黑城子，後北遷三十里建新桓州城，在今内蒙古自治區正藍旗北四郎城，應州治所在今山西省應縣。

[2]寧昌軍節度使：州官名。節度州長官。從三品。寧昌軍設在懿州，治所在今遼寧省阜新市塔營子。　崇肅：女真人。即完顔宗肅，歷任寧昌軍節度使、西京留守、御史大夫、西北路招討使、大興尹。　行軍都統：負責統領猛安謀克、萬户作戰。　忠道：本書僅此一見。

十一月甲辰朔，定閔宗陵廟薦享禮。[1]上謂宰臣曰："女直人中材傑之士，朕少有識者，蓋亦難得也。新進士如徒單鎰、夾古阿里補、尼厖古鑑輩皆可用之材也。[2]起身刀筆者，雖才力可用，其廉介之節，終不及進士。今五品以上闕員甚多，必資級相當，至老有不能得者，況欲至卿相乎。古來宰相率不過三五年而退，罕有三二十年者，卿等特不舉人，甚非朕意。"上顧修起居注崇璧曰：[3]"斯人孱弱，付之以事，未必能辦，以其謹厚長者，故置諸左右，欲諸官効其爲人也。"辛亥，以刑部尚書移剌子元等爲賀宋正旦使。[4]戊午，以左警巡副使鶻沙通敏善斷，[5]擢殿中侍御史兼右三部司正。[6]庚申，立右丞相原王璟爲皇太孫。甲子，上謂宰臣曰："朕聞宋軍自來教習不輟，今我軍專務游惰，卿等勿謂天下既安而無豫防之心，一旦有警，軍不可用，顧不敗事耶？其令以時訓練。”丙寅，上謂侍臣曰：“唐太子承乾所爲多非度，[7]太宗縱而弗檢，[8]遂至於廢，如早爲禁止，當不至是。朕於聖經不能深解，至於史傳，開卷輒有所益。每見善人不忘忠孝，檢身廉潔，皆出天性。至於常人多喜爲非，有天下者苟無以懲之，何由致治。孔子爲政七日而誅少正卯，[9]聖人尚爾，況餘人乎。”戊辰，上謂宰臣曰：“朕雖年老，聞善不厭。孔子云‘見善如不及，見不善如探湯’，大哉言乎。”右丞張汝弼對曰：[10]“知之非艱，行之惟艱。”以拱衛直副都指揮使韓景懋爲高麗生日使。[11]以近侍局直長尼厖古鑑純直通敏，[12]擢皇太孫侍丞。[13]己巳，獵近郊。庚午，上謂宰臣曰：“朕方前古明君，固不可及。至於不納近臣讒言，不受戚里私謁，亦無愧矣。朕嘗自思，豈能無過，所患過而不改，過而能改，庶幾無咎。省朕之過，頗喜興土木之工，自今不復作矣。”

[1]閔宗：廟號。金熙宗在大定初年廟號爲閔宗。本名完顔合剌，漢名亶。1135 年至 1149 年在位。

[2]徒單鎰：女真人。本名按出。本書卷九九有傳。　夾古阿里補：女真人。另作夾谷阿里不、夾谷衡。本書卷九四有傳。　尼厖古鑑：女真人。本名外留。本書卷九五有傳。

[3]修起居注：記注院長官。掌記録皇帝言行。　崇璧：女真人。一作宗璧，前爲國史院編修官，參加漢文典籍譯爲女真語的翻譯工作，章宗時以豳王傅爲賀宋正旦使。

[4]移剌子元：契丹人。《宋史》卷三五《孝宗紀三》作“耶律子元”。

［5］左警巡副使：諸京警巡院屬官。掌警衛巡察之事。從七品。　鶻沙：本書僅此一見。

［6］殿中侍御史：御史臺屬官。每遇朝對，立於龍墀之下，專劾朝者儀矩，凡百僚假告事具奏目進呈。正七品。　右三部司正：即右三部檢法司司正，掌披詳法狀。正八品。

［7］承乾：唐太宗李世民之子，字高明。唐太宗即位立爲太子，時年八歲。及長，喜好聲色漫游，過惡漸多，後被唐太宗廢爲庶人，徙黔州。卒後封常山王。

［8］太宗：廟號。指唐太宗李世民。

［9］少正卯：春秋時魯國大夫，亂政，孔子攝行相事，誅之。

［10］右丞：據本卷上文大定二十三年（1183）閏十一月，“右丞張汝弼爲左丞”，後兩見皆爲左丞，此右丞應爲左丞。

［11］拱衛直副都指揮使：官名。宣徽院下屬機構拱衛直使司屬官。協助都指揮使掌總統本直，謹嚴儀衛。從五品。　韓景懋：本書僅此一見。

［12］近侍局直長：殿前都點檢司下屬機構近侍局屬官。正八品。

［13］皇太孫侍丞：官名。掌冠帶衣服、左右給使之事。本爲東宮屬官。此稱皇太孫侍丞，似皇太孫身邊的官職建置與東宮職官類似。正八品。

十二月甲申，上退朝，御香閣，[1]左諫議大夫黄久約言遞送荔支非是，[2]上諭之曰：“朕不知也，今令罷之。”丙戌，上謂宰臣曰：“有司奉上，惟沽辦事之名，不問利害如何。朕嘗欲得新荔支，兵部遂於道路特設鋪遞。[3]比因諫官黄久約言，朕方知之。夫爲人無識，一旦臨事，便至顛沛。宮中事無大小，朕常親覽者，以不得人故也，如使得人，寧復他慮。”丁亥，上謂宰臣曰：

“朕年來惟以省約爲務，常膳止四五味，已厭飫之，[4]比初即位十減七八。”宰臣曰：“天子自有制，不同餘人。”上曰：“天子亦人耳，枉費安用。”丙申，上謂宰臣曰：“比聞河水泛溢，民罹其害者貲産皆空。今復遣官於彼推排，何耶？”右丞張汝霖曰：“今推排皆非被災之處。”上曰：“必隣道也。既隣水而居，豈無驚擾遷避者乎？計其貲産，豈有餘哉，尚何推排爲。”又曰：“平時用人，宜尚平直。至於軍職，當用權謀，使人不易測，可以集事。唐太宗自少年能用兵，其後雖居帝位，猶不能改，吮瘡剪鬚，皆權謀也。”

[1]香閤：在中都大興府皇宫中。

[2]左諫議大夫：諫院長官。正四品。　黄久約：字彌大。本書卷九六有傳。　非是：殿本作“非便”。

[3]兵部：官署名。尚書省下屬機構。掌兵籍、軍器、城隍、鎮戍、廄牧、鋪驛、車輅、儀仗、郡邑圖志、險阻、障塞、遠方歸化等事。長官爲兵部尚書，正三品。下設侍郎一員，正四品；郎中一員，從五品；員外郎二員，從六品。

[4]厭：飽。　飫（yù）：飽。

二十七年正月癸卯朔，宋、高麗、夏遣使來賀。己酉，以襄城令趙渢爲應奉翰林文字。[1]渢入謝，上問宰臣曰：“此党懷英所薦耶？”[2]對曰：“諫議黄久約亦嘗薦之。”上曰：“學士院比舊殊無人材，何也？”右丞張汝霖曰：“人材須作養，若令久任練習，自可得人。”庚戌，如長春宫春水。

[1]襄城令：縣官名。襄城縣治所在今河南省南陽市南。令即縣令。　趙渢：本書卷一二六有傳。　應奉翰林文字：翰林學士院屬官。分掌制撰詞命之事，凡應奉文字，銜内帶同知制誥。從七品。

[2]党懷英：本書卷一二五有傳。

二月乙亥，還都。己卯，改閔宗廟號曰熙宗。癸未，命曲陽縣置錢監，[1]賜名“利通”。乙酉，上謂宰執曰：“朕自即位以來，言事者雖有狂妄，未嘗罪之。卿等未嘗肯盡言，何也？當言而不言，是相疑也。君臣無疑，則謂之嘉會。事有利害，可竭誠言之。朕見緘默不言之人，不欲觀之矣。”丁亥，命沿河京、府、州、縣長貳官，[2]並帶管勾河防事。[3]己丑，諭宰執曰：“近侍局官須選忠直練達之人用之。[4]朕雖不聽讒言，使佞人在側，[5]將恐漸漬聽從之矣。”上謂宰執曰：“朕聞寶坻尉蒙括特末也清廉，[6]其爲政何如？”左丞斡特剌對曰：“其部民亦稱譽之，然不知所稱何事。”上曰：“凡爲官但得清廉亦可矣，安得全才之人。可進官一階，升爲令。”又言：“朕時或體中不佳，未嘗不視朝。諸王、百官但有微疾，便不治事，自今宜戒之。”丙申，命罪人在禁有疾，聽親屬入視。

[1]曲陽縣：治所在今河北省曲陽縣。　錢監：官署名。負責鑄造銅錢。曲陽錢監設副監、監丞主持工作。

[2]長貳官：即長官、佐貳官。據本書卷五五《百官志一》，皇統五年（1145），“定京府尹牧、留守、知州、縣令、詳穩、群牧爲‘長官’，同知、簽院、副使、少尹、通判、丞曰‘佐貳官’”。

[3]管勾河防事：官名。負責黄河的防汛工作。

[4]近侍局：官署名。爲殿前都點檢司下屬機構，掌侍從，承勅令，轉進奏帖。設近侍局使，從五品；近侍局副使，從六品。泰和八年（1208）增設提點。位在使、副使之上，正五品。

[5]佞：原爲“任”，此據殿本。

[6]寶坻尉：縣官名。寶坻即寶坻縣，大定十二年（1172）置，治所在今天津市寶坻區。尉即縣尉，專掌巡捕盜賊。正九品。蒙括特末也：本書僅此一見。

三月癸卯朔，萬春節，宋、高麗、夏遣使來賀。辛亥，皇太孫受册，赦。乙卯，尚書省言：“孟家山金口閘下視都城百四十餘尺，[1]恐暴水爲害，請閉之。”從之。上謂大臣曰：“十室之邑，必有忠信。今天下之廣，人民之衆，豈得無人。唐之顔真卿、段秀實皆節義之臣也，[2]終不升用，亦當時大臣固蔽而不舉也。卿等當不私親故，而特舉忠正之人，[3]朕將用之。”又言：“國初風俗淳儉，居家惟衣布衣，非大會賓客，未嘗輒烹羊豕。朕嘗念當時節儉之風，不欲妄費，凡宫中之官與賜之食者，皆有常數。”

[1]孟家山金口閘：地名。在今北京市石景山以東。

[2]顔真卿：唐代大臣、著名書法家。開元間中進士，累遷侍御史，爲楊國忠所惡，出爲平原太守。安禄山反，與從兄顔杲卿共同號召對叛軍作戰，爲河朔各郡推爲盟主，拜户部侍郎，加河北招討使。兵敗後間道至鳳翔見唐肅宗，拜憲部尚書，遷御史大夫。唐代宗時官至尚書右丞。德宗時奉命前往招降李希烈，被害。 段秀實：唐代大臣。自小事母至孝，因軍功仕至涇原鄭潁節度使。建中

初，召爲司農卿。後朱泚反，謀刺朱泚未成，遇害。《舊唐書》卷一二八、《新唐書》卷一五三有傳。

[3]特：原作“不”，據殿本改。

四月丙戌，以刑部尚書宗浩爲參知政事。[1]丙申，上如金蓮川。辛丑，京師地震。

[1]刑部尚書：官名。尚書刑部長官。掌律令格式、審定刑名、關津譏察、赦詔勘鞫、追征給没及監户、官户、配隸、訴良賤、城門啓閉、官吏改正、功賞捕亡等事。正三品。“宗浩”，原作“崇浩”，從中華點校本改。

五月壬子，詔罷曷懶路所進海葱及太府監日進時果。[1]曰：“葱、果應用幾何，徒勞人耳。惟上林諸果，三日一進。”庚午，以所進御膳味不調適，有旨問之。尚食局直長言：[2]“臣聞老母病劇，私心憒亂，如喪魂魄，以此有失嘗視，臣罪萬死。”上嘉其孝，即令還家侍疾，俟平愈乃來。

[1]曷懶路：治所在今朝鮮咸鏡南道咸興城南五里處。　太府監：官署名。掌出納邦國財用錢穀之事。下屬機構有左藏庫、右藏庫、支應所、太倉、酒坊、典給署、市買司。長官爲太府監，正四品。

[2]尚食局直長：正八品。不限資考。

六月戊寅，免中都、河北等路嘗被河决水災軍民租税。庚辰，太白晝見。

七月丙午，太白晝見，經天。壬子，秋獮。

八月丙戌，次雙山子。[1]

[1]雙山子：地名。本書僅此一見。按，金有雙山，在今河北省灤縣西。此地待考。

九月己亥朔，還都。己酉，上謂宰臣曰："朕今歲春水所過州縣，其小官多幹事，蓋朕前嘗有賞擢，故皆勉力。以此見專任責罰，不如用賞之有激勸也。"以河中尹田彦皐等爲賀宋生日使，[1]武器署令斜卯阿土爲夏國生日使。[2]

[1]河中尹：府官名。河中即河中府，治所在今山西省運城市蒲州鎮。尹即府尹。正三品。　田彦皐：本書僅見於此及卷六一。皐，同"皋"。

[2]武器署令：殿前都點檢司下屬機構武器署屬官。參掌祭祀、朝會、巡幸及公卿婚葬儀仗旗鼓笛角之事。從六品。　斜卯阿土：女真人。本書僅見於此及卷六一。

十月乙亥，宋前主構殂。[1]庚辰，祫享于太廟。[2]庚寅，上謂宰臣曰："朕觀唐史，惟魏徵善諫，[3]所言皆國家大事，甚得諫臣之體。近時臺諫惟指摘一二細碎事，姑以塞責，未嘗有及國家大利害者，豈知而不言歟，無乃亦不知也。"宰臣無以對。

[1]構：指宋高宗趙構。1127年至1162年在位。

[2]祫：祭名。集合遠近祖先神主於太廟大合祭，三年舉行

一次。

[3]魏徵：唐代大臣。字玄成。初從李密，唐高祖李淵時官爲秘書丞，唐太宗時爲諫議大夫，以敢諫知名。《舊唐書》卷七一、《新唐書》卷九七有傳。

十一月庚戌，以左副都點檢崇安爲賀宋正旦使。[1]甲寅，詔："河水泛溢，農夫被災者，與免差税一年。衛、懷、孟、鄭四州塞河勞役，[2]并免今年差税。"庚申，平章政事崇尹致仕。甲子，上謂宰臣曰："卿等老矣，殊無可以自代者乎，必待朕知而後進乎？"顧右丞張汝霖曰："若右丞者，亦石丞相所言也。"[3]平章政事襄及汝霖對曰："臣等苟有所知，豈敢不言，但無人耳。"上曰："春秋諸國分裂，土地褊小，皆稱有賢。卿等不舉而已。今朕自勉，庶幾致治，他日子孫，誰與共治者乎。"宰臣皆有慚色。

[1]左副都點檢：即殿前左副都點檢，殿前都點檢司屬官，例兼侍衛親軍副都指揮使。掌宮掖及行從宿衛。從三品。　崇安：本書僅見於此及卷六一。崇安即宗安。本書有兩宗安，此爲世宗時官任兵部員外郎的宗安。

[2]懷：州名。治所在今河南省沁陽市。　孟：州名。治所在今河南省孟州市。　鄭：州名。治所在今河南省鄭州市。

[3]石丞相：本書卷八三《張汝霖傳》作右丞相。"石"爲"右"字之誤。

十二月庚午，以翰林待制趙可爲高麗生日使。[1]丁丑，獵于近郊。壬午，宋遣使告哀。甲申，上諭宰臣曰："人皆以奉道崇佛、設齋讀經爲福，朕使百姓無冤，天下安樂，不勝於彼乎。爾等居輔相之任，誠能匡益國家，使百姓蒙利，不惟身享其報，亦將施及子孫矣。"左丞斡特剌曰："臣等敢不盡心，第才不逮，不能稱職耳。"上曰："人亦安能每事盡善，但加勉勵可也。"戊子，禁女直人不得改稱漢姓，學南人衣裝，犯者抵罪。

［1］翰林待制：翰林學士院屬官。分掌制撰詞命之事，凡應奉文字，銜内帶同知制誥。正五品。　趙可：字獻之。本書卷一二五有傳。

二十八年正月丁酉朔，宋、高麗、夏遣使來賀。癸卯，遣宣徽使蒲察克忠爲宋弔祭使。[1]甲辰，如春水。

［1］蒲察克忠：女真人。本書僅見於此及卷六一《交聘表中》，卷六一記此事作"左宣徽使駙馬都尉"。

二月乙亥，還都。己丑，宋遣使獻先帝遺留物。癸巳，宋使朝辭，以所獻禮物中玉器五，玻璃器二十，及弓劍之屬使還遺宋，曰："此皆爾國前主珍玩之物，所宜寶藏，以無忘追慕。今受之，義有不忍，歸告爾主，使知朕意也。"

三月丁酉朔，萬春節，宋、高麗、夏遣使來賀。御慶和殿受群臣朝，[1]復宴于神龍殿，[2]諸王、公主以次捧觴上壽。上驩甚，以本國音自度曲。蓋言臨御久，春秋高，渺然思國家基緒之重，萬世無窮之托，以戒皇太孫，當修身養德，善于持守，及命太尉、左丞相克寧盡忠輔導之意。於是，上自歌之，皇太孫及克寧和之，極歡而罷。戊申，命隨朝六品、外路五品以上職事官，[3]舉進士已在仕、才可居翰苑者，試制詔等文字三道，取文理優贍者補充學士院職任。應赴部求仕人，老病昏昧者，勒令致仕，止給半俸，更不遷官。甲寅，幸壽安宮。

[1]慶和殿：在中都路大興府皇宮中。

[2]神龍殿：在中都路大興府皇宮中。

[3]命隨朝六品、外路五品以上職事官："職事官"前原脱"上"字，據施國祁《金史詳校》卷一補。

四月癸酉，命增外任小官及繁難局分承應人俸。丁丑，以陝西路統軍使孛术魯阿魯罕爲參知政事。[1]癸未，命建女直大學。[2]

[1]陝西路統軍使：陝西路統軍司長官。掌督領軍馬、鎮攝封陲、分管營衛、視察奸僞。正三品。

[2]女直大學：本書僅此一見。大學亦稱太學、國學。世宗大定十三年（1173）始置女真國子學，至是建女真大學，爲女真人最高學府。"大學"，施國祁《金史詳校》卷一認爲當作"太學"。

五月丙午，制諸教授必以宿儒高才者充，[1]給俸與丞簿等。[2]戊申，宋使來謝弔祭。

[1]教授：諸州府屬官。無品級。

[2]丞簿：官名。即縣丞與主簿。

七月辛亥，尚書左丞粘割斡特剌罷。

八月甲子朔，日有食之。辛未，還都。庚辰，上謂宰臣曰："近聞烏底改有不順服之意，若遣使責問，彼或抵捍不遜，則邊境之事有不可已者。朕嘗思之，招徠遠人，於國家殊無所益。彼來則聽之，不來則勿强其來，此前世羈縻之長策也。"參知政事孛术魯阿魯罕罷。壬午，以山東路統軍使完顔婆盧火爲參知政事。[1]甲申，上謂宰臣曰："用人之道，當自其壯年心力精强時用之，若拘以資格，則往往至於耄老，此不思之甚也。阿魯罕使其早用，朝廷必得補助之力，惜其已衰老矣。凡有可用之材，汝等宜早思之。"

[1]山東路統軍使：即山東東、西路統軍使。設於益都府。掌督領軍馬、鎮攝封陲、分管營衛、視察奸僞。正三品。　完顔婆盧火：女真人。曾以尚書左司郎中爲賀宋生日使。本書僅見於此及卷六一。

九月甲午朔，以鷹坊使崇夔爲夏國生日使。[1]丙申，[2]以安武軍節度使王克温等爲賀宋生日使。[3]己亥，秋獵。乙卯，還都。

[1]鷹坊使：爲殿前都點檢司下屬機構鷹坊的長官，負責調養御用鷹鶻。從五品。"坊"，原作"房"，從施國祁《金史詳校》卷一改。　崇夔：女真人。本書僅見於此及卷六一。

[2]丙申：原無此二字，據施國祁《金史詳校》卷一補。

[3]以安武軍節度使：原無“以”字，據施國祁《金史詳校》卷一補。安武軍節度使，州官名，爲節度州長官，從三品。安武軍設在冀州，治所在今河北省冀州市。　王克温：本書見於卷八、六一、九六。

十月乙丑，京、府及節度州增置流泉務，[1]凡二十八所。禁糠禪、瓢禪，其停止之家抵罪。乙酉，尚書省奏擬除授而拘以資格，上曰：“日月資考所以待庸常之人，若才行過人，豈可拘以常例。國家事務皆須得人，汝等不能隨才委使，所以事多不治。朕固不知用人之術，汝等但務循資守格，不思進用才能，豈以才能見用，將奪己之禄位乎。不然，是無知人之明也。”群臣皆曰：“臣等豈敢蔽賢，才識不逮耳。”上顧謂右丞張汝霖曰：“前世忠言之臣何多，今日何少也?”汝霖對曰：“世亂則忠言進，承平則忠言無所施。”上曰：“何代無可言之事，但古人知無不言，今人不肯言耳。”汝霖不能對。

[1]京府節度州：皆地方建置名。京爲金代最高一級的地方建置，下轄府州。設諸京留守司，長官爲留守，正三品。共有上京、中都、南京、東京、西京、北京六處。府爲金代二級地方建置，下轄州縣。長官爲府尹，正三品。節度州也爲金代二級地方建置，長官爲節度使，從三品。　流泉務：官署名，實爲官辦當鋪。始設於大定十三年（1173），質物取息以補官用。初僅設於中都、南京、東平、真定等府，此次爲增設，共設二十八所。每所設流泉使一員，正八品；副使一員，正九品。明昌元年（1190）皆罷之。明昌二年僅於中都一處設。

十一月戊戌，以改葬熙陵詔中外。[1]上謂侍臣曰："凡修身者喜怒不可太極，怒極則心勞，喜極則氣散，得中甚難，是故節其喜怒，以思安身。今宫中一歲未嘗責罰人也。"庚子，太白晝見。詔南京、大名府等處避水逃移不能復業者，[2]官與津濟錢，仍量地頃畝給以耕牛。甲辰，以河中尹田彦皐等爲賀宋正旦使。戊申，上謂宰臣曰："制條以拘於舊律，間有難解之辭。夫法律歷代損益而爲之，彼智慮不及而有乖違本意者，若行删正，令衆易曉，有何不可。宜修之，務令明白。"有司奏重修上京御容殿，上謂宰臣曰："宫殿制度，苟務華飾，必不堅固。今仁政殿遼時所建，[3]全無華飾，但見它處歲歲修完，惟此殿如舊，以此見虚華無實者，不能經久也。今土木之工，滅裂尤甚，下則吏與工匠相結爲奸，侵剋工物，上則户工部官支錢度材，惟務苟辦，至有工役纔畢，隨即欹漏者，奸弊苟且，勞民費財，莫甚於此。自今體究，重抵以罪。"庚戌，上謂宰臣曰："朕近讀《漢書》，[4]見光武所爲，[5]人有所難能者。更始既害其兄伯升，[6]當亂離之際，不思報怨，事更始如平日，人不見戚容，豈非人所難能乎。此其度量蓋將大有爲者也，其他庸主豈可及哉。"右丞張汝霖曰："湖陽公主奴殺人，[7]匿主車中，洛陽令董宣從車中曳奴下，[8]殺之。主入奏，光武欲殺宣，及聞宣言，意遂解，使宣謝主，宣不奉詔。主以言激怒光武，光武但笑而已，更賜宣錢三十萬。"上曰："光武聞直言而怒解，可謂賢主矣，令宣謝主，則非也。高祖英雄大度，[9]駕馭豪傑，起自布衣，數年而成帝業，非光武所及。然及即帝位，猶有布衣麄豪之氣，光武所不爲也。”癸丑，幸太尉克寧第。

[1]熙陵：施國祁《金史詳校》卷一認爲當作“熙宗”。

[2]南京：京路名。治所在今河南省開封市。

[3]仁政殿：在中都路大興府皇宮中，在仁政門内，爲常朝之所。

[4]漢書：此指范曄《後漢書》。

[5]光武：指漢光武帝劉秀，東漢王朝的建立者。25年至57年在位。

[6]更始：新莽末緑林起義軍擁立的皇帝劉玄的年號。　伯升：劉秀之兄劉縯，字伯升。新莽末農民大起義爆發，他與劉秀乘機率賓客子弟七八千人起兵，意圖重新建立漢王朝。後加入緑林起義軍，因與劉玄争奪領導權而被殺。

[7]湖陽公主：東漢公主封號。此指劉秀之姐。

[8]董宣：東漢人。曾爲官於北海郡，因殺當地豪强公孫丹父子而知名。被劉秀稱爲“强項令”。

[9]高祖：指漢高祖劉邦，西漢王朝的建立者。前202年至前195年在位。

十二月丙寅，以大理正移剌彦拱爲高麗生日使。[1]乙亥，上不豫。庚辰，赦天下。乙酉，詔皇太孫璟攝政，居慶和殿東廡。[2]丙戌，以太尉、左丞相徒單克寧爲太尉兼尚書令，平章政事襄爲尚書右丞相，右丞張汝霖爲平章政事。[3]參知政事完顔婆盧火罷，以户部尚書劉暐爲參知政事。戊子，詔尚書令徒單克寧、右丞相襄、平章政事張汝霖宿於内殿。

[1]移剌彦拱：本書僅見於此及卷六一。

[2]慶和殿：在中都路大興府皇宫中。

[3]劉暐：本書僅此一見。

二十九年正月壬辰朔，上大漸，不能視朝。詔遣宋、高麗、夏賀正旦使還。癸巳，上崩于福安殿，[1]壽六十七。皇太孫即皇帝位。己亥，殯于大安殿。[2]三月辛卯朔，[3]上尊謚曰光天興運文德武功聖明仁孝皇帝，廟號世宗。四月乙酉，葬興陵。

[1]福安殿：在中都路大興府皇宫中。

[2]大安殿：在中都路大興府皇宫中，應天門内，爲皇宫中第一重宫殿。

[3]三月辛卯朔：按本書卷三二《禮志五》，繫於大定二十九年（1189）四月乙丑，月、日與此處所記不同。

贊曰：世宗之立，雖由勸進，然天命人心之所歸，雖古聖賢之君，亦不能辭也。蓋自太祖以來，海内用兵，寧歲無幾。重以海陵無道，賦役繁興，盜賊滿野，兵甲並起，萬姓盻盻，國内騷然，老無留養之丁，幼無顧復之愛，顛危愁困，待盡朝夕。世宗久典外郡，明禍亂之故，知吏治之得失。即位五載，而南北講好，與民休息。於是躬節儉，崇孝弟，信賞罰，重農桑，慎守令之選，嚴廉察之責，却任得敬分國之請，[1]拒趙位寵郡縣之獻，[2]孳孳爲治，夜以繼日，可謂得爲君之道矣。

當此之時，群臣守職，上下相安，家給人足，倉廩有餘，刑部歲斷死罪，或十七人，或二十人，號稱“小堯舜”，此其効驗也。然舉賢之急，求言之切，不絶于訓辭，而群臣偷安苟禄，不能將順其美，以底大順，惜哉。

[1]任得敬：原爲宋西安州通判。西夏崇宗李乾順破西安州時降夏，獻女爲妃，爲静州防禦使。女立爲后，又升静州都統軍。西夏仁宗立，領兵鎮壓夏州統軍契丹人蕭合達之叛，又鎮壓哆訛起義，授翔慶軍都統軍，封西平公。西夏天盛元年（1149），夏仁宗召爲尚書令，次年又進中書令，八年升爲國相，十二年進封爲楚王。出入儀從幾同於皇帝。役民夫十萬築靈州城，以翔慶軍司所爲宫殿，自據靈、夏。欲處夏仁宗於瓜、沙，謀裂國自立，被殺。

[2]趙位寵：高麗權臣。大定十五年（1175），遣徐度等九十六人上表，請以慈悲嶺以西四十餘城内屬，世宗不許。後爲高麗王所殺。

金史　卷九

本紀第九

章宗一

章宗憲天光運仁文義武神聖英孝皇帝，諱璟，小字麻達葛，顯宗嫡子也。[1]母曰孝懿皇后徒單氏。[2]大定八年，[3]世宗幸金蓮川，[4]秋七月丙戌，次冰井，[5]上生。翌日，世宗幸東宫，[6]宴飲歡甚，語顯宗曰："祖宗積慶而有今日，社稷之福也。"又謂司徒李石、[7]樞密使紇石烈志寧等曰：[8]"朕子雖多，皇后止有太子一人。幸見嫡孫又生於麻達葛山，[9]朕嘗喜其地衍而氣清，其以山名之。"群臣皆稱萬歲。

[1]顯宗：廟號。女真人，即完顔胡土瓦，漢名允恭。世宗第二子，大定二年（1162）立爲皇太子，大定二十五年（1185）病卒。本書卷一九有紀。

[2]孝懿皇后徒單氏：女真人。大定四年（1164）封爲皇太子妃，本書卷六四有傳。

[3]大定：金世宗的年號（1161—1189），章宗即位後仍沿用一年。

[4]世宗：廟號。即完顏烏禄，漢名雍。1161 年至 1189 年在位。　金蓮川：河名。在今灤河上游，内蒙古自治區正藍旗一帶。

[5]冰井：地名。在今河北省張北縣内。

[6]東宫：太子完顔允恭行帳。

[7]司徒：三公之一。論道經邦，燮理陰陽。正一品。　李石：渤海族人。世宗的舅父，官至尚書令。其女爲世宗元妃，金朝第七位皇帝衛紹王之母。本書卷八六有傳。

[8]樞密使：樞密院長官。掌國家軍務機密之事。從一品。　紇石烈志寧：女真人。本名撒曷輦，世宗朝官至右丞相。本書卷八七有傳。

[9]麻達葛山：在今河北省張北縣。

十八年，封金源郡王。[1]始習本朝語言小字，[2]及漢字經書，以進士完顏匡、[3]司經徐孝美等侍讀。[4]

[1]金源郡王：封爵名。郡王封號第一位。

[2]本朝語言小字：即女真語言和女真小字。女真字有大、小兩種，金太祖天輔三年（1119）八月頒行由女真人完顏希尹、葉魯創製的女真字，謂之大字。其後熙宗又創製另一種女真字，謂之小字，兩種文字同時並行。

[3]完顏匡：女真人。本名撒速，衛紹王朝官至尚書令。本書卷九八有傳。　司經：東宫屬官。掌經史圖籍筆硯等事。正八品。

[4]徐孝美：其他事迹不詳。

二十四年，世宗東巡，顯宗守國，上奉表詣上京問安，[1]仍請車駕還都，世宗嘉其意，賜勅書答諭。

[1]上京：金前期都城，治所在今黑龍江省阿城市。

二十五年三月，萬春節，[1]復奉表朝賀。六月，顯宗崩，世宗遣滕王府長史臺、[2]御院通進訔來護視。[3]十二月，進封原王，[4]判大興府事。[5]入以國語謝，[6]世宗喜，且爲之感動，謂宰臣曰："朕嘗命諸王習本朝語，惟原王語甚習，朕甚嘉之。"諭旨曰："朕固知汝年幼，服制中未可付以職，然政事亦須學，京輦之任，姑試爾才，其勉之。"

[1]萬春節：世宗誕辰日，大定二年（1162）始定名，在三月朔。

[2]滕王府長史：親王府屬官。掌警嚴侍從、兼總統本府之事。從五品。　滕王：封爵名。次國封號，大定格第十二位。　臺：女真人，姓完顏氏，宗室出身。本書卷一九《世紀補》作"再興"。其他事迹不詳。

[3]御院通進：宣徽院閤門屬官。掌諸進獻禮物及薦享編次位序。正員四人，從七品。　訔：又名阿里剌，女真人，姓完顏氏，宗室出身。世宗朝官至吏部郎中。本書卷六六有傳。

[4]原王：封爵名。次國封號，大定格第十五位。

[5]判大興府事：以女真親王任府長官，稱"判"，掌通判府事。正四品。　大興府：京師治所，在今北京市。

[6]國語：即女真語。

二十六年四月，詔賜名璟。五月，拜尚書右丞相。[1]世宗謂曰："宮中有《輿地圖》，[2]觀之可以具知天下遠近阨塞。”又謂宰臣曰：“朕所以置原王於近輔者，欲令親見朝廷議論，習知政事之體故也。”十一月，詔立爲皇太孫，稱謝於慶和殿。[3]世宗諭之曰：“爾年尚幼，以明德皇后嫡孫惟汝一人，[4]試之以事，甚有可學之資。朕從正立汝爲皇太孫，建立在朕，保守在汝，宜行正養德，勿近邪佞，事朕必盡忠孝，無失衆望，則惟汝嘉。”

［1］尚書右丞相：尚書省屬官。是國家重要輔弼大臣之一，掌丞天子，平章萬機。從一品。

［2］《輿地圖》：地理圖。此當是金國的地理圖。

［3］慶和殿：中都的殿名。但本書卷二四《地理志上》不載。

［4］明德皇后：世宗皇后，又曰昭德皇后，烏林荅氏。本書卷六四有傳。

二十七年三月，世宗御大安殿，[1]授皇太孫册，赦中外。丁巳，謁謝太廟及山陵。[2]始受百官牋賀。

［1］大安殿：中都的殿名。

［2］太廟：即金朝皇帝的祖廟。　山陵：金朝歷代皇帝的陵墓，在今北京市房山區大房山。

二十八年十二月乙亥，世宗不豫，詔攝政，聽授五品以下官。丁亥，受“攝政之寶”。

二十九年春正月癸巳，世宗崩，即皇帝位于柩前。丙申，詔中外，賜内外官覃恩兩重，三品已上者一重，免今歲租稅，并自來懸欠係官等錢，鰥寡孤獨人絹一匹、米兩石。已亥，遷大行皇帝梓宮于大安殿。癸卯，以皇太后命爲令旨。甲辰，以大理卿王元德等報哀于宋、高麗、夏。[1]乙卯，白虹貫日亘天。丁巳，參知政事崇浩罷。[2]山東統軍裔以私過都城不赴哭臨，[3]笞五十，降授彰化軍節度使。[4]戊午，名皇太后宫曰仁壽，設衛尉等官。[5]

[1]大理卿：大理寺長官。掌審斷天下奏案，詳斷疑獄。正四品。　王元德：曾任南京路提刑使。　宋：指南宋（1127—1279）。高麗：指朝鮮半島王氏高麗政權（918—1392）。　夏：指西夏政權（1038—1227）。

[2]參知政事：尚書省屬官。執政官，宰相的副佐，佐治省事。正員二人，從二品。　崇浩：即宗浩，章宗朝，因避諱而改。女真人。姓完顔氏，本名老，字師孟。世宗朝官至參知政事，章宗朝官至尚書左丞相兼都元帥。本書卷九三有傳。

[3]山東統軍：即山東統軍使，統軍司屬官。掌督領軍馬，鎮守邊陲，分營衛，視察奸。正三品。山東統軍司治於益都府，治所在今山東省青州市。　裔：女真人，姓完顔氏，宗室出身，曾任知大名府事。

[4]彰化軍節度使：州軍官名。總管一州軍政事務。掌鎮撫諸軍防刺，總判本鎮兵馬之事，兼本州管内觀察使事，從三品。　彰化軍，州軍名。治所在今甘肅省涇川縣。

[5]衛尉：即衛尉司，官署名。掌總中宫事務。

二月辛酉朔，日有食之。癸亥，始聽政。[1]追尊皇考爲皇帝，尊母爲皇太后。甲子，命學士院進呈漢、唐便民事，[2]及當今急務。乙丑，白虹亘天。勅登聞鼓院所以達冤枉，[3]舊嘗鎖户，其令開之。戊辰，更仁壽宫名隆慶。[4]詔宫籍監户舊係睿宗及大行皇帝、[5]皇考之奴婢者，悉放爲良。己巳，勅御史臺，[6]自今監察令本臺辟舉，[7]任内不稱職亦從奏罷。丁丑，增定百官俸。乙酉，詔有司稽考典故，許引用宋事。是月，宋主内禪，子惇嗣立。[8]

[1]始聽政：施國祁《金史詳校》卷二曰，據《宋史·光宗紀》"此下當加：遣吏部侍郎徒單鎰使宋告即位"。

[2]學士院：即翰林學士院，官署名。主要掌制撰詞命等事。漢唐：西漢（前206—8）、東漢（25—220）和唐朝（618—907）。

[3]登聞鼓院：中央監察機構。海陵正隆二年（1157）設置，掌奏進告御史臺、登聞檢院理斷不當事。

[4]隆慶宫：中都宫城内皇太后所居宫名。皇太后即孝懿皇后徒單氏。

[5]宫籍監户：金代的官奴婢户。

[6]御史臺：中央監察機構。掌糾察彈劾内外百官善惡，凡内外刑獄所屬理斷不當，有陳述者付臺治之。

[7]監察：即監察御史，御史臺屬官。掌糾察内外官員非違之事。正七品。

[8]宋主：指宋孝宗趙昚，南宋第二位皇帝。1163年至1189年在位。　惇：即宋光宗趙惇，南宋第三位皇帝。1190年至1194年在位。

三月壬辰，朝于隆慶宫，是月凡五朝。己酉，詔以生辰爲天壽節。癸丑，夏國遣使來弔。

夏四月已巳，夏國遣使來祭。辛未，宋遣使來弔祭。乙酉，葬世宗光天興運文德武功聖明仁孝皇帝於興陵。[1]戊子，朝于隆慶宮。

[1]興陵：金世宗的陵寢名。在今北京市房山區大房山。

五月庚寅朔，太白晝見。壬寅，宋主遣使來報嗣位。夏國遣使來賀即位。丙午，以祔廟禮成，[1]大赦。丁未，地生白毛。庚戌，詔罷送宣錢，[2]今後諸護衛考滿賜官錢二千貫。[3]壬子，勅收録功臣子孫，量材於局分承應。[4]戊午，朝于隆慶宮。以東北路招討使温迪罕速可等爲賀宋主即位使。[5]河溢曹州。[6]

[1]祔：新死者與祖先合享之祭。

[2]送宣錢：本書卷一〇七《張行信傳》，“比者沿邊戰士有功，朝廷遣使宣諭，賜以官貸……大定間，嘗立送宣禮，自五品以上各有定數，後竟停罷”。即是五品以上的“送宣禮”錢。

[3]諸護衛：有皇帝護衛、東宫護衛、妃護衛、東宫妃護衛，由殿前左、右衛將軍與衛尉司掌領，選取五品至七品官子孫及宗室並親軍、諸局分承應人，有才行及善射者充任。

[4]承應：爲設在宫中的諸司局監署内無職品的差使人員，多從宗室近親、世戚姻家、功臣子孫和大臣子弟中選任，有正班與雜班之分。

[5]東北路招討使：招討司長官。掌招懷降附，征討叛逃之事。正三品。東北路招討司，隸屬於臨潢府路，治所在今吉林省洮南市一帶。　温迪罕速可：女真人。世宗朝曾任萬户。《宋史·光宗紀》作“温蒂罕肅”，同名異譯。　賀宋主即位使：臨時官職，一般以

他官兼之。

[6]“戊午，朝于隆慶宫”至“河溢曹州”：五月庚寅朔，戊午爲二十九日。本書卷二七《河渠志》，二十九年六月，“上諭旨有司曰：‘比聞五月二十八日河溢。’”日期不同。曹州，治所在今山東省菏澤市。

閏月庚申朔，封兄珣爲豐王，[1]琮鄆王，[2]瓌瀛王，[3]從彝沂王，[4]弟從憲壽王，[5]玠温王。[6]辛酉，制諸饑民賣身已贖放爲良，復與奴生男女，並聽爲良。丙寅，觀稼于近郊。庚午，以樞密副使唐括貢爲御史大夫。[7]壬申，封乳母孫氏蕭國夫人，[8]姚氏莘國夫人。[9]丙子，進封趙王永中漢王，[10]曹王永功冀王，[11]豳王永成吴王，[12]虞王永升隨王，[13]徐王永蹈衛王，[14]滕王永濟潞王，[15]薛王永德潘王。[16]庚辰，宋遣使來賀即位。癸未，朝于隆慶宫。詔學士院，自今誥詞並用四六。乙酉，詔諸有出身承應人，係將來受親民之職，可命所屬諭使爲學。其護衛、符寶、奉御、奉職，[17]侍直近密，當選有德行學問之人爲之教授。

[1]珣：金宣宗，即完顔吾睹補。本書卷一四至卷一七有紀。　豐王：封爵名，次國封號，大定格第十八位。

[2]琮：女真人，姓完顔氏。本書卷九三有傳。　鄆王：封爵名。次國封號，大定格第二十一位。

[3]瓌：女真人，姓完顔氏。本書卷九三有傳。　瀛王：封爵名。次國封號，大定格第二十四位。

[4]從彝：女真人，姓完顔氏。本書卷九三有傳。　沂王：封爵名。次國封號，大定格第二十五位。

［5］從憲：女真人，姓完顔氏。本書卷九三有傳。　壽王：封爵名。次國封號，大定格第二十九位。

［6］玠：女真人。姓完顔氏。本書卷九三有傳。　温王：封爵名。次國封號，大定格第三十位。

［7］樞密副使：樞密院屬官。從二品。　唐括貢：女真人。本書卷一二〇有傳。　御史大夫：御史臺長官。掌糾察、彈劾百官，復審内外刑獄所屬理斷不當案件。從二品。

［8］蕭國夫人：其他事迹不詳。

［9］莘國夫人：其他事迹不詳。

［10］趙王：封爵名。大國封號，大定格第八位。　永中：女真人。世宗子。本書卷八五有傳。　漢王：封爵名。大國封號，大定格第六位。

［11］曹王：封爵名。大國封號，大定格第二十位。　永功：女真人。世宗子。本書卷八五有傳。　冀王：封爵名。大國封號，大定格第十三位。

［12］豳王：封爵名。次國封號，大定格第六位。　永成：女真人。世宗子。本書卷八五有傳。　吴王：封爵名。大國封號，大定格第十七位。

［13］虞王：封爵名。次國封號，大定格第十位。　永升：女真人。世宗子。本書卷八五有傳。　隨王：《大金集禮》卷九《親王》作"隋"。封爵名。次國封號，大定格第一位。

［14］徐王：封爵名。次國封號，大定格第十一位。　永蹈：女真人。世宗子。本書卷八五有傳。　衛王：封爵名。次國封號，大定格第四位。

［15］永濟：即金朝第七位皇帝衛紹王，世宗子。本書卷一三有紀。　潞王：封爵名。次國封號，大定格第五位。

［16］薛王：封爵名。次國封號，大定格第十三位。　永德：女真人。世宗子。本書卷八五有傳。　潘王：封爵名。次國封號，大定格第七位。

[17]符寶：即符寶郎，殿前都點檢司屬吏。掌御寶及金銀等牌。本書卷五六《百官志二》作正員四人。卷五三《選舉志三》作"符寶郎十二人"。 奉御：近侍局屬吏，十六人。 奉職：近侍局屬吏，二十人。

六月己丑朔，有司言："律科舉人止知讀律，[1]不知教化之原，必使通治《論語》《孟子》，[2]涵養器度。遇府、會試，[3]委經義試官出題別試，[4]與本科通定去留爲宜。"從之。詔有司，請親王到任各給錢二十萬。[5]辛卯，修起居注完顏烏者、[6]知登聞檢院孫鐸皆上書諫罷圍獵，[7]上納其言。拾遺馬升上《儉德箴》。[8]乙未，初置提刑司，[9]分按九路，並兼勸農采訪事，屯田、鎮防諸軍皆屬焉。丁酉，幸慶壽寺。[10]作瀘溝石橋。[11]己亥，朝于隆慶宫。甲辰，罷送赦禮物錢。朝于隆慶宫。乙卯，高麗國王晧遣使來弔祭及會葬。[12]勅有司移報宋、高麗、夏，天壽節於九月一日來賀。丁巳，命提刑官除後於便殿聽旨，每十月使副内一員入見議事，[13]如止一員則令判官入見，[14]其判官所掌煩劇可升同隨朝職任。

[1]律科舉人：金代律科中選者稱舉人，不稱進士。

[2]《論語》：爲孔子弟子和後學關於孔子言行思想的記録。《孟子》：爲孟軻的弟子萬章、公孫丑等纂輯。

[3]府、會試：金代科舉初期爲鄉、府、省三級考試，海陵以後又增殿試。府試，爲第二級考試。地點初有三處，章宗明昌年間增爲九處：大興府、大同府、開封府、平陽府、遼陽府、益都府、大定府、東平府、漢中府等。會試，即科舉的省試，由禮部主持的第三級考試。

[4]經義試官：主管經義進士科舉的試官。

[5]請親王到任各給錢二十萬：本書卷八五《永中傳》記載：章宗即位，“與諸弟各賜金五百兩、銀五千兩、錢二千貫、重幣三百端、絹二千匹。再賜永中修公廨錢二百萬”。中華點校本認爲，“請”字疑爲“諸”字之誤。

[6]修起居注：記注院屬官。掌記皇帝言、動，多由他官兼之。宣宗貞祐三年（1215），以左右司首領官兼，始爲定制。　完顏烏者：女真人。其他事迹不詳。

[7]知登聞檢院：本書卷九九《孫鐸傳》記載章宗初年“除同知登聞檢院事”。卷八三《張汝霖傳》亦作“同知登聞檢院事”。故以本傳官職爲是。同知登聞檢院事，登聞檢院屬官。正六品。　孫鐸：字振之，章宗朝官至參知政事，衛紹王朝官至尚書左丞。

[8]拾遺：諫院屬官。掌諫正百司非違，糾正官邪。正七品。　馬升：其他事迹不詳。

[9]提刑司：地方監察機構。章宗大定二十九年（1189）全國設九處提刑司（《大金國志》卷三八《提刑司九處》）：中都西京路（西京置司），南京路（南京置司），北京臨潢路（臨潢置司），東京咸平府路（臨潢置司），上京路（上京置司），河東南北路（汾州置司），河北東西大名等路（河間置司），陝西諸路（平凉置司），山東東西路（濟南置司）。本書卷一〇《章宗紀二》載，南京路提刑司初治許州，明昌四年（1193）七月遷至南京。提刑司掌審察刑獄，察舉官吏，舉廉能，劾不法，糾正官邪，勸農桑。

[10]慶壽寺：寺院名。在中都城外，今北京市郊。

[11]瀘溝：河名。在今北京市宛平故城西。

[12]晧：即王晧，高麗國王明宗。1171年至1197年在位。

[13]使副：即提刑使與副使，提刑司屬官。《百官志》記載提刑司後改名按察司，以提刑使比按察使，爲正三品。提刑副使，正四品。

[14]判官：提刑司屬官。佐掌審察刑獄、照刷案牘、糾察濫官

污吏豪滑之人等事。正員二人，從六品。

秋七月辛酉，減民地稅十之一，河東南、北路十之二，[1]下田十之三。甲子，朝于隆慶宫。乙丑，勅近侍官授外任三品、[2]四品，賜金帶一，重幣有差。丁卯，以太尉、尚書令東平郡王徒單克寧爲太傅，[3]改封金源郡王。辛未，高麗遣使來賀即位。甲戌，奉皇太后幸壽安宫。[4]辛巳，詔京、府、節鎮、防禦州設學養士。初設經童科。[5]御史大夫唐括貢罷。禮部尚書移剌履爲參知政事。[6]以刑部尚書完顏守貞等爲賀宋生日使。[7]

[1]河東南、北路：河東南路治於平陽府，治所在今山西省臨汾市；河東北路治於太原府，治所在今山西省太原市。

[2]近侍官：指近侍局官員。掌侍從，承勅令，轉進奏帖等事。

[3]太尉：三公之一。論道經邦，燮理陰陽。正一品。　尚書令：尚書省長官。總領紀綱，儀刑端揆。正一品。　東平郡王：封爵名。郡王封號第八位。　徒單克寧：女真人。本名習顯，世宗朝官至左丞相、太尉兼尚書令。本書卷九二有傳。　太傅：三師之一。師範一人，儀刑四海。正一品。

[4]甲戌：原作“甲戍”，應爲“甲戌”之誤，下文此類錯誤一一改正，不再出注。　壽安宫：中都宫城内宫名。原名福壽殿，大定七年（1167）更此名。

[5]經童科：科舉科目。年十三歲以下兒童可應試，所貴在年幼而能誦經多者。

[6]禮部尚書：禮部長官。掌禮樂、祭祀、學校、貢舉、册命等事。正三品。　移剌履：契丹人。本書卷九五有傳。

[7]刑部尚書：刑部長官。總掌律令、刑名、赦詔、懲没、官

吏改正，以及宫、監户（官奴婢口），良賤身份訴訟，功賞捕亡等諸種事務。正三品。　完顔守貞：女真人。本書卷七三有傳。　賀宋生日使：臨時官職。被時人視爲既榮譽又收入頗豐的肥差，爲他官兼之。

八月戊子朔，奉皇太后幸壽安宫。辛卯，勅有司，京、府、州、鎮設學校處，其長貳幕職内各以進士官提控其事，仍具入銜。壬辰，初定品官子孫試補令史格，[1]及提刑司所掌三十二條。左司諫郭安民上疏論三事：[2]曰崇節儉，去嗜欲，廣學問。丁酉，如大房山。[3]戊戌，謁奠諸陵。己亥，還都。庚子，朝于隆慶宫，是月凡三朝。壬寅，制提刑司設女直、契丹、漢兒知法各一人。[4]甲辰，參知政事劉瑋罷。[5]丙辰，宋、高麗、夏遣使來賀天壽節。

[1]令史：尚書省下屬部臺等處的吏員。

[2]左司諫：諫院屬官。掌諫正百司非違，糾正官邪。從五品。郭安民：其他事迹不詳。

[3]大房山：金代帝王陵所在地。在今北京市房山區。

[4]知法：提刑司屬官。正員二人，從八品。

[5]劉瑋：本書卷九五有傳。

九月戊午朔，天壽節，以世宗喪，不受朝。庚申，詔增守山陵爲二十丁，給地十頃。壬戌，詔罷告捕亂言人賞。甲子，制諸盜賊聚集至十人，或騎五人以上，所屬移捕盜官捕之，仍遞言省部，[1]三十人以上聞奏，違者杖百。是日，朝于隆慶宫，是月凡四朝。丁卯，制强族大姓不得與所屬官吏交往，違者有罪。戊辰，以隆慶宮衛尉把思忠爲夏國生日使。[2]庚午，以尚輦局使崇德爲横賜高麗使。[3]丙子，獵于近郊。戊寅，監察御史焦旭劾奏太傅克寧、右丞相襄不應請車駕田獵，[4]上曰："此小事，不須治之。"乙酉，如大房山。

[1]省部：指尚書省與刑部。

[2]把思忠：女真人。其他事迹不詳。　夏國生日使：即賀西夏國國王生日使。臨時官職，常由他官兼之。

[3]尚輦局使：殿前都點檢司下屬尚輦局屬官。掌承奉輿輦等事。從五品。　崇德：女真人。姓完顔氏。其他事迹不詳。　横賜高麗使：臨時官職，爲他官兼之。横賜爲廣賜或遍賜之意，以示金朝皇帝的恩惠。

[4]監察御史：御史臺屬官。正員十二人，正七品。　焦旭：本書卷九七有傳。　襄：女真人。姓完顔氏，宗室出身。本書卷九四有傳。

冬十月丁亥朔，謁奠諸陵。己丑，還都。庚寅，朝于隆慶宫，是月凡四朝。辛卯，上顧謂宰臣曰"翰林闕人"。[1]平章政事汝霖對曰：[2]"鳳翔治中郝俣可。"[3]汝霖諫止田獵，詔答曰："卿能每事如此，朕復何憂。然時異事殊，得中爲當。"丙申，冬獵。己亥，次羅山。[4]庚子，次玉田。[5]辛丑，沁州、丹州進嘉禾。[6]丁未，次寶坻。[7]庚戌，中侍石抹阿古誤帶刀入禁門，[8]罪應死，詔杖八十。癸丑，至自寶坻。

[1]翰林：指翰林院的官員。

[2]平章政事：尚書省屬官。金代宰相成員之一，爲丞相的副佐，掌丞天子，平章萬機。正員二人，從一品。　汝霖：即張汝霖，渤海族人。本書卷八三有傳。

[3]鳳翔治中：府屬官。即少尹，掌通判府事，正五品。鳳翔府，治所在今陝西省鳳翔縣。　郝俣：曾任《遼史》刊修官。

[4]羅山：在今河北省玉田縣之西。

[5]玉田：縣名。治所在今河北省玉田縣。

[6]沁州：治所在今山西省沁縣。　丹州：治所在今陝西省宜川縣。

[7]寶坻：縣名。治所在今天津市寶坻區。

[8]中侍：東宫中侍局屬官。掌東閤内之禁令、省察宫人廪賜給納諸物、轄侍人等。都監，正九品，同監，從九品。　石抹阿古：契丹人。其他事迹不詳。

十一月己未，朝于隆慶宫。辛酉，以右宣徽院使裴滿餘慶等爲賀宋正旦使。[1]癸亥，上謂宰臣曰："今之用人，太拘資歷。循資之法，起於唐代，如此何以得人？"平章政事汝霖對曰："不拘資格，所以待非常之材。"上曰："崔祐甫爲相，[2]未逾年薦八百人，豈皆非常之材歟？"甲子，諭尚書省曰：[3]"太傅年高，每趨朝而又赴省，恐不易。自今旬休外，四日一居休，庶得調攝。常事他相理問，惟大事白之可也。"戊辰，諭尚書省，自今五品以上官各舉所知，歲限所舉之數，如不舉者坐以蔽賢之罪。仍依唐制，内五品以上官到任即舉自代，[4]並從提刑司采訪之。己巳，初制轉遞文字法。壬申，朝于隆慶宫。乙亥，命參知政事移剌履提控刊修《遼史》。丁丑，以西上閤門使移剌郈爲高麗生日使。[5]御史臺奏：

“故事，臺官不得與人相見。蓋爲親王、宰執、形勢之家，恐有私徇。然無以訪知民間利病、官吏善惡。”詔自今許與四品以下官相見，三品以上如故。辛巳，詔有司，今後諸處或有饑饉，令總管、節度使或提刑司先行賑貸或賑濟，[6]然後言上。

[1]右宣徽院使：宣徽院屬官。掌朝會、燕享，凡殿庭禮儀及監知御膳。正三品。　裴滿餘慶：女真人。曾任吏部郎中。

[2]崔祐甫：本書凡三見，記事同，其他不詳。

[3]尚書省：官署名。海陵王正隆官制改革以後，是金朝最高政務機構。

[4]内五品以上官到任即舉自代：“内”字，南監本、北監本、殿本、局本并作“凡”字。

[5]西上閤門使：宣徽院閤門屬官。掌贊導殿庭禮儀。正員二人，正五品。　移剌�：契丹人。其他事迹不詳。　高麗生日使：賀高麗國王王晧生日使。臨時官職，爲他官兼之。

[6]總管：即兵馬都總管，爲一路最高軍政長官。掌統諸城隍兵馬甲仗，總判府事。正三品。

十二月丙戌朔，朝于隆慶宫，是月凡五朝。詔罷鑄錢。丁亥，密州進白雉。[1]壬辰，諭有司，女直人及百姓不得用網捕野物，及不得放群鵰枉害物命，亦恐女直人廢射也。戊戌，復置北京、遼東鹽使司，[2]仍罷巡鹽使。[3]以河東南北路提刑司言，[4]賑寧化、保德、嵐州饑，[5]其流移復業，給復一年。是日，禁宫中上直官及承應人毋得飲酒。乙巳，祭奠興陵。壬子，諭臺臣曰：“提刑司所舉劾多小過，行則失大體，不行則恐有所沮，其以此意諭之。”甲寅，宋、高麗、夏遣使來賀正旦。是冬，無雪。

[1]密州：治所在今山東省諸城縣。

[2]北京、遼東鹽使司：官署名。掌幹鹽利以佐國用。北京鹽使司或治於大定府，治所在今内蒙古自治區寧城縣。遼東鹽使司或治於遼陽府，治所在今遼寧省遼陽市。

[3]仍罷巡鹽使：本書卷四九《食貨志》載，章宗大定二十九年（1189）“十二月，遂罷西京、解鹽巡捕使”。“巡鹽使”，當爲“鹽巡捕使”之誤。《金史詳校》卷二：“‘罷下當加西京、解州’，《志》。”西京、解鹽巡捕使，鹽使司屬官，掌捕盜賊等事。西京鹽使司，卷四九《食貨志》載，世宗大定二十五年，“更狗濼爲西京鹽司”。狗濼在今内蒙古自治區太僕寺旗西南九連城淖。解州鹽使司或治於解州，治所在今山西省運城市西南解縣鎮。

[4]河東南北路提刑司：官署名。地方監察機構。治於汾州，治所在今山西省汾陽縣。

[5]寧化：州名。治所在今山西省寧武縣南。　保德：州名。治所在今山西省保德縣。　嵐州：治所在今山西省嵐縣北。

明昌元年春正月丙辰朔，改元。以世宗喪，不受朝賀。上朝于隆慶宫，是月凡四朝。丁巳，制諸王任外路者許游獵五日，過此禁之，仍令戒約人從，毋擾民。辛酉，諭尚書省，宰執所以總持國家，不得受人餽遺。或遇生辰，受所獻毋過萬錢。若緦大功以上親，[1]及二品以上官，不禁。壬戌，以知河中府事王蔚爲尚書右丞，[2]刑部尚書完顔守貞爲參知政事。甲子，如大房山。乙丑，奠謁興陵、裕陵。[3]丙寅，還都。戊辰，制禁自披剃爲僧道者。勅外路求世宗御書。[4]辛未，如近畿春水。[5]己卯，如春水。

[1]緦大功：即緦麻、大功。緦麻：喪服名。五服中最輕的一種。《儀禮·喪服》："緦麻三月者。"未出五服的疏遠親屬去世後，用疏織細麻布製成孝服，服喪三月。大功，喪服名。五服中的第三位，未出三服的親戚去世後，用熟麻布做成孝服，服喪九個月。

[2]知河中府事：府官。知府事，本書《百官志》不載，世宗大定年間始設，官品高於同知，或低於府尹。章宗朝及以後，不授府尹，以知府事代之，掌宣風導俗，肅清所部，總判府事。官品或與府尹同，正三品。

[3]裕陵：顯宗完顏允恭的陵墓，當在大房山金代帝陵中。

[4]求世宗御書：施國祁《金史詳校》卷二認爲世宗當作顯宗，據趙秉文《滏水文集·顯宗御書藏秘閣銘》云，"天章奎畫，光賁於臣庶之書"，"有司其募上，凡諸金帛，宜視所獲"。

[5]春水：金代帝王春季狩獵的場所，章宗朝主要在中都路的範圍内。

二月丁亥，太白晝見。[1]丙申，遣諭諸王，凡出獵毋越本境。壬寅，諭有司，寒食給假五日，[2]著于令。甲辰，至自春水。朝于隆慶宮，是月凡四朝。癸丑，地生白毛。甲寅，如大房山。

[1]太白：即金星，一名啓明星。古代傳説太白星主殺伐。

[2]寒食：節令名。在農曆清明的前一、二日，禁生火煮食，祇吃冷食，故謂之寒食。

三月乙卯朔，謁奠興陵。丙辰，還都。朝于隆慶宮，是月凡六朝。己未，勅點檢司，[1]諸試護衛人須身形及格，若功臣子孫善射出衆，雖不及格，亦令入見。癸亥，禮官言：[2]“民或一産三男，内有才行可用者可令察舉，量格叙用。其驅婢所生，舊制官給錢百貫，以資乳哺，尚書省請更給錢四十貫，贖以爲良。”制可。丙寅，有司言：“舊制，朝官六品以下從人輸庸者聽，五品以上不許輸庸，恐傷禮體。其有官職俱至三品、年六十以上致仕者，人力給半，乞不分内外，願令輸庸者聽。”從之。己巳，擊毬於西苑，[3]百寮會觀。癸酉，詔内外五品以上，歲舉廉能官一員，不舉者坐蔽賢罪。乙亥，初設應制及宏詞科。[4]丁丑，制内外官并諸局承應人，遇祖父母、父母忌日並給假一日。辛巳，詔修曲阜孔子廟學。[5]壬午，如壽安宫。

[1]點檢司：即殿前都點檢司。掌親軍，總領左右衛將軍、符寶郎、宿直將軍、左右振肅，宫籍監、近侍等諸局署、鷹坊、頓舍官皆隸屬之。

[2]禮官：即禮部官員。

[3]西苑：爲金皇室的御苑球場，在中都城内或城郊。

[4]應制及宏詞科：科舉科目，以待科場以外的非常之士。應制，又曰制舉，有賢良方正、能直言極諫、博學宏材、達於從政等科，考試無定期。皇帝欲行，則詔告天下。參試者爲五品以上官推薦，六品以下職官；無官品者則是由府州推薦的德性顯著的人。宏詞科，試詔、誥、章、表、露布、檄書。以每舉賜第以後的進士和六品以下官員參試。

[5]曲阜：縣名。治所在今山東省曲阜市。

夏四月甲申朔，朝于隆慶宫，是月凡四朝。戊戌，如壽安宫。

五月，不雨。乙卯，祈于北郊及太廟。[1]朝于隆慶宫，是月凡三朝。丙辰，以鷹坊使移剌寧爲横賜夏國使。[2]戊午，拜天于西苑。射柳、[3]擊毬，縱百姓觀。壬戌，祈雨于社稷。[4]甲子，制省元及四舉終場人許該恩。[5]己巳，復祈雨于太廟。庚午，置知登聞鼓院事一人。[6]丙子，以祈雨，望祭岳鎮海瀆于北郊。[7]戊寅，命内外官五品以上，任内舉所知才能官一員以自代。壬午，以參知政事移剌履爲尚書右丞，御史中丞徒單鎰爲參知政事，[8]尚書右丞相襄罷。

[1]北郊：在中都城北門“通玄門”之外，設有祭祀地祇的方丘。

[2]鷹坊使：殿前都點檢司下屬鷹坊屬官。掌調養鷹鶻“海東青”之類。從五品。　移剌寧：契丹人。其他事迹不詳。

[3]射柳：金承遼舊俗，每年五月五日重五節拜天祭祀後，行射柳禮，在球場插柳兩行，按尊卑次序進行騎馬射箭的比賽。見本書卷三五《禮志·拜天》。

[4]社稷：指社稷壇，是帝王祭土、穀之神的地方。

[5]省元：即科舉省試的第一名，又稱會元。

[6]知登聞鼓院事：登聞鼓院屬官。掌奏進告御史臺、登聞檢院理斷不當事。從五品。

[7]岳鎮海瀆：祭祀山川的禮儀。岳爲五岳、鎮爲五鎮，均指一方主山；海，爲四海，指四方百川匯聚之處；瀆，爲四瀆，指一方大河。

[8]御史中丞：御史臺屬官。御史大夫的副佐。從三品。　徒

單鎰：女真人。本書卷九九有傳。

六月己丑，制定親王家人有犯，其長史府掾失覺察、[1]故縱罪。壬辰，奉皇太后幸慶壽寺。[2]甲辰，勅僧、道三年一試。

[1]長史：親王府屬官。掌警嚴侍從、兼總統本府之事。從四品。　府掾：泛指親王府的官員。

[2]慶壽寺：佛教寺院名。當在中都，今北京市。

秋七月己巳，以禮部尚書王翛等爲賀宋生日使。[1]庚午，朝于隆慶宫。丁丑，詔罷西北路蝦蟆山市場。[2]

[1]王翛：本書卷一〇五有傳。

[2]西北路：地區級路名。隸屬西京路，治所在今内蒙古自治區錫林郭勒盟正藍旗。　蝦蟆山：在撫州境内，今河北省張北縣以北。

八月癸未朔，禁指托親王、公主奴隸占綱船、侵商旅及妄徵錢債。乙酉，詔設常平倉。[1]丁亥，至自壽安宫。戊子，朝于隆慶宫，是月凡三朝。己丑，以判大睦親府事宗寧爲平章政事。[2]壬辰，幸玉泉山，[3]即日還宫。癸巳，罷諸府鎮流泉務。[4]選才幹之官爲諸州刺史，[5]皆召見諭戒之。戊戌，上諭宰臣曰："何以使民棄末而務本，以廣儲蓄？"令集百官議。户部尚書鄧儼等曰：[6]"今風俗侈靡，宜定制度，辨上下，使服用居室，各有差等。抑昏喪過度之禮，[7]禁追逐無名之費。用度有節，蓄積自廣矣。”右丞履、參知政事守貞、鎰曰：[8]“凡人之情，見美則願，若不節以制度，將見奢侈無極，費用過多，民之貧乏，殆由此致。方今承平之際，正宜講究此事，爲經久法。”上是履議。壬寅，勑麻吉以皇家袒免之親，[9]特收充尚書省祗候郎君，[10]仍爲永制。丁未，獵于近郊。己酉，宋、高麗、夏遣使來賀天壽節。

[1]常平倉：設於各縣，豐年增市價十分之二以糴，灾年減市價十分之一以糶，以避免物賤傷農，或物貴傷民。增損以平粟價，謂之“常平”。以縣令領常平倉。

[2]判大睦親府事：大睦親府屬官。佐掌敦睦糾率宗室欽奉王命。從一品。本書卷七三《宗寧傳》作“同判大睦親府事”，官職與此異。　宗寧：女真人。姓完顏，宗室出身。本書卷七三有傳。

[3]玉泉山：在宛平縣境内，今北京市郊，玉泉山有行宫。

[4]諸府鎮流泉務：爲官設的質典行，掌典質諸物，流通貨幣。大定二十八年（1188）十月置，至此罷。

[5]刺史：州長官。掌一州財政訴訟，宣導風俗等各種政務（吏、户、禮、工、刑），獨不領兵。正五品。

[6]户部尚書：户部長官。掌户籍、物力、鹽鐵、酒麴、礦冶、榷場、市易、度支、國用、俸禄、錢帛、貢賦、租税、積貯、度量衡等。正三品。　鄧儼：本書卷九七有傳。

[7]昏：通“婚”字。

[8]履、守貞、鎰：即移剌履、完顏守貞、徒單鎰。

[9]麻吉：女真人。姓完顏。其他事迹不詳。

[10]尚書省祗候郎君：尚書省屬吏。多爲宗室身份。

九月壬子朔，天壽節，以世宗喪，不受朝。丙辰，以廉能進擢北海縣令張翱等十八人官。[1]己未，以武衛軍副都指揮使烏林荅謀甲爲夏國生日使。[2]庚申，朝于隆慶宫。壬戌，如秋山。[3]

[1]北海縣令：縣長官。掌按察所部，勸課農桑，平理獄訟，捕除盜賊，宣導風化，兼管常平倉及通檢推排簿籍等事。正七品。北海，治所在今山東省濰坊市。　張翱：其他事迹不詳。

[2]武衛軍副都指揮使：武衛軍都指揮使司屬官。掌防衛都城、警捕盜賊。正員二人，從四品。　烏林荅謀甲：女真人。其他事迹不詳。

[3]秋山：金朝皇帝秋日狩獵的場所。《北行日録》上、《攻媿集》卷一一一記載，"至此乃知燕京五百里内皆是御圍場，故不容民間采捕耳"。在今北京市周邊五百里以内之地。

冬十月丁亥，至自秋山。戊子，朝于隆慶宫。丙申，詔賜貴德州孝子翟巽、[1]遂州節婦張氏各絹十匹、[2]粟二十石。戊戌，以有司言，登聞鼓院同記注院，[3]勿有所隸。制民庶聘財爲三等，上百貫，次五十貫，次二十貫。丁未，獵于近郊。

[1]貴德州：治所在今遼寧省撫順市。　翟巽：其他事迹不詳。

[2]遂州：治所在今河北省徐水縣西。　張氏：其他事迹不詳。

[3]記注院：掌修起居注，記帝王言行。

十一月乙卯，朝于隆慶宫，是月凡五朝。以惑衆亂民，禁罷全真及五行、毗盧。[1]以僉書樞密院事把德固等爲賀宋正旦使。[2]丁巳，制諸職官讓廕兄弟子姪者，從其所請。戊辰，召禮部尚書王翛、諫議大夫張暐詣殿門，[3]諭之曰："朝廷可行之事，汝諫官、禮官即當辯析。小民之言，有可采者朕尚從之，況卿等乎。自今所議毋但附合於尚書省。"辛未，以西上閤門使移剌撻不也爲高麗生日使。[4]丙子，冬獵。己卯，次雄州。[5]判真定府事吴王永成、[6]判定武軍節度使隋王永升來朝。[7]

[1]全真：道教門派名。金中期由陝西人王重阳創立，它以道教爲本宗，將儒家的忠孝、佛教的戒律與道教的丹鼎融爲一體，謂之全真教。金代中後期在北方有很大的影響。　五行：五行家，古方士的一種流派。　毗盧：佛名。即毗盧舍那的略稱，亦譯昆盧遮那，即密宗的大日如來。

[2]僉書樞密院事：樞密院屬官。佐掌國家軍務機密之事。正三品。　把德固：女真人。大定二十一年（1181）四月，以滕王府長史爲横賜夏國使。

[3]諫議大夫：諫院長官。掌諫正百司非違，糾正官邪。正四品。　張暐：本書卷一〇六有傳。

[4]移剌達不也：契丹人。其他事迹不詳。

[5]雄州：治所在今河北省雄縣。

[6]判真定府事：府官名。判，以高官兼任低職稱判。以京官出任外官，或以親王出任外官也稱判。真定府，治所在今河北省正定縣。

[7]定武軍節度使：州軍官名。總管一州軍政事務，掌鎮撫諸軍防刺，總判本鎮兵馬之事，兼本州管内觀察使事。從三品。　定武軍：州軍名。治所在今河北省冀州市。

十二月壬午，免獵地今年税。丁亥，次饒陽。[1]己丑，平章政事張汝霖薨。丁酉，至自饒陽。甲辰，幸太傳徒單克寧第視疾。[2]以克寧爲太師、[3]尚書令，封淄王，[4]賜銀千五百兩，絹二千匹。乙巳，朝于隆慶宫。丙午，詔有司，正旦可先賀隆慶宫，然後進酒。丁未，宋、高麗、夏遣使來賀正旦。

[1]饒陽：縣名。治所在今河北省饒陽縣。

[2]幸太傅徒單克寧第視疾：本書卷九二《徒單克寧傳》記載："明昌三年，克寧屬疾，章宗往視之。"時間與此異。

[3]太師：三師之首，師範一人，儀刑四海。正一品。

[4]淄王：封爵名。小國封號，大定格第十四位。

二年春正月庚戌朔，以世宗喪，不受朝。癸丑，諭有司，夏國使可令館内貿易一日。尚書省言，故事許貿易三日，從之。甲寅，始許宫中稱聖主。乙卯，皇太后不豫，自是日往侍疾，丙夜乃還。辛酉，皇太后崩。丙寅，以左副都點檢亩等報哀于宋、高麗、夏。[1]庚午，太師、尚書令淄王徒單克寧薨。[2]甲戌，百官表請聽政，不許。戊寅，詔賜陁括里部羊三萬口，[3]重幣五百端、絹二千匹，以振其乏。吴王永成、隋王永升以聞國喪奔赴失期，罰其俸一月，其長史笞五十。己卯，有司言，漢王永中以疾失期，上諭使回。

[1]左副都點檢：殿前都點檢司屬官，殿前都點檢副佐，兼侍衛親軍副都指揮使。從三品。　亩：女真人。姓完顔，宗室出身。其他事迹不詳。

[2]太師、尚書令淄王徒單克寧薨：本書卷九二《徒單克寧傳》繫其事於"二月"。

[3]阤括里部：部族名。疑爲西北契丹人等北方游牧部族。

二月壬午，百官復請聽政，不許。壬辰，上始視朝。勑親王及三品官之家，毋許僧尼道士出入。諭有司，進士程文但合格者即取之，毋限人數。丙申，以樞密副使夾谷清臣爲尚書左丞。[1]戊戌，更定奴誘良人法。丙午，初設王傅、府尉官。[2]

[1]夾谷清臣：女真人。本書卷九四有傳。　尚書左丞：尚書省屬官。爲宰相的副佐，佐治尚書省政務。正二品。

[2]王傅：親王府官署。掌師範輔導，參議可否。若親王在外，其長官亦兼本京節鎮同知。正四品。　府尉：親王府屬官。掌警嚴侍從，兼總統本府之事。從四品。

三月丁巳，夏國遣使來弔。癸亥，勑有司，國號犯漢、遼、唐、宋等名不得封臣下。[1]有司議，以遼爲恒，[2]宋爲汴，[3]秦爲鎬，[4]晋爲并，[5]漢爲益，[6]梁爲邵，[7]齊爲彭，[8]殷爲譙，[9]唐爲絳，[10]吴爲鄂，[11]蜀爲夔，陳爲宛，[12]隋爲溼，[13]虞爲澤。[14]制可。丁卯，夏國遣使來祭。乙亥，高麗遣使來弔祭。丁丑，宋遣使來弔祭。

[1]遼：契丹人建立的王朝（916—1125）。

[2]遼：封爵名。大國封號，大定格第一位。

[3]宋：封爵名。大國封號，大定格第三位。

[4]秦：封爵名。大國封號，大定格第四位。

[5]晋：封爵名。大國封號，大定格第五位。

[6]漢：封爵名。大國封號，大定格第六位。
[7]梁：封爵名。大國封號，大定格第二位。
[8]齊：封爵名。大國封號，大定格第七位。
[9]殷：封爵名。大國封號，大定格第十位。
[10]唐：封爵名。大國封號，大定格第十五位。
[11]吴：封爵名。大國封號，大定格第十八位。
[12]陳：封爵名。大國封號，大定格第十九位。
[13]隋：封爵名。次國封號，大定格第一位。
[14]虞：封爵名。次國封號，大定格第十位。

四月戊寅朔，尚書省言："齊民與屯田户往往不睦，若令遞相婚姻，實國家長久安寧之計。"從之。乙酉，葬孝懿皇太后于裕陵。戊子，制諸部内灾傷，主司應言而不言及妄言者杖七十，檢視不以實者罪如之，因而有傷人命者以違制論，致枉有徵免者坐贓論，妄告者户長坐詐不以實罪，計贓重從詐匿不輸法。庚寅，禁民庶不得服純黄銀褐色，婦人勿禁，著爲永制。辛卯，上幸壽安宫，諫議大夫張暐等上疏請止其行，不允。癸巳，諭有司，自今女直字直譯爲漢字，[1]國史院專寫契丹字者罷之。[2]甲午，改封永中爲并王，[3]永功爲魯王，[4]永成兖王，[5]永升曹王，永蹈鄭王，[6]永濟韓王，[7]永德豳王。戊戌，增太學博士助教員。[8]己亥，學士院新進唐杜甫、韓愈、劉禹錫、杜牧、賈島、王建，[9]宋王禹偁、歐陽脩、王安石、蘇軾、張耒、秦觀等集二十六部。[10]庚子，改壽安宫名萬寧。壬寅，如萬寧宫。[11]詔襲封衍聖公孔元措視四品秩。[12]

［1］女直字：即女真字。

［2］國史院：官署名。掌監修國史事。　契丹字：契丹字有大、小兩種字。遼太祖神册五年（920），耶律突吕不等創製契丹文字，此爲契丹大字；天贊年間（922—926），又製成一種契丹文字，此爲契丹小字。兩種文字同時並行。

［3］并王：封爵名。大國封號，明昌格第五位。

［4］魯王：封爵名。大國封號，明昌格第十二位。

［5］兖王：封爵名。大國封號，明昌格第十六位。

［6］鄭王：封爵名。次國封號，明昌格第二位。

［7］韓王：封爵名。次國封號，明昌格第四位。

［8］太學博士：國子監下屬太學屬官。分掌教授生員、考藝業。正員四人，正七品。　助教：國子監下屬太學屬官。分掌教授生員、考藝業。正員四人，正八品。

［9］杜甫、韓愈、劉禹錫、杜牧、賈島、王建：均爲唐時著名文人。杜牧，《新唐書》卷一六六有傳；劉禹錫，《新唐書》卷一六八有傳；韓愈、賈島，《新唐書》卷一七六有傳。

［10］王禹偁、歐陽脩、王安石、蘇軾、張耒、秦觀：均爲宋時著名文人。王禹偁，《宋史》卷二九三有傳；歐陽修，《宋史》卷三一九有傳；王安石，《宋史》卷三二七有傳；蘇軾，《宋史》卷三三八有傳；張耒、秦觀，《宋史》卷四四四有傳。

［11］萬寧宫：行宫名。位於中都城北，疑爲今北京頤和園一帶。

［12］衍聖公：熙宗天眷三年（1140）賜孔子後人的封號，秩同四品。　孔元措：本書卷一〇五有傳。

五月庚戌，勅自今四日一奏事，仍免朝。戊辰，詔諸郡邑文宣王廟、風雨師、社稷神壇隳廢者，[1]復之。詔御史臺令史並以終場舉人充。

[1]文宣王廟：廟名。唐開元間追謚孔子爲文宣王，這裏指各郡的孔廟。　風雨師：本書卷三四《禮志》作風、雨、雷師，此處當爲廟名。金代以立春後丑日，祭祀風師；立夏後申日，祭祀雨師和雷師。　社稷神壇：祭祀社稷的場所。

六月戊子，平章政事崇寧薨。癸巳，禁稱本朝人及本朝言語爲"蕃"，違者杖之。丙午，尚書右丞移剌履薨。

秋七月丁巳，以參知政事徒單鎰爲尚書右丞，御史中丞夾谷衡爲參知政事。[1]己未，觀稼于近郊。己巳，禁職官元日、生辰受所屬獻遺，仍爲永制。以同僉大睦親府事兖等爲賀宋生日使。[2]庚午，諭有司，自今外路公主應赴闕，其駙馬都尉非奉旨，[3]毋擅離職。

[1]夾谷衡：女真人。本書卷九四有傳。

[2]同僉大睦親府事：大睦親府屬官。佐掌敦睦糾率宗室欽奉王命。正三品。　兖：女真人，姓完顔氏，宗室出身。本書卷七六有傳。

[3]駙馬都尉：官名。凡尚公主者多授此官，無具體職掌。正四品。

八月癸未，至自萬寧宫。己亥，勅山東、河北闕食等處，[1]許納粟補官。諭有司，自今親王所領，如有軍處，令佐貳總押軍事。乙巳，宋、高麗、夏遣使來賀天壽節。

［1］河北：指河北東、西路的轄區，相當於今河北省中部與南部地區。

九月丁未朔，天壽節，以皇太后喪，不受朝。甲寅，如大房山。乙卯，謁奠裕陵。丙辰，還都。丁巳，以西上閤門使白琬爲夏國生日使。[1]己未，定詐爲制書未施行制。[2]以尚書左丞夾谷清臣爲平章政事，封芮國公，[3]參知政事完顏守貞爲尚書左丞，知大興府事張萬公爲參知政事。[4]庚申，如秋山。

［1］白琬：其後曾任宣徽使。

［2］定詐爲制書未施行制：後一"制"字，北監本、殿本、局本作"罪"。

［3］芮國公：封爵名。小國封號，明昌格第三十位。

［4］張萬公：本書卷九五有傳。

冬十月己丑，至自秋山。甲午，勅司獄毋得與府州司縣官筵宴還往，[1]違者罪之。禁以太一混元受籙私建庵室者。[2]壬寅，以河北、山東旱，應雜犯及强盗已未發覺減死一等，釋徒以下。

［1］司獄：隸屬提刑司，設於京、府、軍州，佐掌刑獄之事。

［2］太一：道教門派名。由蕭抱珍創於金熙宗天眷年間，以老子之學修身，以巫祝之術禦世，重視符咒秘籙。屬於符籙道教。

十一月丙午朔，制諸女直人不得以姓氏譯爲漢字。甲寅，禁伶人不得以歷代帝王爲戲，及稱萬歲，犯者以不應爲事重法科。丁巳，以豳王傅宗璧等爲賀宋正旦使。[1]戊午，夏人殺我邊將阿魯帶。[2]甲子，制投匿名書者，徒四年。丙寅，以近侍局副使完顔匡爲高麗生日使。[3]壬申，勅提刑司官自今每十五日一朝。[4]

[1]宗璧：女真人。姓完顔，宗室出身，世宗朝曾任修起居注。

[2]阿魯帶：女真人。姓佚。其他事迹不詳。

[3]近侍局副使：近侍局屬官。掌侍從，承勅令，轉進奏帖。從六品。

[4]每十五日一朝：施國祁《金史詳校》卷二認爲，十五日當作十五月。提刑司爲地方監察機構，官員每十五日一朝似過於頻繁，疑“月”爲是。

十二月乙亥朔，勅三品致仕官所得傔從毋令輸庸。[1]己卯，定鎮邊守將致盜賊罪。甲申，獵于近郊。乙酉，詔罷契丹字。己丑，尚書右丞徒單鎰罷。癸卯，宋、高麗、夏遣使來賀正旦。

[1]傔從：隨從的人。

三年春正月乙巳朔，以皇太后喪，不受朝。丙辰，以孝懿皇后小祥，[1]尚書省請依明昌元年世宗忌辰例，諸王陪位，服慘紫，[2]去金玉之飾，百官不視事，禁音樂屠宰，從之。壬戌，如春水。

[1]小祥：父母死後一周年的祭禮。

[2]服慘紫：南監本、北監本、殿本、局本並作“服慘素”。

二月甲戌朔，勅猛安謀克許於冬月率所屬户畋獵二次，[1]每出不得過十日。壬辰，至自春水。丁酉，獵于近郊。辛丑，詔追復田穀等官爵。[2]

[1]猛安謀克：女真地方行政建置及長官的名稱。猛安相當於防禦州。其長官掌修理軍務，訓練武藝，勸課農桑，防捍不虞，禦制盗賊。從四品。謀克相當於縣。其長官掌撫輯軍户，訓練武藝，按察所部，勸課農桑，平理獄訟，捕除盗賊，禁止游惰。從五品。具有軍政合一的特點。

[2]田穀：本書卷八九有傳。

閏月甲子，以山東路統軍使烏林荅愿爲御史大夫。[1]

[1]山東路統軍使：統軍司屬官。掌督領軍馬，鎮守邊陲，分營衛，視察奸。正三品。　烏林荅愿：女真人。其後任尚書左丞、平章政事。

三月乙亥，更定强盗徵贓、品官及諸人親獲强盗官賞制。辛巳，初設左右衛副將軍。[1]癸未，瀘溝石橋成。幸熙春園。[2]丁亥，如萬寧宫。辛卯，詔賜棣州孝子劉瑜、[3]錦州孝子劉慶祐絹、粟，[4]旌其門閭，復其身。上因問宰臣曰："從來孝義之人曾官使者幾何？"左丞守貞對曰："世宗時有劉政者嘗官之，[5]然若輩多淳質亦及事。"[6]上曰："豈必盡然。孝義之人素行已備，稍可用即當用之，後雖有希覬作僞者，然僞爲孝義，猶不失爲善。可檢勘前後所申孝義之人，如有可用者，可具以聞。”癸巳，尚書省奏：“言事者謂，釋道之流不拜父母親屬，敗壞風俗，莫此爲甚。禮官言唐開元二年勅云：[7]‘聞道士、女冠、僧、尼不拜二親，是爲子而忘其生，傲親而徇於末。自今以後並聽拜父母，其有喪紀輕重及尊屬禮數，一准常儀。’臣等以爲宜依典故行之。”制可。左丞守貞言：“上嘗命臣問忻州陳毅上書所言事，[8]其一極論守令之弊，臣面問所以救之之道，竟不能言。”上曰：“方今政欲知其弊也。彼雖無救弊之術，但能言其弊，亦足嘉矣。如毅言及隨處有司不能奉行條制，爲人傭雇尚須出力，況食國家禄而乃如是，得無虧臣子之行乎？其令檢會前後所降條理舉行之。”是日，温王玠薨。丁酉，命有司祈雨，望祀岳鎮海瀆于北郊。

[1]左右衛副將軍：殿前都點檢司屬官。掌宫禁及行宿衛警嚴，仍總領護衛。官品失載。

[2]熙春園：御苑名。當在中都城郊。

[3]棣州：治所在今山東省惠民縣北。　劉瑜：本書卷一二七有傳。

[4]錦州：治所在今遼寧省錦州市。　劉慶祐：其他事迹不詳。

[5]劉政：本書卷一二七有傳。

[6]然若輩多淳質亦及事：北監本、殿本、局本並作“然若輩多淳質不及事”。

[7]開元：唐玄宗的年號（713—741）。

[8]忻州：治所在今山西省忻州市。　陳毅：其他事迹不詳。

四月壬寅朔，定宣聖廟春秋釋奠，[1]三獻官以祭酒、司業、博士充，[2]祝詞稱“皇帝謹遣”，及登歌改用太常樂工。[3]其獻官并執事與享者並法服，陪位學官公服，學生儒服。尚書省奏：“提刑司察舉涿州進士劉器博、[4]博州進士張安行、[5]河中府胡光謙，[6]光謙年雖八十三，尚可任用。”勑劉器博、張安行特賜同進士出身，[7]胡光謙召赴闕。甲辰，祈雨于社稷。丙午，罷天山北界外采銅。[8]戊申，瀛王瓌薨。戊午，詔集百官議北邊開壕事。詔賜雲内孝子孟興絹十匹、[9]粟二十石，賜同州貞婦師氏謚曰“節”。[10]丙寅，以旱灾，下詔責躬。丁卯，復以祈雨，望祀岳鎮海瀆山川于北郊。戊辰，勑親王衣領用銀褐紫緣。遣御史中丞吴鼎樞等審決中都冤獄，[11]外路委提刑司處決。左丞守貞以旱，上表乞解職，不允。參知政事衡、萬公皆入謝。上曰：“前詔所謂罷不急之役、省無名之費、議冗官、決滯獄四事，其速行之。”

［1］宣聖廟：即孔廟。

［2］三獻官：掌三獻之官。三獻爲郊祭的儀式，陳祭品後要三次獻酒，即初獻爵、亞獻爵、終獻爵。　祭酒：國子監長官。掌學校。正四品。　司業：國子監屬官。佐掌學校。正五品。　博士：國子監下屬國子學、太學屬官。分掌教授生員、考藝業。正員四人，正七品。

［3］太常樂工：隸屬太常寺大樂署，共有百人。

［4］涿州：治所在今河北省涿州市。　劉器博：其他事迹不詳。

［5］博州：治所在今山東省聊城市。　張安行：其他事迹不詳。

［6］胡光謙：事迹主要見本卷。

［7］同進士出身：爲皇帝對不是科舉入仕的文職官員的一種恩

寵或獎勵。

[8]天山：縣名。治所在今内蒙古自治區四子王旗之西。

[9]雲内：州名。治所在今内蒙古自治區呼和浩特市西南。　孟興：本書卷一二七有傳。

[10]同州：治所在今陝西省大荔縣。　師氏：其他事迹不詳。

[11]吴鼎樞：明昌六年（1195）八月，以吏部尚書爲賀宋生日使。　中都：都名。金海陵王貞元元年（1153）至金宣宗貞祐二年（1214）爲金朝的國都，治所在今北京市。

五月壬申朔，以尚書禮部員外郎孛术魯子元爲横賜高麗使。[1]癸酉，罷北邊開壕之役。[2]甲戌，祈雨于社稷。是日，雨。戊寅，出宫女百八十三人。尚書省奏，近以山東、河北之饑，已委宣差所至安撫賑濟，復遣右三部司正范文淵往視之。[3]乙酉，以雨足，致祭于社稷。戊子，百官賀雨足。尚書左丞完顔守貞罷。己丑，以雨足，望祀岳鎮海瀆。

[1]尚書禮部員外郎：禮部屬官。佐掌禮樂、祭祀、學校、貢舉諸事。從六品。　孛术魯子元：女真人。其後任翰林直學士兼右司諫。

[2]開壕之役：指金朝在北部修築防範草原遊牧民族騷擾的界壕工程。

[3]右三部司正：右三部檢法司屬官。掌披詳法狀。正八品。　范文淵：其他事迹不詳。

六月癸卯，宰臣請罷提刑司，上曰："諸路提刑司官止三十餘員，猶患不得其人，州郡三百餘處，其能盡得人乎?”弗許。甲寅，以久雨，命有司祈晴。丁巳，定提刑司條制。辛酉，詔定内外所司公事故作疑申呈罪罰格。乙丑，以知大名府事劉瑋爲尚書右丞。[1]有司言，河州灾傷，[2]民乏食，而租税有未輸。詔免之。諭户部，可預給百官冬季俸，令就倉以時直糶與貧民，秋成各以其貲糴之，其所得必多矣，而上下便之。其承應人不願者，聽。

[1]大名府：治所在今河北省大名縣北。　劉瑋：本書卷九五有傳。

[2]河州：治所在今甘肅省東鄉縣西南。

秋七月戊寅，勅尚書省曰："饑民如至遼東，[1]恐難遽得食，必有饑死者。其令散糧官問其所欲居止，給以文書，命隨處官長計口分散，令富者出粟養之，限以兩月，其粟充秋税之數。"己卯，祁州刺史頓長壽、[2]安武軍節度副使胡剌坐賑濟不及四縣，[3]各杖五十。癸未，詔增北邊軍千二百人，分置諸堡。丁亥，胡光謙至闕，命學士院以雜文試之，稱旨。上曰："朕欲親問之。"辛卯，以殿前都點檢僕散端等爲賀宋生日使。[4]己亥，上謂宰臣曰："聞諸王傅、尉多苛細，舉動拘防，亦非朕意。是職之設，本欲輔導諸王，使歸之正，得其大體而已。"平章政事清臣曰："請以聖意遍行之。"曰："已諭之矣。"

[1]遼東：地名。泛指遼河以東地區。

[2]祁州：治所在今河北省安國市。　頓長壽：其他事迹不詳。

[3]安武軍節度副使：州軍官名。佐掌鎮撫諸軍防刺，判本鎮兵馬之事。從五品。　胡剌：其他事迹不詳。

[4]殿前都點檢：殿前都點檢司長官，例兼侍衛親軍都指揮使。掌行從宿衛，關防門禁，督攝隊仗，總判司事。正三品。　僕散端：女真人。本書卷一〇一有傳。

八月癸卯，勑諸職官老病不肯辭避，有司諭使休閑者，不在給俸之列，格前勿論。上以軍民不和、吏員姦弊，詔四品以下、六品以上集議于尚書省，各述所見以聞。甲辰，集三品以下、六品以上官，問以朝政得失及民間利害，令各書所對。丁未，以有司奏寧海州文登縣王震孝行，[1]以嘗業進士，并試其文，特賜同進士出身，仍注教授一等職任。辛亥，至自萬寧宫。特賜胡光謙明昌二年進士第三甲及第，授將仕郎、太常寺奉禮郎。[2]官制舊設是職，未嘗除人，以光謙德行才能，故特授之。己未，以烏林荅愿爲尚書左丞。辛酉，獵于近郊。乙丑，上謂宰臣曰："朕欲任官，令久於其事。若今日作禮官，明日司錢穀，雖間有異材，然事能悉辦者鮮矣。"對曰："使中材之人久於其職，事既熟，終亦得力。"上問太常卿張暐：[3]"古有三恪，[4]今何無之？"暐具典故以聞。丁卯，宋、高麗、夏遣使來賀天壽節。

[1]寧海州：治所在今山東省烟臺市牟平區。　文登縣：治所在今山東省文登市。　王震：本書卷一二七有傳。

[2]將仕郎：文散官。正九品下階。　太常寺奉禮郎：太常寺屬官。掌設版位，執儀行事。從八品。

[3]太常卿：太常寺長官。掌禮樂、郊廟、社稷、祠祀之事。正三品。

[4]古有三恪：清人吴大澂《古籀彙編》認爲“恪”即“客”，就是以客禮待夏商周三代子孫的意思。古代新統治王朝伊始，往往封前代三朝的子孫以王侯名稱，以表示尊敬。

九月庚午朔，天壽節，以皇太后喪，不受朝。諭尚書省，去歲山東、河北被災傷處所閣租税及借貸錢粟，若便徵之，恐貧民未蘇，俟豐收日以分數帶徵可也。又諭宰臣曰：“隨路提刑司舊止察老病不任職及不堪親民者，如得其實，即改除他路。若他路提刑司覆察得實，勿復注親民之職。卿等其議行之。”甲戌，以郊社署令唐括合達爲夏國生日使。[1]己卯，如秋山。免圍場經過人户今歲夏秋租税之半，曾當差役者復一年。

[1]郊社署令：太常寺下屬郊社署屬官。掌社稷、祠祀、祈禱並廳舍祭器等物。從六品。　唐括合達：女真人。其他事迹不詳。

冬十月壬寅，至自秋山。丙午，勅御史臺，提刑司自今保申廉能官，勿復有乞升品語。壬子，有司奏增修曲阜宣聖廟畢，勅“党懷英撰碑文；[1]朕將親行釋奠之禮，其檢討典故以聞”。甲寅，勅置常平倉處，並令州、府官以本職提舉，縣官兼管句其事，[2]以所糴多寡約量升降，以爲永制。賜河南路提刑司所舉逸民游總同進士出身，[3]以年老不樂仕進，特登仕郎，[4]給正八品半俸終身。戊午，諭尚書省訪求博物多知之士。癸亥，遣諭諸王府傅尉曰："朕分命諸王出鎮，蓋欲政事之暇，安便優逸，有以自適耳。然慮其舉措之間或違於理，所以分置傅、尉，使勸導彌縫，不入於過失而已。若公餘遊宴不至過度，亦復何害。今聞爾等或用意太過，凡王門細碎之事無妨公道者，一一干與，贊助之道，豈當如是。宜各思職分，事舉其中，無失禮體。仍就諭諸王，使知朕意。"丙寅，勑應保舉官及試中書判者委官覆察，言行相副者量與陞除，隨朝及六品以上各隨所長用之。己巳，獵于近郊。

[1]党懷英：本書卷一二五有傳。

[2]句：通"勾"字。

[3]河南路提刑司：官署名。地方監察機構。治於開封府，在今河南省開封市。　游總：人名。其他事迹不詳。

[4]特登仕郎：特，南監本、北監本、殿本、局本並作"授"字，是。登仕郎，文散官，正九品上階。

十一月庚午朔，尚書省奏："翰林侍講學士党懷英舉孔子四十八代孫端甫，[1]年德俱高，該通古學。濟南府舉魏汝翼有文章德誼，[2]苦學三十餘年，已四舉終場。蔚州舉劉震亨學行俱優，[3]嘗充舉首。益都府舉王樞博學善書，[4]事親至孝。"勑魏汝翼特賜進士及第，劉震亨等同進士出身，並附王澤榜。[5]孔端甫俟春暖召之。丙子，詔臣庶名犯古帝王而姓復同者禁之，周公、孔子之名亦令回避。[6]戊寅，升相州爲彰德府。[7]以前右副都點檢温敦忠等爲賀宋正旦使。[8]壬午，尚書省奏，知河南府事程嶧乞進封父祖。[9]權尚書禮部郎中党懷英言：[10]“凡宰執改除外任長官，其佐官以下相見禮儀皆與他長官不同，其子亦得試補省令史。[11]其子且爾，父祖封贈理當不同，合與宰執一例封贈。”從之。甲申，改提刑司令史爲書史。[12]丙申，以有司言：“河州定羌民張顯孝友力田，[13]焚券已責，又獻粟千石以賑饑。棣州民榮楫賑米七百石、錢三百貫，[14]冬月散柴薪三千束。皆别無希覬。”特各補兩官，仍正班叙。

[1]翰林侍講學士：翰林學士院屬官。掌制撰詞命，凡應奉文字，銜内帶“知制誥”。不限員，從三品。

[2]濟南府：治所在今山東省濟南市。　魏汝翼：其他事迹不詳。

[3]蔚州：治所在今河北省蔚縣。　劉震亨：其他事迹不詳。

[4]王樞：其他事迹不詳。

[5]賜進士及第：皇帝對没有參加科舉，或科舉不中的文人，特别賜予某榜進士，與進士有同樣的資格。　同進士出身：即對上述人視同進士出身。

[6]周公：西周人，名姬旦。見《史記》卷三三《魯周公世家第三》。　孔子：春秋魯國人，名孔丘。見《史記》卷四七《孔子世家》。

[7]相州：治所在今河南省安陽市。

[8]右副都點檢：殿前都點檢司屬官。殿前都點檢副佐。從三品。　温敦忠：女真人。其他事迹不詳。

[9]河南府：治所在今河南省洛陽市。　程嶧：其他事迹不詳。

[10]權尚書禮部郎中：權，爲代理之意。禮部郎中，禮部屬官，從五品。

[11]省令史：尚書省屬吏。

［12］書史：提刑司屬吏。正員四人。

［13］定羌：城寨名。在今甘肅省廣河縣一帶。　張顯，其他事迹不詳。

［14］榮楫：其他事迹不詳。

十二月癸卯，以東上閤門使張汝猷爲高麗生日使。[1]辛亥，諭有司祈雪。癸丑，獵于近郊。丙辰，有赤氣見于北方。丁巳，勅華州下邽縣置武定鎮倉，[2]京兆櫟陽縣置粟邑鎮倉，[3]許州舞陽縣置北舞渡倉，[4]各設倉草都監一人，[5]縣官兼領之。乙丑，定到任告致仕格。丁卯，宋、高麗、夏遣使來賀正旦。

［1］東上閤門使：宣徽院下屬東上閤門屬官。正五品。　張汝猷，海陵朝尚書令張浩之子。

［2］華州：治所在今陝西省華縣。　下邽縣：治所在今陝西省華縣西北。　武定鎮：具體地點不詳。

［3］京兆：府名。治所在今陝西省西安市。　櫟陽縣：治所在今陝西省高陵縣之東。　粟邑鎮：在縣城的東北。

［4］許州：治所在今河南省許昌市。　舞陽縣：治所在今河南省舞陽縣。　北舞渡：在舞陽縣北五十里，當爲灰河入沙河之口，亦稱沙河渡。北舞，鎮名。

［5］倉草都監：倉屬官。以縣官兼領，故不再任官。

金史　卷一〇

本紀第十

章宗二

四年春正月己巳朔，以皇太后喪，[1]不受朝。辛未，以平章政事夾谷清臣爲尚書右丞相，[2]監修國史。丁丑，遣户部侍郎李獻可等分路勸農事。[3]癸未，尚書省奏大興府推官蘇德秀爲禮部主事，[4]上曰："朕既嘗語卿，百官當使久於其職。彼方任理官，[5]復改户曹，[6]尋又除禮部，[7]人才豈能兼之。若久於其職，但中材勝於新人，事既經練，亦必有濟，後不可輕易改除。"上又言："凡稱政有異迹者，謂其斷事有軼才也。若止清廉，此乃本分，以貪污者多，故顯其異耳。宰臣又言：'近言事者謂，方今孝弟廉恥道缺，[8]乞正風俗'。此蓋官吏不能奉宣教化使然。今之察舉官吏者，多責近効，以幹辦爲上，其有秉心寬厚，欲行德化者，輒謂之迂闊。故人人皆以教化爲餘事，此孝弟所以廢也。若諭所司，官吏有能務行德化者，擢而用之，則教化可行，孝弟可興矣。

今之所察舉，皆先才而後德。巧猾之徒，雖有贓污，一旦見用，猶爲能吏，此廉恥所以喪也。若諭所司，察舉官吏，必審真僞，使有才無行者不能覬覦，非道求進者加之糾劾，則奔競之俗息，而廉恥可興矣。”辛卯，賑河北諸路被水災者。[9]癸巳，諭點檢司，[10]行宫外地及圍獵之處悉與民耕，[11]雖禁地，聽民持農器出入。丙申，東京路副使三勝進鷹，[12]遣諭之曰："汝職非輕。民間利害，官吏邪正，略不具聞，而乃以鷹進，此豈汝所職也！後毋復爾。”

［1］皇太后：孝懿皇后徒單氏，女真人。本書卷六四有傳。

［2］平章政事：尚書省屬官。宰相成員之一，爲丞相的副佐，掌丞天子，平章萬機。正員二人，從一品。　夾谷清臣：女真人。本書卷九四有傳。　尚書右丞相：尚書省屬官。是國家重要輔弼大臣之一，地位僅次於左丞相。從一品。

［3］户部侍郎：户部屬官。爲户部尚書的副佐，佐掌户籍、物力、鹽鐵、酒麯、礦冶、榷場、市易、度支、國用、俸禄、錢帛、貢賦、租税、積貯、度量衡等事。正員二人，正四品。　李獻可：本書卷八六有傳。

［4］尚書省：官署名。海陵王正隆官制改革以後，是金朝最高政務機構。　大興府推官：府官名。掌紀綱衆務，分判吏、户、禮案事，專掌通檢推排簿籍。從六品。大興府，京師所在府，治所在今北京市。　蘇德秀：其他事迹不詳。　禮部主事：禮部屬官。掌受事付事、檢勾稽失省署文牘，兼知本部宿直、檢校架閣。正員二人，從七品。金熙宗皇統四年（1144），主事始用漢族士人。世宗大定三年（1163），用進士，非特旨不得擬用吏人。章宗承安五年（1200），增女真主事一人。

[5]理官：司法官。指大理寺官員，掌審斷天下奏案，詳斷疑獄。

[6]户曹：指掌管民户、祀祠、農桑的官屬。這裏疑指户部。

[7]禮部：官署名。掌禮樂、祭祀、學校、貢舉、册命、天文、釋道、使官之事。

[8]孝弟：又作孝悌，爲儒家的道德規範，主張孝順父母，敬愛兄弟。

[9]河北諸路：指河北東、西路，或指黄河下游以北到今河北省中部一帶。

[10]點檢司：官署名。掌親軍，總領左右衛將軍、符寶郎、宿直將軍、左右振肅，宫籍監、近侍等諸局署、鷹坊、頓舍官皆隸屬之。

[11]行宫：金朝皇帝在中都附近，中都路的遂州、涿州、灤州以及西京路的桓州、撫州、德興府等地都有行宫，供皇室春秋射獵，盛夏避暑。

[12]東京路副使：東京路下當闕某機構。按《大金國志》卷三八《提刑司九處》有東京咸平路，本書卷二四《地理志上》“咸平府”下有遼東路轉運司。卷九《章宗紀一》，“大定二十九年十二月，戊戌，復置北京、遼東鹽使司”。三司皆設有副使。從下文看疑是東京咸平府路提刑副使。　三勝：南監本、北監本、殿本、局本並作“王勝”。

二月戊戌朔，如春水。[1]始以春、秋二仲月上戊日祭社稷。[2]癸丑，獵于姚村淀。[3]癸亥，至自春水。丙寅，參知政事張萬公罷。[4]

[1]春水：金朝皇帝春季狩獵的場所，或在中都附近。

[2]祭社稷：古代王朝帝王的重要祭典，祭土、穀之神。

[3]姚村淀：具體地點不詳。

[4]参知政事：尚書省屬官。執政官，宰相的副佐，佐治尚書省事。正員二人，從二品。　張萬公：本書卷九五有傳。

三月戊辰朔，諸路提刑司入見，[1]各問以職事，仍誡諭曰："朕特設提刑司，本欲安民，于今五年，効猶未著。蓋多不識本職之體，而徒事細碎，以致州縣例皆畏縮而不敢行事。迺者山東民艱于食，[2]嘗遣使賑濟，蓋卿等不職，故至於此。既往之失，其思悛改。"庚午，上將幸景明宫，[3]御史中丞董師中等上書切諫，[4]不報。壬申，章再上，補闕許安仁、拾遺路鐸皆諫，[5]迺止。制定民習角觝、槍棒罪。以工部尚書胥持國爲参知政事。[6]丙子，特賜有司孔端甫及第，[7]授小學教授，[8]尋以年老，命食主簿半俸致仕。[9]甲申，幸香山永安寺及玉泉山。[10]甲午，定配享功臣。勅自今御史臺奏事，[11]修起居注並令回避。[12]

[1]提刑司：地方監察機構。章宗大定二十九年（1189）六月於全國設九處提刑司，《大金國志》卷三八《提刑司九處》：中都西京路（西京置司），南京路（南京置司），北京臨潢路（咸平置司），東京咸平府路（臨潢置司），上京路（上京置司），河東南北路（汾州置司），河北東西大名等路（河間置司），陝西諸路（平涼置司），山東東西路（濟南置司）。據本書本卷，南京路提刑司初治許州，明昌四年（1193）七月遷至南京。掌審察刑獄，察舉官吏，舉廉能，劾不法，糾正官邪，勸農桑。

[2]山東：地名。泛指今山東省一帶。

[3]景明宫：金朝皇帝避暑的行宫。位於西京路桓州，在今内

蒙古自治區正藍旗境内。

[4]御史中丞：御史臺屬官。爲御史大夫的副佐，佐掌糾察朝儀，彈劾官邪，審刑獄不當之事。從三品。　董師中：本書卷九五有傳。

[5]補闕：諫院屬官。掌諫正百司非違，糾正官邪。正七品。　許安仁：本書卷九六有傳。　拾遺：諫院屬官。掌諫正百司非違，糾正官邪。正七品。　路鐸：本書卷一〇〇有傳。

[6]工部尚書：工部長官。掌修造營建法式、諸作工匠、屯田、山林川澤之禁、江河堤岸、道路橋樑之事。從三品。　胥持國：本書卷一二九有傳。

[7]特賜有司孔端甫及第：按下文"賜有司所舉德行才能之士安州崔秉仁……並同進士出身"，此處"有司"之後似有脱文。　孔端甫：孔子第四十八代孫。據卷九《章宗紀一》、卷一〇五《孔元措傳》，明昌三年（1192）由党懷英舉薦，賜進士及第。

[8]小學教授：國子學屬官。教授文字。正八品。

[9]主簿：縣官名。縣令的副佐。正九品。

[10]香山永安寺：佛寺名。香山即今北京市香山。　玉泉山：在宛平縣境内，今北京市西郊。玉泉山有行宫。

[11]御史臺：官署名。中央監察機構。掌糾察彈劾内外百官善惡，凡内外刑獄所屬理斷不當，有陳述者付臺治之。

[12]修起居注：記注院屬官。掌記帝王言行，一般以他官兼之。

夏四月丁酉朔，幸興陵崇妃第。[1]是日，始舉樂。自己亥至癸卯，百官三表請上尊號，上曰："祖宗古先有受尊號者，蓋有其德，故有其名。比年五穀不登，百姓流離，正當戒懼修身之日，豈得虚受榮名耶。"不許，仍斷來章。戊申，親禘于太廟。[2]庚戌，如萬寧宫。[3]辛亥，右丞相清臣率百官及耆艾等復請上尊號，學官劉璣亦率六學諸生趙楷等七百九十五人詣紫宸門請上尊號，[4]如唐元和故事，[5]不許。丁巳，賑河州饑。[6]勅女直進士及第後，[7]仍試以騎射，中選者升擢之。乙丑，減尚厩食穀馬。[8]

[1]興陵崇妃：即世宗崇妃，興陵爲世宗的陵墓名。崇妃姓氏不詳。

[2]太廟：皇帝的祖廟。

[3]萬寧宫：行宫名。位於中都城北，疑爲今北京頤和園一帶。

[4]學官：指國子祭酒，爲國子監長官。掌學校。正四品。　劉璣：本書卷九七有傳。　六學：唐制國子監下設國子學、太學、四門、律學、書學、算學等六學，又稱六館。金承唐制。　趙楷：其他事迹不詳。　紫宸門：中都宫城内門名。

[5]元和：唐憲宗李純的年號（806—820）。

[6]河州：治所在今甘肅省東鄉縣西南。

[7]女直進士：即女真進士，又稱策論進士。世宗大定十三年（1173）開設女真進士科舉，每場策一道，免鄉試、府試，止赴會試、御試。大定二十年定制，以策、詩試三場，策用女真大字，詩用女真小字。

[8]尚厩：即尚厩局，官署名。掌御馬調習牧養之事。

五月丙寅朔，曹王永升及諸王請上尊號，[1]不許。以尚厩局使石抹貞爲横賜夏國使。[2]己巳，上以群臣累上尊號不受，詔諭中外，徒罪以下遞降一等，杖以下原之。甲戌，觀稼于近郊。辛巳，諭左司，[3]徧諭諸路，令月具雨澤田禾分數以聞。癸未，以久雨，禜。[4]

［1］曹王：封爵名。大國封號，明昌格第二十位。　永升：女真人。金世宗之子。本書卷八五有傳。

［2］尚厩局使：殿前都點檢司下屬尚厩局屬官。掌御馬調習牧養，以奉其事。從五品。　石抹貞：契丹人。曾兼任慶州刺史、提控諸群牧所。　横賜夏國使：横賜爲廣賜或遍賜之意，以示金朝皇帝的恩惠。臨時官職，爲他官兼之。

［3］左司：尚書省官署名。掌吏、户、禮三部受事付事。

［4］禜（yǒng，舊讀 yíng）：禳除灾害的祭祀。祭祀時，臨時圈地，以芳草捆紮圍成祭祀場所，舉行祭祀儀式。

六月癸丑，賜有司所舉德行才能之士安州崔秉仁、兖州翟駒、錦州齊文乙、大名孫可久、陳信仁、應州董戣並同進士出身。[1]丙辰，以晴，致祭岳鎮海瀆。[2]壬戌，尚書右丞相夾谷清臣進封戴國公，[3]西京留守完顔守貞爲平章政事，[4]封蕭國公。[5]尚書右丞劉瑋薨。[6]

［1］安州：治所在今河北省安新縣南。　崔秉仁：其他事迹不詳。　兖州：治所在今山東省兖州市。　翟駒：其他事迹不詳。錦州：治所在今遼寧省錦州市。　齊文乙：其他事迹不詳。　大名：府名。治所在今河北省大名縣。　孫可久：其他事迹不詳。陳信仁：其他事迹不詳。　應州：治所在今山西省應縣。　董戣：其他事迹不詳。　同進士出身：爲皇帝對不是科舉入仕的文職官員的一種恩寵。

［2］岳鎮海瀆：祭祀山川的禮儀。岳爲五岳，鎮爲五鎮，皆指一方主山；海，爲四海，指百川匯聚之處；瀆，爲四瀆，指一方大河。

［3］戴國公：封國名。小國封號，明昌格第二十五位。

[4]西京留守：京官名。兼本路兵馬都總管，掌管一路軍政事務。正三品。　完顏守貞：女真人。本書卷七三有傳。

[5]蕭國公：封國名。小國封號，明昌格第二十八位。

[6]尚書右丞：尚書省屬官。爲執政官，宰相的副佐，佐治尚書省政務。正二品。　劉瑋：本書卷九五有傳。

秋七月辛巳，南京路提刑司自許州遷治南京。[1]己丑，制三品以上官有故者，若親、賢、勳、舊，尚書省即與聞奏，議加追贈。命以銀改鑄“禮信之寶”，仍塗以金。以同判大睦親府事襄爲樞密使。[2]以御史中丞董師中等爲賀宋生日使。[3]

[1]南京路提刑司：地方監察機構。治於開封府，治所在今河南省開封市。　許州：治所在今河南省許昌市。　南京：治所在今河南省開封市。

[2]同判大睦親府事：大睦親府屬官。佐掌敦睦糾率宗室欽奉王命。從二品。　襄：女真人。姓完顏氏，宗室出身。本書卷九四有傳。　樞密使：樞密院長官。掌國家軍務機密之事。從一品。

[3]賀宋生日使：臨時官職。被時人視爲既榮譽又收入頗豐的肥差，以他官兼之。

八月己亥，樞密使襄帥百僚再請上尊號，不許。是日，歲星、太白晝見。[1]庚子，大赦。甲辰，至自萬寧宫。丁未，釋奠孔子廟，北面再拜。辛亥，國史院進《世宗實録》，[2]上服袍帶，御仁政殿，[3]降座，立受之。

[1]歲星：星名。即木星。　太白：星名。即金星，一名啓明

星，傳説太白星主殺伐。

[2]國史院：官署名。掌修撰金朝國史之事。

[3]仁政殿：中都大殿名。

九月甲子朔，天壽節，[1]御大安殿，[2]受親王百官及宋、高麗、夏使朝賀。[3]戊辰，以參知政事夾谷衡爲尚書右丞，[4]户部尚書馬琪爲參知政事。[5]勅尚書省，大定二十九年以後士庶言事，[6]或係國家或邊關大利害已嘗施行者，可特補一官；有益於官民，量給以賞。以西上閤門使大磐爲夏國生日使。[7]庚午，如山陵，次奉先縣。[8]辛未，拜天于縣西。壬申，致奠諸陵。癸酉，如秋山。[9]

[1]天壽節：金章宗的生日。

[2]大安殿：中都大殿名。

[3]宋：南宋（1127—1279）。　高麗：朝鮮半島王氏高麗政權（918—1392）。　夏：即西夏政權（1038—1227）。

[4]夾谷衡：女真人。本書卷九四有傳。

[5]户部尚書：户部長官。正三品。　馬琪：本書卷九五有傳。

[6]大定：金世宗的年號（1161—1189），章宗即位後仍沿用一年。

[7]西上閤門使：宣徽院下屬西上閤門屬官。掌贊導殿庭禮儀。正員二人，正五品。　大磐：渤海族人。其他事迹不詳。　夏國生日使：賀西夏國王李仁孝生日使。臨時官職，由他官兼之。

[8]奉先縣：治所在今北京市房山區一帶。

[9]秋山：金朝皇帝秋日狩獵的場所，在今北京市周邊五百里以内之地。《北行日録》上、《攻媿集》卷一一一記載："至此乃知

燕京五百里内皆是御圍場，故不容民間采捕耳。”

十一月庚午，右丞相清臣、参知政事持國上表丐閑，優詔不許。戊寅，以翰林直學士完顔匡等爲賀宋正旦使，[1]命匡權易名弼，以避宋諱。壬午，木冰。丙戌，詔諸職官以贓污不職被罪、以廉能獲升者，令隨路、京、府、州、縣列其姓名，揭之公署，以示勸懲。庚寅，夏國嗣子李純佑遣使來訃告。[2]

[1]翰林直學士：翰林學士院屬官。掌制撰詞命，凡應奉文字，銜内帶“知制誥”。不限員，從四品。　完顔匡：女真人。本書卷九八有傳。　賀宋正旦使：每年正旦，金朝按例遣使至宋朝祝賀，此爲臨時官職，以他官兼之。

[2]李純佑：西夏國君。1194 年至 1205 年在位。

十二月甲午朔，夏國李純佑遣使奉故王仁孝遺表以進。[1]諭大興府於暖湯院日給米五石，[2]以贍貧者。戊戌，定武軍節度使鄭王永蹈以謀反，[3]伏誅。己亥，諭有司，以鄭王財産分賜諸王，澤國公主財物分賜諸公主。[4]甲辰，諸王府增置司馬一人。[5]以紇石烈瑆爲高麗生日使，[6]西上閤門使大磐等爲夏國勅祭慰問使。[7]庚戌，尚書省以科目近多得人，乞是舉增取進士。上然之，詔有司，會試毋限人數。[8]甲寅，册長白山之神爲開天弘聖帝。[9]丙辰，獵于近郊。

[1]李仁孝：西夏國君。1139 年至 1193 年在位。

[2]暖湯院：當爲設在大興府内的救濟貧民的場所。

[3]定武軍節度使：州軍官名。總管一州軍政事務，掌鎮撫諸軍防刺，總判本鎮兵馬之事，兼本州管内觀察使事。從三品。　定武軍：州軍名。治所在今河北省定州市。　鄭王：封爵名。次國封號，明昌格第二位。　永蹈：女真人。世宗子。本書卷八五有傳。

[4]澤國公主：女真人。完顔長樂，世宗女。其他事迹見本書卷八五《完顔永蹈傳》。

[5]司馬：親王府屬官。掌同檢校門禁，總統府事。從六品。

[6]紇石烈理：女真人。本書僅一見，其他事迹不詳。　高麗生日使：高麗王生日，金朝按例遣使至高麗國祝賀，此爲臨時官職，以他官兼之。

[7]夏國勅祭慰問使：夏國王李仁孝卒，金朝派遣前往夏國勅祭慰問的使者。此爲臨時官職，以他官兼之。

[8]會試：即省試。金制，科舉進士舉人，初爲鄉試，次爲府試，三爲會試，由京師禮部主持舉行，中舉者稱進士。

[9]長白山：按本書卷三五《禮志八》"長白山等諸神雜祠"條下，繫其事於明昌四年（1193）十月，"復册爲開天弘聖帝"。與此繫月異。此山即今吉林省境内的長白山。

是歲，大有年。邢、洺、深、冀及河北十六謀克之地，[1]野蠶成繭。

[1]邢：州名。治所在今河北省邢臺市。　洺：州名。治所在今河北省曲周縣。　深：州名。治所在今河北省深州市。　冀：州名。治所在今河北省冀州市。　河北：按本書卷二三《五行志》，明昌四年（1193）"邢、湍、深、冀及河北西路十六謀克之地，野蠶成繭"。《金史詳校》卷二認爲，"'北'下當加'西路'"。此處當爲"河北西路"。河北西路，治所在今河北省正定縣。　謀克：

女真地方行政建置及長官的名稱。謀克相當於縣。其長官掌撫輯軍產，訓練武藝，按察所部，勸課農桑，平理獄訟，捕除盜賊，禁止游惰。從五品。具有軍政合一的特點。

五年春正月癸亥朔，宋、高麗、夏遣使來賀。乙丑，昭容李氏進位淑妃。[1]己巳，初用唐、宋典禮，皇后忌辰皆廢務。尚書省進區田法，詔相其地宜，務從民便。又言遣官劭農之擾，命提刑司禁止之。乙亥，以葉魯、谷神始製女直字，[2]詔加封贈，依倉頡立廟盩厔例，[3]祠於上京納里渾莊。[4]歲時致祭，令其子孫拜奠，本路官一人及本千户春秋二祭。[5]辛巳，前中都路都轉運使王寂薦三舉終場人蔡州文商經明行修，[6]足備顧問。前河北西路轉運使李揚言慶陽府進士李獎純德博學，[7]鄉曲譽之。絳州李天祺、應州康晋侯屢赴廷試，[8]皆有才德。上曰："文商可令召之。李獎給主簿半俸終身，[9]餘賜同進士出身。"遣國子祭酒劉璣册李純佑爲夏國王。[10]丁亥，幸城南别宫。[11]

[1]昭容：内宫命婦。正二品。　李氏：名李師兒。本書卷六四有傳。　淑妃：内宫命婦。正一品。

[2]葉魯：女真人。又作耶魯，姓完顏氏。太祖朝與完顏希尹共創女真文字，太宗朝曾任上京教授，教女真文字學生。　谷神：女真人。即完顏希尹。本書卷七三有傳。　女直字：女真字。女真字有大、小兩種，金太祖天輔三年（1119）頒行的由女真人完顏希尹等創製的女真字，謂之大字。其後熙宗又創製另一種女真字，謂之小字。兩種文字同時並行。

[3]倉頡：傳説中創製漢文字者。　盩（zhōu）厔（zhì）：西

漢縣名。治所在今陝西省周至縣。

[4]上京：路名。治所在今黑龍江省阿城市白城。　納里渾莊：地名。《中國歷史地圖集》標注於今吉林省舒蘭縣小城子（譚其驤主編《〈中國歷史地圖集〉釋文匯編·東北卷》，中央民族學院出版社1988年版，第180頁）。

[5]千户：即地方官猛安。掌修理軍務，訓練武藝，勸課農桑，防捍不虞，禦制盜賊。從四品。

[6]中都路都轉運使：轉運司屬官。掌税賦錢穀、倉庫出納、權度量衡之制。正三品。中都路都轉運司治於大興府。　王寂：世宗朝曾任太原祁縣令、真定少尹兼河北西路兵馬副都總管、中都副留守等職，著有《拙軒集》等。《大金國志》卷二八有傳。　蔡州：治所在今河南省汝南縣。　文商：爲當時知名文人，其後任國子教授、登仕郎。

[7]河北西路轉運司：治於真定府，治所在今河北省正定縣。　李揚：其他事迹不詳。　慶陽府：治所在今甘肅省慶陽市。　李獎：其他事迹不詳。

[8]絳州：治所在今山西省新絳縣。　李天琪：其他事迹不詳。　應州：治所在今山西省應縣。　康晋侯：其他事迹不詳。

[9]主簿：縣官。縣令的副佐。正九品。

[10]國子祭酒：國子監長官。掌學校。正四品。

[11]城南别宫：其後承安三年（1198）賜名建春宫，在今北京市城南。

二月丁酉，[1]初定長吏勸課能否賞罰格。尚書省奏："禮官言孝懿皇后祥除已久，[2]宜易隆慶宫爲東宫，[3]慈訓殿爲承華殿。"[4]從之。詔購求《崇文總目》内所闕書籍。[5]戊戌，祭社稷，以宣獻皇后忌辰，[6]用熙寧祀儀，[7]樂縣而不作。[8]甲辰，[9]鄆王琮薨。[10]己酉，宰臣請罷北邊屯駐軍馬，不允。癸丑，以齊河縣民張涓、[11]濟陽縣王琛、河州李錡急義好施，[12]詔復之終身，仍著于令。命宣徽使移剌敏、户部主事赤盞實理哥相視北邊營屯，[13]經畫長久之計。

[1]二月丁酉，“二月”二字原在下文“甲辰”之上。《金史詳校》卷二：“此上當加‘二月’，推得。”中華點校本考證正月癸亥朔，則丁酉在二月。今從之。

[2]禮官：禮部官員。　孝懿皇后：女真人。徒單氏。本書卷六四有傳。

[3]隆慶宫：中都宫城内宫殿。

[4]慈訓殿：中都宫城内大殿。

[5]《崇文總目》：宋王堯臣以昭文、史館、集賢三館及秘閣所藏校正條目分類編次而成，共六十六卷。

[6]宣獻皇后：女真人。僕散氏。太祖皇后，睿宗母。本書卷六三有傳。

[7]熙寧：北宋神宗的年號（1068—1077）。

[8]縣：通“懸”字。

[9]甲辰：原作“二月甲辰”，“二月”二字移到上文“丁酉”之上。參見前條。

[10]鄆王：封爵名。次國封號，明昌格第二十一位。　琮：女真人。姓完顏氏。本書卷九三有傳。

[11]齊河縣：治所在今山東省齊河縣。　張涓：其他事迹不詳。

[12]濟陽縣：治所在今山東省濟陽縣。　王琛：其他事迹不詳。　李錡：其他事迹不詳。

[13]宣徽使：即右宣徽使，宣徽院屬官。掌朝會、燕享，凡殿庭禮儀及監知御膳。正三品。　移剌敏：契丹人，世宗朝曾任評

事。　户部主事：户部屬官，正員五人。女真司二員，通掌户度金倉等事；漢人司三員，佐員外郎分掌户部户籍、物力、鹽鐵、礦冶、榷場、度支、俸禄、貢賦、租税、倉稟、度量等各種具體事務。從七品。章宗泰和八年（1208）減一員，宣宗貞祐四年（1216）作八員，五年爲六員。　赤盞實理哥：女真人。其他事迹不詳。

三月壬申，初定限錢禁。庚辰，初定日月風雨雷師常祀。戊子，置弘文院，[1]譯寫經書。

[1]弘文院：官署名。掌譯寫經書。

夏四月壬辰朔，幸北苑。[1]庚子，詔各路所舉德行才能之士，涿州時琦、雲中劉摯、鄭州李升、恩州傅礪、濟南趙摯、興中田扈方六人，[2]並特賜同進士出身。以文商爲國子教授，[3]特遷登仕郎。[4]己酉，詔自今筐櫝床榻之飾毋以金玉。壬子，特賜翰林待制温迪罕迪翰林學士承旨、中奉大夫。[5]乙卯，幸景明宫，董師中、賈守謙、路鐸先後凡兩上封事切諫，[6]不報。

[1]北苑：在今北京市安定門外。

[2]涿州：治所在今河北省涿州市。　時琦：其他事迹不詳。　雲中：縣名。治所在今山西省大同市。　劉摯：其他事迹不詳。　鄭州：治所在今河南省鄭州市。　李升：其他事迹不詳。　恩州：治所在今山東省武城縣東北。　傅礪：其他事迹不詳。　濟南：府名。治所在今山東省濟南市。　趙摯：其他事迹不詳。　興中：府名。治所在及遼寧省朝陽市。　田扈方：其他事迹不詳。

[3]國子教授：國子監下屬國子學屬官。掌教誨諸生。正員四人，正八品。

[4]登仕郎：文散官。正九品上階。

[5]翰林待制：翰林學士院屬官。分掌詞命文字，分判院事。不限員，正五品。　温迪罕迪：女真人。其他事迹不詳。　翰林學士承旨：翰林學士院長官。掌制撰詞命，凡應奉文字，銜内帶“知制誥”。正三品。　中奉大夫：文散官。從三品下階。

[6]賈守謙：爲避哀宗諱，改爲賈益謙。本書卷一〇六有傳。

五月庚午，次烏十撒八。[1]戊子，桓、撫二州旱，[2]遣使禱于縉山。[3]

[1]烏十撒八：地名。具體地點不詳。

[2]桓：州名。治所在今内蒙古自治區正藍旗境内。　撫：州名。治所在今河北省張北縣。

[3]縉山：縣名。治所在今北京市延慶區。

六月壬辰，如冰井。[1]己亥，出獵。登胡土白山，[2]酹酒再拜。曹王永升以下進酒。[3]丙午，拜天，曲赦西北路。[4]己未，如沓沙秋山。[5]是月，宋前主脊殂。[6]

[1]冰井：地名。在撫州境内。

[2]胡土白山：即麻達葛山，大定二十九年（1189）改此名，在河北省張北縣一帶。

[3]永升：女真人。姓完顔氏，世宗之子。本書卷八五有傳。

[4]西北路：地區級路名。隸屬於西京路，治所在今内蒙古自治區正藍旗。

[5]沓沙秋山：此次章宗的活動範圍主要在撫州一帶，沓沙山

具體位置不詳。

[6]眘：即宋孝宗趙眘。1163 年至 1189 年在位。

七月戊辰，獵于豁赤火，[1]一發貫雙鹿。是日，獲鹿二百二十二，賜扈從官有差。辛巳，次魯温合失不。[2]是日，上親射，獲黄羊四百七十一。乙酉，次冰井。丙戌，以天壽節，宴樞光殿，[3]凡從官及承應人過覃恩遷秩者，[4]並受宣勅於殿前。時久雨初霽，有龍曳尾于殿前雲間。戊子，御膳羹中有髮，上舉視而棄之，戒左右毋宣言。

[1]豁赤火：地名。當在撫州附近。

[2]魯温合失不：地名。當在撫州附近。

[3]樞光殿：大魚濼行宫内大殿，在撫州。

[4]承應人：爲設在宫中的諸司局監署内無職品的差使人員，多從宗室近親、世戚姻家、功臣子孫和大臣子弟中選任，有正班與雜班之分。

八月辛亥，至自景明宫。壬子，河决陽武故堤，[1]灌封丘而東。[2]丁巳，賜從幸山後親軍銀、絹有差。[3]

[1]河：原作“何”，據南監本、北監本、殿本、局本改作“河”，指黄河。　陽武：縣名。治所在今河南省原陽縣。

[2]封丘：縣名。治所在今河南省封丘縣。

[3]山後：指雲、寰、應、朔、蔚、媯、儒、新、武州地。爲西京路的南部，或指整個西京路的範圍，即今山西省北部地方。

九月戊午朔，天壽節，宋、高麗、夏遣使來賀。壬戌，命增定捕盜官被殺賻錢及官賞格。[1]甲子，都水監官王汝嘉等坐河決，[2]各削官兩階，杖七十，罷之。乙丑，上御睿思殿，[3]諸路提刑使入見。[4]戊辰，初令民買撲隨處金、銀、銅冶。命參知政事馬琪往視河決，仍許便宜從事。壬申，宋主遣使來告哀。戊寅，以知大興府事尼厖古鑑等爲宋國弔祭使。[5]勅尚書省，集百官議備邊事。壬午，特推恩東宮舊人司經王伯温等八人官有差。[6]甲申，命上京等九路并諸抹及乣等處選軍三萬，[7]俟來春調發，仍命諸路并北阻轐以六年夏會兵臨潢。[8]

[1]捕盜官：指諸巡檢，設於中都與諸州。掌捕盜賊之事。

[2]都水監官：都水監屬官。掌川澤、津梁、舟楫、河渠之事。金宣宗興定五年（1221）以後兼管勾河漕運之事。　王汝嘉：世宗朝曾任都水少監，章宗初年任河平軍節度使。

[3]睿思殿：當爲中都宮城内大殿。

[4]提刑使：提刑司屬官。掌地方審察刑獄，察舉官吏，舉廉能，劾不法，糾正官邪，勸農桑。《百官志》記載提刑司後改名按察司，以提刑使比按察使，爲正三品。

[5]知大興府事：府官。知府事，本書《百官志》不載，世宗大定年間始設，官品高於同知，或低於府尹。章宗朝及以後，不授府尹，以知府事代之，掌宣風導俗，肅清所部，總判府事。官品或與府尹同，正三品。

[6]司經：東宮屬官。掌經史圖籍筆硯等事。正八品。　王伯温：其他事迹不詳。

[7]諸抹：指諸群牧所。分布在北部草原地帶，掌檢校群牧畜養蕃息之事。　乣：由西北、西南、東北三路招討司統領，以契丹

人和北邊其他游牧民族組成的軍政合一的社會組織名稱，爲金朝鎮戍北部邊境。

[8]北阻轐：金代阻轐是遼代阻卜的一部分，王國維《觀堂集林》卷一四《韃靼考》認爲："北阻轐，則略當唐時之'東韃靼'，亦即蒙古人'塔塔兒'。"學界對此有不同意見，但大部分學者都認爲北阻轐是活動在東蒙古草原上的一個較大的游牧部族。　臨潢：府名。治所在今内蒙古自治區巴林左旗遼上京遺址。

冬十月庚寅，右丞相夾谷清臣等表請上尊號，不允。宋遣使獻遺留物。壬寅，右丞相清臣復請上尊號，國子祭酒劉璣亦率六學諸生上表陳請，[1]不允。遣户部員外郎何格賑河決被灾人户。[2]庚戌，張汝弼妻高陀斡以謀逆，[3]伏誅。壬子，尚書省奏，升提刑司所察廉官南皮縣令史肅以下十有二人，[4]而大興主簿蒙括鑾都亦在選中，[5]上知其人，曰："鑾都澆浮人也，升之可乎？與其任澆浮，孰若用淳厚。况鑾都常才，才智過人猶不當用，恐敗風俗，况常才耶！其再察之。"

[1]六學：唐制國子監下設國子學、太學、四門學、律學、書學、算學等六學，又稱六館。金承唐制。

[2]户部員外郎：户部屬官。正員三人。一員掌户籍、物力、鹽鐵、酒麯、礦冶、榷場、市易等事；一員掌度支、國用、俸禄、錢帛、貢賦、租税、積貯、度量衡等事。從六品。　何格：其他事迹不詳。

[3]張汝弼：渤海族人。本書卷八三有傳。　高陀斡：渤海族人。其謀逆之事詳見本書卷六四《元妃張氏傳》。

[4]南皮縣令：縣長官。正七品。　史肅：其後任監察御史，

通州刺史等職。

[5]蒙括鑾都：女真人。世宗朝曾任右三部檢法。

閏月戊午朔，宋主遣使來報即位。甲子，親王、百官各奉表請上尊號，不允。丙寅，以代國公歡都等五人配享世祖廟廷。[1]甲戌，以河東南北提刑使王啓等爲賀宋主即位使。[2]乙亥，獵于近郊。戊寅，上問輔臣："孔子廟諸處何如?"平章政事守貞曰："諸縣見議建立。"上因曰："僧徒修飾宇像甚嚴，道流次之，惟儒者於孔子廟最爲滅裂。"守貞曰："儒者不能長居學校，非若僧道久處寺觀。"上曰："僧道以佛、老營利，[3]故務在莊嚴閎侈，起人施利自多，所以爲觀美也。"庚辰，參知政事馬琪自行省回，[4]具奏河防利害，語載《琪傳》中。[5]丙戌，以翰林待制奥屯忠孝權户部侍郎，[6]太府少監温昉權工部侍郎，[7]行户、工部事，[8]修治河防。以引進使完顏衷爲夏國生日使。[9]

[1]代國公：封爵名。次國封號，明昌格第九位。　歡都：女真人。姓完顏氏，非宗室。本書卷六八有傳。　世祖：廟號。即完顏劾里鉢。本書卷一有紀。

[2]河東南北提刑司：地方監察機構。施國祁《金史詳校》卷二："北下當加路。"是。治於汾州，治所在今山西省汾陽縣。　王啓：其他事迹不詳。　賀宋即位使：臨時官職，被時人視爲既榮譽又收入頗豐的肥差。

[3]佛、老：即佛教與道教。

[4]行省：官署名。金章宗以來，因用兵、河防、擴地等事涉及諸路，臨時設行尚書省。行省即行尚書省的省稱，金末戰事連年

不斷，行省遍及全國。

[5]語載《琪傳》中：按馬琪奏河防利害事見本書卷二七《河渠志》，而卷九五《馬琪傳》失載。

[6]奧屯忠孝：女真人。本書卷一〇四有傳。

[7]少府少監：少府監屬官。掌邦國百工營造之事。從五品。　温昉：其後任户部侍郎、河北西路轉運使等職。　權工部侍郎：工部屬官。正四品。權，代理之意。

[8]行户、工部事：金章宗以來，因用兵、河防等事涉及諸路，臨時設行六部，或根據具體事務，設行一部，行二部。此次與户部、工部掌管事務有關，臨時設此官，事畢即撤。

[9]引進使：宣徽院下屬引進司屬官。掌進外方人使貢獻禮物事。正五品。　完顔衷：女真人。本書卷六六有傳。

十一月癸巳，詔罷紫荆嶺所護圍場。[1]庚子，以右宣徽使移剌敏等爲賀宋正旦使。癸丑，太白晝見。

[1]紫荆嶺：地名。在今河北省易縣之西。

十二月辛酉，平章政事完顔守貞罷。以知大興府事尼厖古鑑爲參知政事，以户部郎中李敬義爲賜高麗生日使。[1]丁卯，免被黄河水災今年秋税。辛巳，勅減修内司備營造軍千人，[2]都城所五百人。[3]癸未，勅尚書省，自今獻靈芝嘉禾者賞。

[1]户部郎中：户部屬官。從五品。　李敬義：其他事迹不詳。

[2]修内司：官署名。掌宫中營造事。

[3]都城所：官署名。掌修完廟社及城隍門鑰、百司公廨、係官舍屋並栽植樹木工役等事。

六年春正月丁亥朔，受宋、高麗、夏使朝賀。庚寅，太白晝見。辛卯，勑有司給天水郡公家屬田宅。[1]壬辰，如春水。庚戌，罷陝西括地。[2]辛亥，諭胥持國，[3]河上役夫聚居，恐生疾疫，可廪醫護視之。乙卯，次御林。[4]

[1]天水郡公：宋欽宗趙桓被金俘後，金太宗降其爲重昏侯，熙宗時改封爲天水郡公。

[2]陝西：泛指今陝西地區。

[3]胥持國：本書卷一二九有傳。

[4]御林：地名。在玉田縣境内，今河北省玉田縣。

二月丁巳朔，勑有司，行宫側及獵所有農者勿禁。己未，始祭高禖。[1]庚午，至自春水。丁丑，京師地震。大雨雹，晝晦，震應天門右鴟尾。[2]癸未，宋遣使來報謝。

[1]高禖：掌管婚姻和生育的神靈。古代帝王祀以求子求姻緣。

[2]應天門：中都皇宫的正門。

三月丙戌朔，日有食之。甲午，以翰林直學士孛术魯子元兼右司諫，[1]監察御史田仲禮爲左拾遺，[2]翰林修撰僕散訛可兼右拾遺，[3]諭之曰："國家設置諫官，非取虚名，蓋責實効，庶幾有所裨益。卿等皆朝廷選擢，置之諫職，如國家利害、官吏邪正，極言無隱。近路鐸左遷，本以他罪，卿等勿以被責，遂畏縮不言，其悉心戮力，毋得緘默。”丙申，如萬寧宫。戊戌，以北邊粮運，括群牧所、三招討司猛安謀克、隨乣及迭剌、唐古部諸抹、西京、太原官民駝五千充之，[4]惟民以駝載爲業者勿括。以銀五十萬兩、錢二十三萬六千九百貫以備支給。銀五萬兩、金盂二千八百兩、金牌百兩、銀盂八千兩、絹五萬匹、雜綵千端、衣四百四十六襲以備賞勞。庚子，以郡舉才行之士翟介然以下三人特賜進士及第，[5]李貞固以下十五人同進士出身。[6]

[1]翰林直學士：翰林學士院屬官。掌制撰詞命，凡應奉文字，銜内帶“知制誥”。不限員，從四品。　孛术魯子元：女真人。明昌三年（1192）五月以尚書禮部員外郎爲横賜高麗使。　右司諫：諫院屬官。掌諫正百司非違，糾正官邪。正五品。

[2]監察御史：御史臺屬官。掌糾察内外官員非違之事。正員十二人，正七品。　田仲禮：其他事迹不詳。　左拾遺：諫院屬官。掌諫正百司非違，糾正官邪。正七品。本卷本年六月條下作“右拾遺”。

[3]翰林修撰：翰林學士院屬官。分掌詞命文字，分判院事，銜帶“同知制誥”。不限員，從六品。　僕散訛可：女真人。世宗朝曾任徐王府教讀。　右拾遺：諫院屬官。正七品。

[4]群牧所：官署名。主要分布在北部草原地帶，掌檢校群牧畜養蕃息之事。　三招討司：官署名。統領當地駐軍，招懷降附，征討携離。金代設有三處招討司。其中，西北路招討司、西南路招討司隸屬於西京路；東北路招討司隸屬於臨潢府路。　迭剌、唐古部：部族名。爲分布在西北地方的契丹、唐古等游牧部族。　西京：治所在今山西省大同市。　太原：府名。治所在今山西省太原市。

[5]賜進士及第：皇帝對没有參加科舉，或科舉不中的文人，特别賜予某榜進士，與進士有同樣的資格。　翟介然：其他事迹不詳。

[6]李貞固：其他事迹不詳。

夏四月癸亥，勅有司，以增修曲阜宣聖廟工畢，[1]賜衍聖公以下三獻法服及登歌樂一部，[2]仍遣太常舊工往教孔氏子弟，[3]以備祭禮。甲子，以尚書左丞烏林荅愿爲平章政事，[4]右丞夾谷衡爲尚書左丞。丙子，幸玉泉山。戊寅，以修河防工畢，參知政事胥持國進官二階，翰林待制奥屯忠孝以下三十六人各一階，獲嘉令王維翰以下五十六人各賜銀幣有差。[5]庚辰，以尚書右丞相夾谷清臣爲左丞相，[6]監修國史，封密國公。[7]樞密使襄爲尚書右丞相，封任國公。[8]參知政事胥持國爲尚書右丞。壬午，賜宰臣手詔，以風俗不淳、官吏苟且責之。

[1]曲阜：縣名。治所在今山東省曲阜市。　宣聖廟：孔子廟。

[2]衍聖公：金熙宗天眷三年（1140）始賜孔子後人的封號，秩同四品。　三獻：爲祭祀的儀式。陳祭品後要三獻酒，即初獻爵、亞獻爵、終獻爵。

[3]太常舊工：原隸屬太常寺的樂工。

[4]尚書左丞：尚書省屬官。執政官，爲宰相的副佐，佐治尚書省政務。正二品。　烏林荅愿：女真人。金章宗朝曾任山東路統軍使、御史大夫、尚書左丞、平章政事等官職。

[5]獲嘉：縣名。治所在今河南省獲嘉縣。　王維翰：本書卷一二一有傳。

［6］左丞相：尚書省屬官。國家重要輔弼大臣。從一品。

［7］密國公：封爵名。小國封號，明昌格第二十二位。

［8］任國公：封爵名。小國封號，明昌格第二十四位。

五月丙戌，命減萬寧宮陳設九十四所。辛卯，以出師，遣禮部尚書張暐告于廟社。[1]乙未，判平陽府事鎬王永中以罪賜死，[2]并及二子，丁酉，詔中外。乙巳，詔諸路猛安謀克農隙講武，本路提刑司察其惰者罰之。庚戌，命左丞相夾谷清臣行省于臨潢府。

［1］禮部尚書：禮部長官。正三品。　張暐：本書卷一〇六有傳。

［2］判平陽府事：以親王知府事，稱爲“判”。平陽府治所在今山西省臨汾市。　鎬王：封爵名。大國封號，明昌格第四位。永中：女真人。姓完顏氏，世宗之子。本書卷八五有傳。

六月丙辰，右諫議大夫賈守謙、[1]右拾遺僕散訛可坐鎬王永中事奏對不實，削官二階，罷之。御史中丞孫即康、[2]右補闕蒙括胡剌、[3]右拾遺田仲禮各罰金二十斤。丙寅，以樞密副使唐括貢爲樞密使。[4]以久雨，禜。庚辰，太白經天。辛巳，左丞相清臣遣使來獻捷。

［1］右諫議大夫：諫院長官。掌諫正百司非違，糾正官邪。正四品。

［2］御史中丞：御史臺屬官。御史大夫的副佐。從三品。　孫即康：本書卷九九有傳。

［3］右補闕：諫院屬官。掌諫正百司非違，糾正官邪。正七品。

蒙括胡剌：女真人。其他事迹不詳。

[4]樞密副使：樞密院屬官。佐掌國家軍務機密之事。從二品。唐括貢：女真人。本書卷一二〇有傳。

七月丙申，幸曹王永升第。[1]甲辰，始定文武官六貫石以上、承應人并及廕者、若在籍儒生章服制。

[1]曹王：封爵名。大國封號，明昌格第二十位。

八月己未，命兖州長官以曲阜新修廟告成于宣聖。癸亥，至自萬寧宫。己巳，以温敦伯英言，[1]命禮部令學官講經。辛未，以吏部尚書吴鼎樞等爲賀宋生日使。[2]壬申，行省都事獨吉永中來報捷。[3]乙亥，勑宫中承應人出職後三年内犯贓罪者，元舉官連坐，不在去官之限，著爲令。辛巳，木波進馬。[4]

[1]温敦伯英：女真人。其他事迹不詳。

[2]吏部尚書：吏部長官。掌文武選授、勳封、考課、出給制誥之政。正三品。　吴鼎樞：明昌三年（1192）曾任御史中丞。

[3]行省都事：行省屬官。掌受事付事，檢勾稽失，行省署文牘。　獨吉永中：女真人。又名獨吉思忠。本書卷九三有傳。

[4]木波：西北羌人部族名。分布在今甘肅省一帶。

九月壬午朔，天壽節，宋、高麗、夏遣使來賀。甲申，册静寧山神爲鎮安公，[1]忽土白山神爲瑞聖公。[2]丙戌，知河間府事移剌仲方爲御史大夫。[3]辛卯，如秋山。以尚書左司郎中粘割胡上爲夏國生日使。[4]

[1]册静寧山神爲鎮安公：本書卷三五《禮志》“長白山等諸神雜祠，鎮安公”條下，“明昌六年八月，以冕服玉册，册山神爲鎮安公”。與此繫年月異。静寧山，原名旺國崖，大定八年（1168）五月更此名。在撫州境内。

[2]（册）忽土白山神爲瑞聖公：按本書卷三五《禮志》“長白山等諸神雜祠·瑞聖公”條下，“明昌四年八月，以冕服玉册，封山神爲瑞聖公”。與此繫年月異。

[3]河間府：治所在今河北省河間市。　移剌仲方：契丹人。世宗大定二十八年（1168）十一月以吏部侍郎爲賀宋正旦使，章宗初年曾任陜西路副統軍、左宣徽使。　御史大夫：御史臺長官。從二品。

[4]尚書左司郎中：左司長官。熙宗初年爲左司侍郎，天眷三年（1140）更爲郎中，掌吏、户、禮三部受事付事，兼帶修起居注官。正五品。　粘割胡上：女真人。施國祁《金史詳校》卷二認爲“上”當爲“土”。以女真人名字的習慣，施説爲是。

冬十月丙辰，至自秋山。丁巳，以歲幸春水、秋山，[1]五日一進起居表，自今可十日一進。乙亥，命尚書左丞夾谷衡行省于撫州，[2]命選親軍、武衛軍各五百人以從，[3]仍給錢五千萬。

[1]春水、秋山：泛指女真皇帝春秋時節狩獵的地點。

[2]撫州：治所在今河北省張北縣。

[3]武衛軍：城防軍名。世宗大定十七年（1177）三月改京師防城軍爲武衛軍，掌京師巡捕之事。

十一月戊子，左丞相夾谷清臣罷，右丞相襄代領行省事。丙申，以刑部尚書紇石烈貞等爲賀宋正旦使。[1]壬寅，初定猛安謀克鎮邊後放免者授官格。禁射粮軍應役，[2]但成隊伍，不得持兵器及凡可以傷人者。甲辰，報敗敵於望雲。[3]乙巳，以樞密使唐括貢、御史大夫移剌仲方、禮部尚書張暐等二十三人充計議官，[4]凡軍事則議之。戊申，初定縣官增水田陞除制。

[1]刑部尚書：刑部長官。總掌律令、刑名、赦詔、懲没、官吏改正，以及宫、監户（官奴婢口），良賤身份訴訟，功賞捕亡等諸種事務。正三品。　紇石烈貞：女真人。章宗泰和六年（1206）伐宋，任中路兵馬提控、平南撫軍上將軍。

[2]射粮軍：爲諸路招募的軍隊。五年一籍三十以下、十七以上的强壯者，使之兼充雜役。

[3]望雲：縣名。治所在今河北省赤城縣。

[4]計議官：皇帝周圍商議軍國要事的重臣。

十二月乙卯，詔招撫北邊軍民。以知登聞檢院賈益爲高麗生日使，[1]户部員外郎納蘭昉爲横賜使。[2]戊午，禮部尚書張暐等進《大金儀禮》。[3]丁卯，應奉翰林文字趙秉文上書論姦欺。[4]乙亥，詔加五鎮四瀆王爵。[5]庚辰，上幸後園閲軍器。[6]是月，右丞相襄率駙馬都尉僕散揆等進軍大鹽濼，[7]分兵攻取諸營。

[1]知登聞檢院：登聞檢院屬官。掌奏御進告尚書省、御史臺理斷不當事。從五品。按本書九七《閻公貞傳》，承安元年（1196）“命與登聞檢院賈益同看讀陳言文字”，與此同。然卷九〇《賈少冲附益傳》，“改禮部郎中，兼知登聞鼓院，看讀陳言文字”，

與此異。　高麗生日使：賀高麗國王王晧生日使。臨時官職，以他官兼之。　賈益：本書卷九〇有傳。

［2］納蘭昉：女真人。其後任右諫議大夫。　横賜使：横賜爲廣賜或遍賜之意，以示金朝皇帝的恩惠。臨時官職，以他官兼之。

［3］《大金集禮》：書名。金張暐撰，包括尊號、册謚、祠祀、朝會、儀仗、輿服等，分類編纂，共四十卷。

［4］應奉翰林文字：翰林學士院屬官。分掌詞命文字，分判院事。不限員，從七品。　趙秉文：本書卷一一〇有傳。

［5］五鎮四瀆：五鎮指王朝祭典上僅次於五岳的五座大山，分别爲東鎮沂山、南鎮會稽山、中鎮霍山、西鎮吴山和北鎮醫巫閭山。四瀆指四條大河，爲長江、黄河、淮河和濟水。

［6］後園：當爲中都的御苑。

［7］駙馬都尉：官名。凡尚公主者多授此官，無具體職掌。正四品。　僕散揆：女真人。本書卷九三有傳。　大鹽濼：地名。爲今内蒙古自治區錫林郭勒盟的額吉諾爾。

承安元年春正月辛巳朔，受宋、高麗、夏使朝賀。甲申，大鹽濼群牧使移剌覩等爲廣吉剌部兵所敗，[1]死之。丁亥，國子學齋長張守愚上《平邊議》三篇，[2]特授本學教授，[3]仍以其議付史館。[4]

［1］大鹽濼群牧使：群牧司屬官。掌檢校群牧畜養蕃息之事。從四品。大鹽濼群牧司治所在今内蒙古自治區東烏珠穆沁旗。　移剌睹：契丹人。其他事迹不詳。　廣吉剌部：東蒙古高原上的游牧部族。

［2］國子學齋長：國子監下屬國子學屬官。《百官志》無載，職掌官品不詳。　張守愚：其他事迹不詳。

［3］本學教授：國子監下屬國子學屬官。掌教誨諸生。正員四

人，正八品。

[4]史館：官署名。即國史院。掌修撰國史。

二月甲子，命有司祀高禖如新儀。丁卯，右丞相襄、左丞衡至自軍前。己巳，復命還軍。幸都南行宫春水。甲戌，至自行宫。是月，初造虎符發兵。

三月丁酉，如萬寧宫。不雨，遣官望祭岳鎮海瀆于北郊。[1]癸卯，勅尚書省，刑獄雖已奏行，其間恐有疑枉，其再議以聞。人命至重，不可不慎也。甲辰，遣參知政事尼厖古鑑祈雨于社稷。[2]丁未，復遣使就祈于東岳。[3]

[1]北郊：在中都城北門“通玄門”外，設有祭祀地祇的方丘。

[2]尼厖古鑑：女真人。本書卷九五有傳。

[3]東岳：即泰山。

夏四月辛亥，命尚書右丞胥持國祈雨于太廟。壬子，遣使審決冤獄。京城禁繖扇。[1]戊午，初行區種法，民十五以上、六十以下有土田者，丁種一畝。乙丑，命御史大夫移剌仲方祈雨于社稷。壬申，命參知政事馬琪祈雨于太廟。甲戌，尚書省以趙承元言，[2]請追上孝懿皇太後册寶，然後行謚册禮。禮官執奏尊皇太后已詔示中外，無追册禮，從之。戊寅，上以久不雨，命禮部尚書張暐祈于北岳。[3]己卯，遣官望祭岳鎮海瀆于北郊。

[1]京城：中都。　繖：同“傘”。

[2]趙承元：世宗朝曾任曹王府文學。

[3]北岳：即恒山。

五月庚辰朔，觀稼于近郊，因閱區田。乙酉，以久旱，徙市。庚寅，詔復市如常。壬辰，以尚藥局副使粘割忠爲横賜夏國使。[1]乙未，參知政事尼厖古鑑薨。庚子，雨足。

[1]尚藥局副使：宣徽院下屬尚藥局屬官。掌進湯藥茶果。從六品。　粘割忠：女真人。其他事迹不詳。

六月甲寅，上以百姓艱食，詔出倉粟十萬石減價以糶之。乙丑，平晋縣民利通家蠶自成綿段，[1]長七尺一寸五分，闊四尺九寸，詔賜絹十疋。丁卯，勑自今長老、大師、大德不限年甲，[2]長老、大師許度弟子三人，大德二人，戒僧年四十以上者度一人。其大定十五年附籍沙彌年六十以上並令受戒，仍不許度弟子。尼、道士、女冠亦如之。御史大夫移剌仲方罷。庚午，幸環秀亭觀稼。[3]癸酉，詔應禁軍器路分，步弓手擬於射糧軍内選之，馬弓手擬於猛安謀克軍户餘丁内選之。其有爲百姓害，從本州縣斷遣。無猛安户，於二百里内屯駐軍餘丁内取之，依步弓手月給二貫石。

[1]平晋縣：治所在今山西省太原市之南。　利通：人名。其他事迹不詳。

[2]長老、大師、大德：長老，佛寺的主持稱長老，也是對年

德俱高僧人的尊稱。大師，佛教本稱釋迦牟尼爲大師。唐以後，又爲對通曉佛教教義之僧人的尊稱。大德，佛教對長老、佛或菩薩的敬稱。

［3］環秀亭：當在中都城郊。

七月庚辰，御紫宸殿，[1]受諸王、百官賀，賜諸王、宰執酒。勅有司，以酒萬尊置通衢，賜民縱飲。乙酉，勅今後高麗、夏使入見敷奏，令新設各國通事具公服與閤門使上殿監聽。[2]命有司收瘞西北路陣亡骸骨。

［1］紫宸殿：中都皇城内大殿。

［2］通事：吏員。掌翻譯之事。　閤門使：宣徽院下屬閤門長官。掌贊導殿庭禮儀。正五品。

八月己酉，獵于近郊。癸丑，幸玉泉山。甲子，以郊祀日期詔中外。[1]戊辰，至自萬寧宫。以陝西西路轉運使董師中爲御史大夫。[2]癸酉，左丞衡丁父憂。

［1］郊祀：皇帝祭祀天地的大禮。金朝自海陵天德年間始有南北郊祀之制，世宗、章宗年間其禮漸完備。

［2］陝西西路轉運使：轉運司屬官。掌税賦錢穀、倉庫出納、權度量衡之制。正三品。　陝西西路轉運司治於平凉府，治所在今甘肅省平凉市。　董師中：本書卷九五有傳。

九月丁丑朔，天壽節，宋、高麗、夏遣使來賀。幸天長觀。[1]辛巳，以右丞相襄爲左丞相，監修國史，封常山郡王。[2]壬午，賜襄酒百尊。太白晝見。癸未，都人進酒三千一百瓶，詔以賜北邊軍吏。以吏部尚書張嗣等爲賀宋生日使。[3]癸巳，左丞衡起復。丁酉，知大興府卞、同知郭鑄以擅逮問宰臣，[4]各笞四十。辛丑，西南路招討使僕散揆至自軍。[5]乙巳，以國子監丞烏古論達吉不爲夏國生日使。[6]

[1]天長觀：道觀名。《元一統志》（輯本）記載，該道觀始建造於唐開元年間，遼代坍塌，金代世宗大定年間增修。在燕（今北京）舊城昊天寺之東會仙坊内，即今之白云觀。

[2]常山郡王：封爵名。郡王封號第五位。

[3]張嗣：章宗明昌五年（1194）曾任提點司天臺。

[4]卞：女真人。姓完顔氏，宗室出身。本書卷六六有傳。　同知：府的佐貳官。掌通判府事。從四品。　郭鑄：其他事迹不詳。

[5]西南路招討使：招討司長官。掌招懷降附，征討叛逃之事。正三品。西南路招討司治所初在今内蒙古自治區呼和浩特市東，世宗大定八年（1168）遷至今山西省應縣。

[6]國子監丞：國子監屬官。掌學校，兼提控女真學。正員二人，從六品。　烏古論達吉不：女真人。其他事迹不詳。

冬十月丙午朔，詔選親軍八百人戍撫州。庚戌，命左丞相襄行省于北京，[1]簽書樞密院事完顔匡行院於撫州。[2]丙辰，祫享于太廟。

[1]北京：原遼中京大定府舊址，金初承用遼制稱中京。海陵貞元元年（1153）改中京爲北京，熙宗天眷元年（1138）曾改遼上京爲北京，海陵天德二年（1150）又改稱臨潢府，世宗以後并入

北京路。北京大定府的治所在今内蒙古自治區寧城縣境内。

[2]簽書樞密院事：樞密院屬官。佐掌國家軍務機密之事。正三品。　完顏匡：女真人。本書卷九八有傳。

十一月戊子，參知政事馬琪罷。庚寅，特滿群牧契丹陁鎖、德壽反，[1]泰州軍擊敗之。[2]御史大夫董師中、北京留守裔並爲參知政事。[3]甲午，以陝西路統軍使崇道等爲賀宋正旦使。[4]丁酉，朝享于太廟。戊戌，有事于南郊，[5]大赦，改元。己亥，曹王永升率親王、百官賀。癸卯，命有司祈雪，仍遣官祈于東岳。

[1]特滿群牧："群牧"，原作"郡牧"，局本作"牧群"。按本書卷二四《地理志上》，西京路"群牧十二處"有"特滿群牧"。又卷九四《内族襄傳》云"會群牧契丹德壽、陁鎖等據信州叛"，亦作"群牧"。今據改。　陁鎖：契丹人。其他事迹不詳。　德壽：契丹人。其他事迹不詳。

[2]泰州：治所在今吉林省洮南市東。

[3]北京留守：京官名。兼本路兵馬都總管，掌管一路軍政事務。正三品。　裔：女真人。姓完顏，宗室出身。世宗朝曾任彰化軍節度使，章宗明昌年間曾任山東統軍使、知大名府事。

[4]陝西路統軍使：統軍司長官。掌督領軍馬，鎮守邊陲，分營衛，視察奸。正三品。陝西路統軍司治於京兆府，治所在今陝西省西安市。　崇道：女真人。即宗道，姓完顏氏，宗室出身。本書卷七三有傳。

[5]南郊：在中都南門豐宜門外，設有祭祀天地的圜壇。

十二月丙午，樞密使唐括貢率百官請上尊號，不允。己酉，遣提點太醫、近侍局使李仁惠勞賜北邊將士，[1]授官者萬一千人，授賞者幾二萬人，凡用銀二十萬兩、絹五萬疋、錢三十二萬貫。庚戌，以同知登聞檢院阿不罕德剛爲高麗國生日使。[2]壬子，樞密使唐括貢復率百官請上尊號，不允。

[1]提點太醫、近侍局使：當爲太醫院與近侍局的長官。太醫院隸屬宣徽院，提點，掌諸醫藥，總判院事。正五品。近侍局隸屬殿前都點檢司。近侍局使，掌侍從，承勅令，轉進奏帖。正五品。李仁惠：即李喜兒，章宗元妃李師兒之兄，因李妃受寵而被擢爲顯近，勢傾朝廷。

[2]同知登聞檢院：登聞檢院屬官。爲該院的佐貳官，掌奏御進告尚書省、御史臺理斷不當事。正六品。　阿不罕德剛：女真人。宣宗朝官至太子太保。

二年春正月乙亥朔，宋、高麗、夏遣使來賀。乙酉，勅職官犯贓私不得訴于同官。丁亥，如安州春水。[1]丁酉，至自春水。辛丑，宋主以母后喪，[2]遣使告哀。

[1]安州：治所在今河北省安新縣南。

[2]宋主以母后喪：宋主，即宋寧宗趙擴。此年宋主無母后喪，未曾遣使，金朝也不可能遣弔祭使。中華點校本認爲此爲抄襲本書卷六二《交聘表下》之誤。

二月丁巳，勅自今職官犯贓，每削一官殿一年。是日，太白晝見，經天。是月，特命襲封衍聖公孔元措世襲兼曲阜令。[1]

[1]孔元措：本書卷一〇五有傳。

三月己卯，親王、百官復請上尊號，不允。壬午，命尚書户部侍郎温昉佩金符，行六部尚書於撫州。[1]庚寅，幸西園閱軍器。[2]辛卯，始定保舉德行才能格。癸巳，平章政事烏林荅愿罷。丁酉，樞密使唐括貢率百官請上尊號，不允。以參知政事裔代左丞相襄行省于北京。[3]

[1]行六部尚書：金章宗以來，因用兵、河防等事涉及諸路，臨時設行六部（吏、户、禮、兵、刑、工），長官爲行六部尚書，統籌諸路的六部事務。爲臨時官職，事畢即撤。及至金末，金朝一直處於金蒙戰争中，行六部設置頻繁，往往常設不撤。又，本書卷九八《完顏匡傳》，“承安元年，行院於撫州。河北西路轉運使温昉行六部事”。温昉官職與此異。

[2]西園：金朝皇帝的御苑，中都寧德宫的西園。

[3]左丞相：原作“左丞省”，北監本、殿本作“左丞相”。按上文，承安元年（1196）九月辛巳，“以右丞相襄爲左丞相”，十月庚戌，“命左丞相襄行省于北京”。今據改。

夏四月甲寅，如萬寧宫。丙辰，命有司祈雨，望祭岳鎮海瀆于北郊。甲子，祈雨于社稷。尚書省奏，比歲北邊調度頗多，請降僧道空名度牒紫褐師德號以助軍儲，從之。癸酉，親王宣勅始用女直字。

五月甲戌朔，諭宰臣曰：“比以軍須，隨路賦調。司縣不度緩急，促期徵斂，使民費及數倍，胥吏又乘之以侵暴。[1]其令提刑司究察之。”丙子，集官吏于尚書省，詔諭之曰：“今紀綱不立，官吏弛慢，遷延苟簡，習以成弊。職官多以吉善求名，計得自安，國家何賴焉。至於徇情賣法，省部令史尤甚。[2]尚書省其戒諭之。”丁丑，北京行省、參知政事裔移駐臨潢府。[3]庚辰，升撫州爲鎮寧軍。[4]以雨足，報祭于社稷。甲申，望祭岳鎮海瀆于北郊。丁亥，左丞相襄詣臨潢府。己丑，皇子生，庚寅，詔中外，降死罪，釋徒以下。

[1]胥吏：原作“胥克”，據北監本、殿本、局本改。

[2]省部令史：尚書省屬吏。

[3]北京行省：官名。掌北京行省的軍政事務。臨時官職，事畢即撤。

[4]鎮寧軍：軍州名。治所在今河北省張北縣。

六月乙巳，命禮部尚書張暐報祀高禖。丙午，雨雹。戊申，以澄州刺史王遵古爲翰林直學士，[1]仍勅無與撰述，入直則奏聞，或霖雨，免入直，以遵古年老，且嘗侍講讀也。庚戌，詔罷瑶光殿工作。[2]甲寅，置全州盤安軍節度使，[3]治安豐縣。[4]乙卯，封皇子爲壽王。[5]

[1]澄州刺史：州官名。掌一州財政訴訟，宣導風俗等各種政務（吏、户、禮、工、刑），獨不領兵。正五品。澄州治所在今遼寧省海城市。　王遵古：渤海族人。王政子，王庭筠父。見本書卷一二八《王政傳》。

[2]瑶光殿：當爲中都的大殿。本書卷二四《地理志上》中都

條下僅見“瑶池殿”“瑶光樓”。

[3]全州盤安軍節度使：軍州官名。從三品。　盤安軍：軍州名。與全州治所在一處，今内蒙古自治區翁牛特旗一帶。

[4]安豐縣：治所當在今内蒙古自治區翁牛特旗一帶。

[5]皇子：下脱名，本書卷九三《章宗諸子傳》，“洪輝本名訛論，承安二年五月生，彌月，封壽王”。“皇子”下當脱“訛論”二字。　壽王：封爵名。次國封號，明昌格第二十九位。

閏月甲午，出西横門觀稼。[1]

[1]西横門：當爲中都城門。本書卷二四《地理志上》中都條無載，或某門之俗稱，未詳。

秋七月壬寅朔，幸天長觀，建普天大醮，[1]禁屠宰七日，無奏刑，百司權停決罰。己未，命西上閤門使劉頍賜參知政事裔宴于行省。[2]戊辰，天壽節，御紫宸殿受朝。

[1]建普天大醮：施國祁《金史詳校》卷二曰：“全真教祖碑：承安丁巳六月，章宗再詔王處一至闕下，特賜號體元大師，及賜修真觀一所。十月，召劉處元至，命待詔天長觀。”

[2]劉頍：本書卷七八有傳。

八月庚辰，勑計議官所進奏帖，可直言利害，勿用浮辭。辛巳，以邊事未寧，詔集六品以上官於尚書省，[1]問攻守之計。應中外臣僚不以職位高下，[2]或有方略材武，或長於調度，各舉三五人以備選用，無有顧望不盡所懷，期五日封章以進。議者凡八十四人，言攻者五，守者四十六，且攻且守者三十三，召對睿思殿，[3]論難久之。癸未，至自萬寧宫。丙戌，以左丞相襄爲左副元帥，[4]參知政事董師中尚書左丞，左宣徽使膏尚書右丞，[5]户部尚書楊伯通參知政事。[6]尚書左丞夾谷衡罷。右丞胥持國致仕。[7]庚寅，參知政事裔罷。樞密使唐括貢致仕。壬辰，以左副元帥襄爲樞密使兼平章政事。

[1]詔集六品以上官：本書卷九七《移剌益轉》作“召朝官四品以上入議”。施國祁《金史詳校》卷二認爲，以四品爲是。

[2]應中外臣僚：“應”，北監本、殿本、局本作“凡”。

[3]睿思殿：當爲中都皇宫的大殿。

[4]左副元帥：元帥府長官。掌征討之事。正二品。

[5]左宣徽使：宣徽院屬官。掌朝會、燕享，凡殿庭禮儀及監知御膳。正三品。　膏：又作膏，錢大昕《廿二史考異》卷八四云：“按膏字不見於字書，必是傳寫之譌。予見曲阜孔廟石刻，承安四年三月泰定節度使兼兖州觀察使完顔膏祭文，復有孔元措跋云：‘相國完顔公，自尚書右丞出鎮沇郡。’與此紀三年十二月‘尚書右丞膏罷’年月相合。然則“膏”即“膏”之訛。《説文》：‘膏’用也，從亯從自，讀若庸。石刻作膏，隸體小變耳。”錢説是。膏本名阿里剌，女真人，姓完顔氏，宗室出身。本書卷六六有傳。

[6]楊伯通：本書卷九五有傳。

[7]右丞胥持國致仕：按本書卷一二九《胥持國傳》，承安三年（1198），“持國以通奉大夫致仕”。與此異。

九月辛丑朔，天壽節，宋、高麗、夏遣使來賀。壬寅，遣官分詣上京、東京、北京、咸平、臨潢、西京等路招募漢軍，[1]不足則簽補之。乙巳，以夏使朝辭，詔答許復保安、[2]蘭州榷場。[3]丁未，以知歸德府事完顔愈爲賀宋生日使。[4]癸丑，以上京留守粘割訛特剌爲平章政事。[5]辛酉，以樞密使兼平章政事襄，知大興府事胥持國爲樞密副使、[6]權參知政事，行省于北京。乙丑，始置軍器監，[7]掌治戎器，班少府監下，設甲坊、利器二署隸焉。[8]丁卯，分遣官於東、西、北路，[9]河北等路，中都二節鎮，[10]買牛五萬頭。

[1]東京：治所在今遼寧省遼陽市。　咸平：府名。治所在今遼寧省開原市老城。

[2]保安：州名。治所在今陝西省志丹縣。

[3]蘭州：治所在今甘肅省蘭州市。

[4]歸德府：治所在今河南省商丘市。　完顔愈：女真人。其他事迹不詳。

[5]粘割訛特剌：人名。"訛特剌"爲"斡特剌"的同音異譯。本書卷九五有傳。

[6]知大興府事：據本書卷一二九《胥持國傳》記載，"起知大名府事，未行，改樞密副使"。施國祁《金史詳校》卷二認爲"興當作名"。大名府，治所在今河北省大名縣北。

[7]軍器監：官署名。掌修治邦國戎器之事。

[8]甲坊、利器署：官署名。掌修弓弩刀槊鎧甲之屬。

[9]東、西、北路：《金史詳校》卷二："'北路'當作'北京'。"意爲東、西、北三京。是。

[10]中都：都名。海陵貞元元年（1153）至宣宗貞祐二年

（1214）爲金朝的國都，治所在今北京市。

冬十月庚午朔，初設講議所官十員，[1]共議錢穀，以中都路轉運使孫鐸、户部侍郎高汝礪等爲之。[2]庚辰，尚書省奏，高麗國牒報，其王以老疾，令母弟晫權國事。[3]壬午，尚書省行推排。[4]丁亥，皇子壽王薨。壬辰，詔獎諭西南路招討使僕散揆等有功將士。甲午，大雪，以米千石賜普濟院，[5]令爲粥以食貧民。丙申，以禮部員外郎蒙括仁本爲夏國生日使。[6]

[1]講議所：官署名。議國家錢糧大事，爲皇帝提供經濟决策等事。

[2]中都路轉運司：官署名。掌税賦錢穀、倉庫出納、權度量衡之制。治所在今北京市。　孫鐸：本書卷九九有傳。　户部侍郎：户部屬官。户部尚書的副佐。正員二人，正四品。　高汝礪：本書卷一〇七有傳。

[3]王晫：高麗人。後繼任爲高麗王。

[4]推排：又稱通檢推排，朝廷定期派官在全國各路核實民户的田地、户口、財産，以徵收賦税。

[5]普濟院：賑濟貧民的場所。金代在京、府、州、縣都設有普濟院，此爲設在中都的普濟院。

[6]禮部員外郎：禮部屬官。從六品。　蒙括本仁：女真人，其後任國子司業。

十一月甲辰，冬至，有事于南郊。乙巳，以薪貴，勅圍場地内無禁樵采。壬子，諭尚書省，猛安謀克既不隸提刑司，宜令監察御史察其臧否。庚申，北京留守裔以行省失職，杖一百，除名。右諫議大夫納蘭昉杖九十，削官二階，罷之。甲子，諭宰臣曰："朕居九重，民間難以徧知，宰相不見賓客，何以得知民間利害。"

十二月己巳朔，勅御史臺糾察諂佞趨走有實跡者。己卯，始鑄"承安寶貨"。癸未，遣户部侍郎上官瑜體究西京逃亡，[1]勸率沿邊軍民耕種，户部郎中李敬義規措臨潢等路農務。乙酉，諭宰臣，今後水潦旱蝗、盜賊竊發，命提刑司預爲規畫。戊子，諭西南路將士。庚寅，豫王永成進馬八十疋，[2]賜詔獎諭，稱皇叔豫王而不名。

［1］户部侍郎上官瑜：按本書卷四七《食貨志》云："承安二年，遣户部郎中上官瑜往西京並沿邊，勸舉軍民耕種。"所記官職與此異。

［2］豫王：封爵名。大國封號，明昌格第十四位。　永成：女真人。姓完顏氏，世宗之子。本書卷八五有傳。

金史　卷一一

本紀第十一

章宗三

三年春正月己亥朔，日有食之。辛丑，宋、夏遣使來賀。[1]癸卯，諭有司，凡館接伴并奉使者，[2]毋以語言相勝，務存大體。奉使者亦必得其人乃可。乙卯，詔罷講議所。[3]丙辰，如城南春水。[4]丁巳，併上京、東京兩路提刑司爲一，[5]提刑使、副兼安撫使、副，[6]安撫專掌教習武事，毋令改其本俗。己未，以都南行宫名建春。[7]甲子，至自春水。乙丑，宋主以祖母喪，[8]遣使告哀。

[1]宋：南宋（1127—1279）。　夏：即西夏（1038—1227）。

[2]館接伴並奉使：館接伴即館伴使，爲迎送鄰國使者的官員。奉使，爲出使鄰國的官員。

[3]講議所：官署名。參議國家錢糧大事，爲皇帝提供經濟決策等事。承安二年（1197）十月置，定員十人，此時罷。

[4]春水：爲金朝皇帝春季狩獵的場所。

[5]上京、東京兩路提刑司：地方監察機構。掌審察刑獄，察舉官吏，舉廉能，劾不法，糾正官邪，勸農桑。上京路提刑司治於會寧府，治所在今黑龍江省阿城市。東京路提刑司治於咸平府，治所在今遼寧省開原市老城。

[6]提刑使、副：提刑司屬官。本書卷五七《百官志三》記載提刑司於章宗承安四年（1199）改名爲按察司，以提刑使比按察使，爲正三品。副使，正四品。　安撫使、副：安撫司屬官。掌鎮撫人民、譏察邊防軍旅、審録重刑事。官品《百官志》不載，或與提刑使、副同。

[7]建春宫：行宫名。在中都城南，即今北京市城南。

[8]宋主：南宋寧宗趙擴。1195年至1224年在位。　祖母：原爲“祖無”，南、北監本、殿本並作“祖母”，知“無”爲“母”之誤，今據改。

二月己巳朔，幸建春宫。辛巳，諭宰臣曰：“自今内外官有闕，有才能可任者，雖資歷未及，亦具以聞。雖親故，毋有所避。”以武衛軍都指揮使烏林荅天益等爲宋弔祭使。[1]甲申，至自建春宫。丙戌，斜出内附。[2]辛卯，平章政事粘割斡特剌薨。[3]

[1]武衛軍都指揮使：武衛軍都指揮使司屬官。掌防衛都城，警捕盜賊。從三品。　烏林荅天益：女真人。本書僅此一見，其他事迹不詳。　宋弔祭使：弔祭宋寧宗祖母的使者，爲臨時官職，以他官兼之。

[2]斜出：北方草原游牧族部族首領。其他事迹不詳。

[3]平章政事：尚書省屬官。金代宰相成員之一。爲丞相的副佐，掌丞天子，平章萬機。正員二人，從一品。　粘割斡特剌：女

真人。本書卷九五有傳。

三月戊戌，以禮部尚書張暐爲御史大夫。[1]壬寅，始榷醋。[2]甲寅，如萬寧宫。[3]丁巳，勅隨處盜賊，毋以强爲竊，以多爲少，以有爲無。嘯聚三十人以上奏聞。違者杖百。丙寅，高麗王王晧以弟晫權國事。[4]遣使奉表來告。

[1]禮部尚書：禮部長官。掌禮樂、祭祀、學校、貢舉、册命等事。正三品。　張暐：本書卷一〇六有傳。　御史大夫：御史臺長官。掌糾察、彈劾百官，復審内外刑獄所屬理斷不當案件。從二品。

[2]始榷醋：按本書卷四九《食貨志四》："醋税，自大定初，以國用不足，設官榷之，以助經用。至二十三年，以府庫充牣，遂罷之。章宗明昌五年……遂令設官榷之……後罷。承安三年三月，省臣以國用浩大，遂復榷之。"金朝初榷醋在世宗大定初年，後經兩次罷榷醋，此爲第二次復榷醋。　榷醋：王朝實行醋專賣。

[3]萬寧宫：行宫名。初名大寧宫，建於大定十九年（1179），後更名壽寧宫、壽安宫，明昌二年（1191）始名萬寧宫。位於中都城北。

[4]高麗王王晧：高麗國王。謚號明宗。1170年至1197年在位。　晫：高麗人。王姓，後繼任爲高麗王，即高麗神宗。

夏四月戊辰朔，諭有司，宰相遇雨，可循殿廡出入。丙申，諭御史臺曰：[1]"隨朝大小官雖有才能，率多苟簡，朕甚惡之，其察舉以聞。提刑司所察廉能污濫官，皆當殿奏，餘事可轉以聞。"以侍御史孫俣爲宣問高麗王王晧使。[2]

[1]御史臺：官署名。中央監察機構。掌糾察彈劾內外百官善惡，凡內外刑獄所屬理斷不當，有陳述者付臺治之。

[2]侍御史：御史臺屬官。掌奏事，判臺事。正員二人，從五品。　孫俣：其他事迹不詳。

五月庚子，[1]右宣徽使張汝方以漏泄廷議，[2]削官兩階。壬寅，射柳、[3]擊毬，縱百姓觀。戊申，以客省使移剌郁爲夏國生日使。[4]甲子，參知政事楊伯通表乞致仕，[5]不許。

[1]五月庚子：原脱“五月”二字。中華點校本以四月戊辰朔，庚子當在五月，認爲下文“五月壬寅”之“五月”二字當移到此處。今從之。

[2]右宣徽使：宣徽院屬官。掌朝會、燕享，凡殿庭禮儀及監知御膳。正三品。　張汝方：渤海族人。此前曾任秘書郎，與張汝霖是兄弟，其父是海陵、世宗朝尚書令張浩。

[3]射柳：金承遼舊俗，每年五月五日重五節拜天祭祀後，行射柳禮，在球場插柳兩行，按尊卑次序進行騎馬射箭的比賽。見本書卷三五《禮志八·拜天》。

[4]客省使：宣徽院下屬客省屬官。掌接伴人使見辭之事。正五品。　移剌郁：契丹人。其他事迹不詳。　夏國生日使：西夏國王李純祐生日，金朝按例遣使至西夏祝賀。臨時官職，以他官兼之。

[5]參知政事：尚書省屬官。爲宰相的副佐，佐治尚書省事。正員二人，從二品。　楊伯通：本書卷九五有傳。

秋七月丙午，幸香山。[1]己酉，如萬寧宫。甲寅，還宫。

[1]香山：今北京市西郊香山。

八月辛未，獵于近郊。癸酉，獵于香山。戊寅，如萬寧宫。庚辰，以護衛石和尚爲押軍萬户，[1]率親軍八百人、武衛軍千六百人戍西北路。[2]癸未，還宫。宋遣使來報謝。

[1]護衛：可分爲皇帝護衛、東宫護衛、妃護衛、東宫妃護衛等若干種，由殿前左、右衛將軍與衛尉司掌領，選取五品至七品官子孫及宗室並親軍、諸局分作承應人，一般由有才行及善射者充任。　石和尚：女真人。其他事迹不詳。　押軍萬户：軍官名。爲本處軍隊最高指揮官，屬臨時性官職。

[2]武衛軍：城防軍名。世宗大定十七年（1177）三月改京師防城軍爲武衛軍，掌京師巡捕之事。　西北路：地區級路名。隸屬於西京路，治所在今内蒙古自治區正藍旗。

九月丙申朔，天壽節，[1]宋、夏遣使來賀。以中都路都轉運使孫鐸等爲賀宋生日使。[2]乙巳，獵于近郊。庚戌，參知政事楊伯通再表乞致政，不許。戊午，木波進馬。[3]

[1]天壽節：金章宗的誕辰。

[2]中都路都轉運使：都轉運司屬官。掌税賦錢穀、倉庫出納、權度量衡之制。正三品。中都路都轉運司治於大興府，在今北京

市。　孫鐸：本書卷九九有傳。　賀宋生日使：南宋寧宗生日，金朝按例遣使至宋朝祝賀。爲臨時官職，被時人視爲既榮譽又收入頗豐的肥差。

［3］木波：西北部羌人部族名。木波人分布在今甘肅、青海一帶。

冬十月庚午，獵于近郊。癸未，行樞密院言斜出等請開榷場於轄里裊，[1]從之。丁亥，定官民存留見錢之數，設回易務，[2]更立行用鈔法。

［1］行樞密院：樞密院在地方的臨時機構。章宗承安元年(1196)，因對西北部族用兵，首開於撫州。宣宗以後遍布全國，多設於軍事要地。　轄里裊：地名。即狗濼，在今内蒙古自治區太僕寺旗炮臺營子西南。

［2］回易務：官署名。《百官志》無載。卷四八《食貨志三》繫此事於同年九月，言其時以民間鈔滯，更定官民存留錢法，“於兩行部各置回易務”，以綿帛物緞易銀鈔，亦許本務納銀鈔。

十一月丁酉，樞密使兼平章政事襄至自軍，[1]癸卯，以爲尚書左丞相，[2]監修國史。丁未，以太常卿楊庭筠等爲賀宋正旦使。[3]戊申，詔獎諭樞密副使夾谷衡以下將士。[4]辛亥，定屬託法。定軍前官吏遷賞格。以邊事定，詔中外，減死罪，徒已下釋之。賜左丞相襄以下將士金幣有差。甲寅，冬獵。

［1］樞密使：樞密院長官。掌國家軍務機密之事。從一品。　襄：女真人。姓完顔氏，宗室出身。本書卷九四有傳。

[2]尚書左丞相：尚書省屬官。國家重要輔弼大臣。從一品。

[3]太常卿：太常寺長官。掌禮樂、郊廟、社稷、祠祀之事。從三品。　楊庭筠：其他事迹不詳。　賀宋正旦使：每年正旦，金朝按例遣使至宋朝祝賀。亦爲臨時官職和時人眼中的肥差。

[4]樞密副使：樞密院屬官。從二品。　夾谷衡：女真人，本書卷九四有傳。

十二月甲子朔，獵于酸棗林。[1]大風寒，罷獵，凍死者五百餘人。己巳，還都。丙戌，尚書右丞膏罷。[2]高麗權國事王晫遣使奉表來告。[3]

[1]酸棗林：其地未詳所在。

[2]尚書右丞：尚書省屬官。爲宰相的副佐，佐治尚書省政務。正二品。　膏：女真人。又作高，本名阿里剌，姓完顏氏，宗室出身。本書卷六六有傳。

[3]高麗權國事王晫遣使奉來告：據本書卷一三五《高麗傳》載："承安三年，晧表身陳衰病，以國讓其弟晫。晫權國事。是歲，晧廢，晫嗣立。"高麗使奉表所告之事，當是王晫廢高麗王王晧自立爲高麗王之事。

四年春正月癸巳朔，宋、夏遣使來賀。乙巳，尚書左丞董師中致仕。[1]辛酉，監察御史姬端脩以妄言下吏。[2]尚書左丞相襄爲司空，[3]職如故。樞密副使夾谷衡爲平章政事，封英國公。[4]前知濟南府事張萬公起復爲平章政事，[5]封壽國公。[6]楊伯通爲尚書左丞。簽樞密院事完顏匡爲尚書右丞。[7]

［1］尚書左丞：尚書省屬官。爲宰相的副佐，佐治尚書省政務。正二品。　董師中：本書卷九五有傳。

［2］監察御史：御史臺屬官。掌糾察内外官員非違之事。正員十二人，正七品。　姬端脩：即宗端脩。本書卷一〇〇《宗端脩傳》，“章宗避睿宗諱上一字……改‘宗’氏爲‘姬’氏”，宗端脩因章宗朝避諱改爲“姬端脩”。

［3］司空：三公之一。掌論道經邦，燮理陰陽。正一品。

［4］英國公：封爵名。次國封號，明昌格第二十八位。

［5］知濟南府事：府官。知府事，本書《百官志》不載。世宗大定年間始設，官品高於同知，或低於府尹。章宗朝及以後，不授府尹，以知府事代之，掌宣風導俗，肅清所部，總判府事。官品或與府尹同，正三品。

［6］壽國公：封爵名。次國封號，明昌格第二十九位。

［7］簽樞密院事：樞密院屬官。掌國家軍務機密之事。正三品。完顏匡：女真人。本書卷九八有傳。

二月乙丑，如建春宫春水。己巳，還宫。庚午，御宣華門，[1]觀迎佛。辛未，如建春宫。赦姬端脩罪，令居家俟命。司空襄言，西南路招討使僕散揆治邊有功，[2]召赴闕，以知興中府事紇石烈子仁代之。[3]壬申，諭有司，自三月一日爲始，每旬三品至五品官各一人轉對，六品亦以次對。臺諫勿與，[4]有應奏事，與轉對官相見，無面對者上章亦聽。乙亥，還宫。戊寅，如建春宫。庚辰，上諭點檢司曰：[5]“自蒲河至長河及細河以東，[6]朕常所經行，官爲和買其地，令百姓耕之，仍免其租税。”甲申，還宫。乙酉，以西南路招討使僕散揆爲參知政事。起姬端脩爲太學博士。[7]如建春宫。戊子，還宫。

[1]宣華門：金中都内皇城的城門之一。

[2]西南路招討使：招討司長官。掌招懷降附，征討叛逃之事。正三品。西南路，地區級路。隸屬於西京路，治所初在今内蒙古自治區呼和浩特市東。世宗大定八年（1168）遷至今山西省應縣。僕散揆：女真人。本書卷九三有傳。

[3]興中府：治所在今遼寧省朝陽市。 紇石烈子仁：女真人。泰和五年（1205）九月以河南路統軍使爲賀宋生日使，其後晋升右副元帥、樞密使兼三司使。

[4]臺諫：即御史臺與諫院。

[5]點檢司：官署名。即殿前都點檢司。掌親軍，總領左右衛將軍、符寶郎、宿直將軍、左右振肅，宫籍監、近侍等諸局署、鷹坊、頓舍官皆隸屬之。

[6]蒲河、長河、細河：具體所指不詳。

[7]太學博士：國子監下屬太學屬官。分掌教授生員、考藝業。正員四人，正七品。

三月丁酉，同判大睦親府事宗浩爲樞密使，[1]封崇國公。[2]己亥，如建春宫。遣使册王晫爲高麗國王。户部尚書孫鐸、[3]郎中李仲略、[4]國子祭酒趙忱始轉對香閤。[5]丁未，勅尚書，[6]官員必須改除者議之，其月日淺者毋數改易。乙卯，尚書省奏减親軍武衛軍額及太學女直、漢兒生員，[7]罷小學官及外路教授。[8]詔學校仍舊，武衛軍額再議，餘報可。司空襄、右丞匡、參知政事揆請罷諸路提點刑獄，[9]從之。戊午，雨雹。

[1]同判大睦親府事：大睦親府屬官。佐掌敦睦糾率宗室欽奉王命。從二品。　宗浩：女真人。姓完顏氏，宗室出身。本書卷九三有傳。

[2]崇國公：封爵名。小國封號，明昌格第七位。本書卷九三《宗浩傳》作“榮國公”，與此異。

[3]户部尚書：户部長官。掌户籍、物力、鹽鐵、酒麴、礦冶、榷場、市易、度支、國用、俸禄、錢帛、貢賦、租税、積貯、度量衡等。正三品。

[4]郎中：户部屬官。正員三人。一員掌户籍、物力、鹽鐵、酒麴、礦冶、榷場、市易等事；一員掌度支、國用、俸禄、錢帛、貢賦、租税、積貯、度量衡等事。從五品。　李仲略：本書卷九六有傳。

[5]國子祭酒：國子監長官。掌學校。正四品。　趙忱：本書僅此一見，其他事迹不詳。　香閤：香閤爲中都内便殿，皇帝常在此召見近臣。“閤”爲“閣”字的異體字。

[6]尚書：施國祁《金史詳校》卷二認爲，此處當爲尚書省。“省”字脱落。中華點校本認爲或是尚書省的簡稱。亦或爲吏部尚書，“吏部”二字脱落。

[7]尚書省：官署名。海陵王正隆官制改革以後，是金朝最高權力機構。　太學：官學名。隸屬國子監。

[8]小學官：小學當指文字學，此官隸屬與官品不詳。　外路教授：府、州學校屬官。掌教授學生。官品不詳。

[9]提點刑獄：路官。掌司法和刑獄。官品不詳。

夏四月癸亥，改提刑司爲按察使司。[1]戊辰，如萬寧宫。壬申，左丞楊伯通致仕。御史大夫張暐以奏事不實，[2]追一官，侍御史路鐸追兩官，俱罷之。姬端脩杖七十，贖。壬午，英王從憲進封瀛王。[3]詔同州、許州節度使罷兼陝西、河南副統軍。[4]

[1]按察使司：官署名。又作按察司，爲地方監察機構。掌審察刑獄、照刷案牘、糾察濫官污吏豪猾之人、私鹽酒麯並應禁之事，監管猛安謀克，兼勸農桑。

[2]奏事不實：原爲"奏事不寶"，語義不通。據本書卷一〇六《張暐傳》，記述此年相同事件，云"坐奏事不實，奪一官"。據改之。

[3]英王：封爵名。次國封號，明昌格第二十八位。　從憲：女真人。姓完顔氏，世宗孫。本書卷九三有傳。　瀛王：封爵名。次國封號，明昌格第二十四位。

[4]同州、許州節度使：州軍官名。總管一州軍政事務，掌鎮撫諸軍防刺，總判本鎮兵馬之事，兼本州管内觀察使事。從三品。同州：治所在今陝西省大荔縣。　許州：治所在今河南省許昌市。陝西、河南副統軍：統軍司屬官。掌督領軍馬，鎮守邊陲，分營衛，視察奸。正四品。　陝西統軍司：治於京兆府，治所在今陝西省西安市。　河南統軍司：治於開封府，治所在今河南省開封市。

五月壬辰朔，以旱，下詔責躬，求直言，避正殿，減膳，審理冤獄，命奏事於泰和殿。[1]戊戌，命有司望祭岳瀆禱雨。[2]己亥，應奉翰林文字陳載言四事：[3]其一，邊民苦于寇掠；其二，農民困于軍須；其三，審決冤滯，一切從寬，苟縱有罪；其四，行省官員，[4]例獲厚賞，而沿邊司縣，曾不霑及，此亦干和氣，致旱災之所由也。上是之。壬寅，以兵部郎中完顔撒里合爲夏國生日使。[5]戊申，宰臣以京畿雨，率百官請御正殿，復常膳。不從。尚書省奏上更定給發虎符制，著于令。庚戌，諭宰臣曰："諸路旱，或關執政。今惟大興、宛平兩縣不雨，[6]得非其守令之過歟?"司空襄、平章政事萬公、參知政事揆上表待罪。上以罪己答之，令各還職。詔頒銅杖式。壬子，祈雨于太廟。[7]乙卯，更定軍功賞格。戊午，司空襄以下再請御正殿，復常膳。不從。庚申，平章政事夾谷衡薨。以宿直將軍徒單仲華爲横賜夏國使。[8]

[1]泰和殿：中都宫城内大殿。

[2]岳瀆：指五岳和四瀆。五岳指一方主山。分别爲東岳泰山、西岳華山、南岳衡山、北岳恒山和中岳嵩山。四瀆分别爲長江、黄河、淮河和濟水。

[3]應奉翰林文字：翰林學士院屬官。分掌詞命文字，分判院事，銜内帶"同知制誥"。不限員，從七品。　陳載：本書僅此一見，其他事迹不詳。

[4]行省：官署名。金章宗以來，因用兵、河防等事涉及諸路，於地方臨時設行尚書省，簡稱爲行省。金末戰事連年不斷，行省遍及全國。

[5]兵部郎中：兵部屬官。佐掌兵籍、軍器、城隍、鎮戍、厩牧、鋪驛、車輅、儀仗、郡邑圖志、險阻、障塞、遠方歸化之事。從五品。　完顔撒里合：女真人。其他事迹不詳。

[6]大興：縣名。治所在今北京市。　宛平：縣名。治所在今北京市。

[7]太廟：皇帝的祖廟。

[8]宿直將軍：殿前都點檢司屬官。掌總領親軍，凡宫城諸門衛禁、並行從宿衛之事。正員八人，後增至十一人。從五品。　徒單仲華：女真人。其他事迹不詳。　横賜夏國使：横賜爲廣賜或遍賜之意，以示金朝皇帝的恩惠。臨時官職，以他官兼之。

六月丁卯，雨。司空襄以下復表請御正殿，復常膳。從之。甲戌，以雨足，命有司報謝于太廟。丁丑，右補闕楊庭秀言：[1]“自轉對官外，復令隨朝八品以上、外路五品以上及出使外路有可言者，並許移檢院以聞。[2]則時政得失，民間利病，可周知矣。”從之。己卯，以雨足，報祭社稷。[3]辛巳，遣官報祀岳瀆。癸未，奉職醜和尚進《浮漏水稱影儀簡儀圖》，[4]命有司依式造之。丁亥，定宫中親戚非公事傳達語言、轉遞諸物及書簡出入者罪。

[1]右補闕：諫院屬官。掌諫正百司非違，糾正官邪。正七品。楊庭秀：曾任翰林修撰。

[2]檢院：官署名。指登聞檢院，掌奏御進告尚書省、御史臺理斷不當事。

[3]社稷：社爲土神，稷爲穀神。古代王朝祭祀社稷，用社稷代表國家。

[4]奉職：近侍局屬吏。定員三十人，舊名不入寢殿小底，又名外帳小底，大定二十年（1180）更。　醜和尚：女真人。其他事迹不詳。

七月甲辰，更定尚藥、儀鸞局學者格。[1]辛亥，勅宣徽院官，[2]天壽節凡致仕宰執悉召與宴。丙辰，以久雨，令大興府祈晴。[3]

[1]尚藥局：官署名。隸屬宣徽院，掌進湯藥茶果。　儀鸞局：官署名。隸屬宣徽院，掌殿庭鋪設、帳幕、香燭等事。

［2］宣徽院：官署名。掌朝會、燕享，凡殿庭禮儀及監知御膳。
［3］大興府：治所在今北京市。

八月己巳，獵于近郊。壬申，獵于香山。甲戌，以皇嗣未立，命有司祈於太廟。丁丑，獵于近郊。庚辰，還宫。

九月庚寅朔，天壽節，宋、高麗、夏遣使來賀。己亥，如薊州秋山。[1]己未，以知東平府事僕散琦等爲賀宋生日使。[2]

［1］薊州：治所在今天津市薊縣。　秋山：金朝皇帝秋日狩獵的場所。在今北京市周邊五百里以内之地。《北行日録》上、《攻媿集》卷一一一記載："至此乃知燕京五百里内皆是御圍場，故不容民間采捕耳。"
［2］東平府：治所在今山東省東平縣。　僕散琦：女真人。其他事迹不詳。

冬十月丙寅，至自秋山。壬午，初定百官休假。[1]甲申，初置審官院。[2]

［1］初定百官休假：中華點校本疑"假"下脱"格"。
［2］審官院：官署名。掌奏駁除受失當事，若注擬失當，止令御史臺官論列。

十一月乙未，[1]勅京、府、州、縣設普濟院，[2]每歲十月至明年四月設粥，以食貧民。丙申，平章政事張萬公表乞致政，不許。庚戌，命有司祈雪。甲寅，[3]定護衛改充奉御格。[4]以知濟南府事范楫等爲賀宋正旦使。[5]

[1]十一月乙未：原脱“十一月”三字。《殿本考證》，“乙未尤與干支不合。考舊本，後甲申乃丙申，則前乙未應作乙酉。以九月庚寅朔推之，閲六十七日，始再值丙申，十一月三字應移丙申上，謹改”。《金史詳校》卷二，“‘未’已作‘酉’”。中華點校本校勘記云，按十月庚申朔，乙未在十一月。今將下文“甲寅”上之“十一月”移此。從之。

[2]普濟院：賑濟貧民，施捨粥飯的場所。

[3]甲寅：原作“十一月甲寅”，已將“十一月”三字移在上文“乙未”之上，參見上條注釋。

[4]奉御：近侍局屬吏，十六人，舊名入寢殿小底，大定二十年（1180）更。

[5]范楫：曾任北京提刑副使、吏部尚書等職。

十二月己未，除授文字初送審官院。辛酉，更定考試隨朝檢、知法條格。[1]右補闕楊庭秀請類集太祖、太宗、世宗三朝聖訓，[2]以時觀覽。從之，仍詔增熙宗爲四朝。[3]癸未，更定科舉法。增設國史院女直、漢人同修史各一人。[4]定親軍及承應人退閑遷賞格。[5]是月，淑妃李氏進封元妃。[6]

[1]檢、知法：尚書省下屬臺、院、司等機構的屬官。掌檢斷各司取法文字。從八品。

[2]太祖：廟號。即完顏阿骨打，漢名旻。1115年至1123年在位。　太宗：廟號。即完顏吴乞買，漢名晟。1123年至1135年在位。　世宗：廟號。即完顏烏禄，漢名雍。1161年至1189年在位。

[3]熙宗：廟號。即完顏合剌，漢名亶。1136年至1149年

在位。

[4]國史院：官署名。掌修國史。　同修史：國史院屬官。掌修國史，判院事。官品無載。

[5]承應人：爲設在宫中的諸司局監署内無職品的差使人員，多從宗室近親、世戚姻家、功臣子孫和大臣子弟中選任，有正班與雜班之分。

[6]淑妃：内命婦品。第三位，正一品。　李氏：即李師兒。本書卷六四有傳。　元妃：内命婦品。第一位，正一品。

五年春正月戊子朔，宋、高麗、夏遣使來賀。乙未，以尚書省言，會試取策論、詞賦、經義不得過六百人，[1]合格者不及其數則闕之。丙申，如春水。庚子，命左右司五日一轉奏事。[2]辛丑，諭點檢司，車駕所至，仍令百姓市易。庚戌，定猛安謀克軍前怠慢罷世襲制。[3]

[1]會試：即省試。金制，科舉進士舉人，初爲鄉試，次爲府試，三爲會試，由中央禮部主持舉行，中舉者稱進士。

[2]左右司：尚書省下屬官署名。掌奏事，總察六部受事付事。

[3]猛安謀克：猛安謀克爲金朝女真等北方民族的社會基層組織，三百户爲謀克，十謀克爲猛安，具有政治、軍事、生産等多種職能，有金一代未曾改變。猛安謀克官員平時爲行政長官，督促生産，徵收賦税，審理部内民事訴訟，訓練武藝。戰時，猛安謀克户壯者爲兵，由猛安謀克長官率領征戰，戰争結束後，返回原居地。猛安謀克官員實行世襲制，不論任命還是襲職都由皇帝親自決定。熙宗以後，以猛安比防禦使，謀克比縣令。在内地者，受府、節度使統轄，在邊地者，受招討司統轄。

二月辛未，至自春水。辛巳，有司奏："應奉翰林文字温迪罕天興與其兄直學士思齊同僚學士院，[1]定撰制誥文字，合無迴避？"詔不須避，仍爲定制。

[1]温迪罕天興：女真人。曾任太常博士。　直學士：翰林學士院屬官。掌制撰詞命，凡應奉文字，銜内帶"知制誥"。不限員，從四品。　温迪罕思齊：女真人。其後任知大興府事。　學士院：官署名。即翰林學士院，掌制撰詞命等事。

閏月癸卯，[1]定進納粟補官之家存留弓箭制。丁未，上與宰臣論置相曰："徒單鎰，[2]朕志先定。賈鉉如何？"[3]皆曰："知延安府事孫即康可。"[4]平章政事萬公亦曰："即康及第，先鉉一榜。"上曰："至此安問榜次，特以賈才可用耳。"尚書省奏："右補闕楊庭秀言，乞令尚書省及第左右官一人，應入史事者編次日曆，或一月，或一季，封送史院。"[5]上是其言，仍令送著作局潤色，[6]付之。

[1]閏月癸卯：原脱"閏月"二字，《殿本考證》："考《通鑑》宋寧宗慶元六年，即金章宗承安五年。是年二月，下接書閏月後乃書三月。據此，則癸卯之爲閏月無疑。而由此以推干支，亦皆符合。"局本於其上補"閏月"。中華點校本云，"依長術補"。今從之。

[2]徒單鎰：女真人。本書卷九九有傳。

[3]賈鉉：本書卷九九有傳。

[4]延安府：治所在今陝西省延安市。　孫即康：本書卷九九有傳。

[5]史院：即國史院。

[6]著作局：官署名。掌修日曆。

三月庚申，大睦親府進重修《玉牒》。[1]平章政事張萬公乞致政，不許。壬戌，命有司禱雨。癸亥，雨。户部尚書孫鐸、大理卿完顔撒剌、[2]國子司業蒙括仁本召對便殿。[3]丙寅，如萬寧宫。戊辰，定妻亡服内婚娶聽離制。親王、宰執、百官再請上尊號。不許。庚午，以知大興府事卞爲御史大夫。[4]丙子，尚書省奏，擬同知商州事蒲察西京爲濟南府判官。[5]上曰："宰相豈可止徇人情，要當重惜名爵。此人不堪，朕常記之，止與七品足矣。"庚辰，以上京留守徒單鎰爲平章政事，[6]封濟國公。[7]辛巳，定本國婚聘禮制。改山東東路舊皇城猛安名曰合里哥阿隣。[8]

[1]大睦親府：官署名。掌敦睦糾率宗室欽奉王命。　玉牒：皇帝的家譜。

[2]大理卿：大理寺長官。掌審斷天下奏案，詳斷疑獄。正四品。　完顔撒剌：女真人。其他事迹不詳。

[3]國子司業：國子監屬官。掌學校。正五品。　蒙括仁本：女真人。曾任禮部員外郎。

[4]卞：女真人，姓完顔氏，宗室出身。本書卷六六有傳。

[5]同知商州事：州官名。通判州事。正七品。商州，治所在今陝西省商洛市。　蒲察西京：女真人。其他事迹不詳。　濟南府判官：府官名。掌紀綱衆務，分判吏、户、禮案事，專掌通檢推排簿籍。從六品。

[6]上京留守：京官名。兼本路兵馬都總管，掌管一路軍政事

務。正三品。

［7］濟國公：封爵名。小國封號，明昌格第二位。

［8］山東東路：治於益都府，治所在今山東省青州市。　舊皇城猛安：爲女真行政建置名稱。舊皇城指金前期都城上京會寧府。合里哥阿鄰：女真地名。日本學者三上次男認爲在今黑龍江省呼蘭河附近；張博泉認爲在距會寧府不遠地方（三上次男著，金啓孮譯，《金代女真研究》，黑龍江省人民出版社 1984 年版；張博泉等《金史論稿》第一卷，吉林文史出版社 1986 年版）。金朝將猛安謀克大批遷入山東是在海陵時期。

四月丙戌朔，文武百官再請上尊號。不許。丙午，尚書省進《律義》。[1]

［1］丙午，尚書省進《律義》：按本書卷四五《刑志》，章宗明昌五年（1194）正月修成《明昌律義》，泰和元年（1201）十二月修成《泰和律義》。此事當或繫於明昌五年，或繫於泰和元年，此處紀年當有誤。

五月乙卯朔，定猛安謀克鬭歐殺人遇赦免死罷世襲制。[1]以雨足，遣使報祭社稷。丁巳，定策論進士及承廕人試弓箭格。[2]戊午，勅來日重五拜天，[3]服公裳者拜禮仍舊，諸便服者並用女直拜。己，[4]勅諸路按察司，糾察親民官以大杖箠人者。乙亥，親王、文武百官、六學各上表請上尊號，[5]不許。庚辰，地震。詔定進納官有犯决斷法。

［1］鬭歐：歐爲毆之誤。

[2]策論進士：即女真進士，世宗大定十三年（1173）開設，每場策一道，免鄉試、府試，止赴會試、御試。大定二十年定制，以策、詩試三場，策用女真大字，詩用女真小字。

[3]重五拜天：金朝承遼代舊俗，重五行拜天禮，禮儀在球場舉行，聚宗族拜之。行禮之後，還要擊球、射柳。

[4]己：按干支計日法，“己”下脱落一字，北監本、殿本、局本補作“己未”，中華點校本以己未是重五，拜天射柳，無行勑之理。疑或脱“巳”，或脱“卯”。

[5]六學：唐制國子監下設國子學、太學、四門學、律學、書學、算學等六學，又稱六館。金承唐制。

六月乙巳，遣有司祈晴，望祭岳瀆。

七月乙卯朔，以晴，遣官望祭岳鎮海瀆。[1]癸亥，定居祖父母喪娶聽離法。初置蒲思衍群牧。[2]辛未，平章政事萬公特賜告兩月。甲戌，獵於近郊。

[1]望祭岳鎮海瀆：遥祭山川的禮儀。五鎮指僅次於五岳的大山，東鎮沂山，南鎮會稽山，中鎮霍山，西鎮吴山，北鎮醫巫閭山。四海：指百川匯聚之處，東海、北海、南海、西海。

[2]蒲思衍群牧：官署名。掌檢校群牧畜養蕃息之事。蒲思衍群牧司當設於北部路内的草原地帶，具體地點不詳。蒲思衍又作蒲鮮，按本書卷二四《地理志上》西京路群牧十二處條下，“蒲鮮群牧。承安四年創置”。繫年與此異。

八月壬辰，幸香山。乙未，至自香山。丁未，勑審官院奏事，其院官皆許升殿。戊申，更定鎮防軍犯徒配役法。[1]

[1]鎮防軍：軍名。從諸軍中抽取兵士組成，以更代戍邊。

九月甲寅朔，天壽節，宋、高麗遣使來賀。[1]戊午，命樞密使宗浩、禮部尚書賈鉉佩金符行省山東等路括地。[2]己未，尚書省奏："西北路招討使獨吉思忠言，[3]各路邊堡墻隍，西自坦舌，[4]東至胡烈公，[5]幾六百里，向以起築怱遽，並無女墻副隄。近令修完，計工七十五萬，止役戍軍，未嘗動民，今已畢功。"上賜詔獎諭。修《玉牒》成。定皇族收養異姓男爲子者徒三年，姓同者減二等，立嫡違法者徒一年。癸亥，如薊州秋山。

[1]宋高麗遣使來賀：按本書卷六二《交聘表下》，夏亦遣使來賀。中華點校本認爲此處脱"夏"字，是。

[2]行省山東：行省長官。金章宗以來，因用兵、河防等事涉及諸路，臨時設行尚書省，爲臨時官職。山東即今山東之地。

[3]西北路招討使：招討司長官。正三品。　獨吉思忠：女真人。本書卷九三有傳。

[4]坦舌：地名。具體地點不詳。

[5]胡烈公：《金史詳校》卷二："'公'作'么'，是。案《獨吉思忠傳》作'么'，或即《兵志》之移剌糺。"按本書卷九三《獨古思忠傳》記此事作"東至胡烈么"。中華點校本認爲"公""么"蓋皆"糺"字之誤。

冬十月庚寅，至自秋山。庚子，風霾。宋遣使來告哀。辛丑，集百官于尚書省，問："間者亢旱，近則久陰，豈政有錯謬而致然歟?"各以所見對。以禮部郎中劉公憲爲高麗生日使。[1]丁未，獵于近郊。以宿直將軍完顏觀音奴爲夏國生日使。[2]

[1]禮部郎中：禮部屬官。佐掌禮樂、祭祀、學校、貢舉諸事。從五品。　劉公憲：其他事迹不詳。　高麗生日使：賀高麗王王晫生日使。臨時官職，以他官兼之。

[2]完顏觀音奴：女真人。其他事迹不詳。

十一月癸丑朔，日有食之。乙卯，以國史院編修官吕卿雲爲左補闕兼應奉翰林文字。[1]審官院以資淺駁奏，上諭之曰："明昌間，[2]卿雲嘗上書言宫掖事，辭甚切直，皆他人不能言者，卿輩蓋不知也。臣下言事不令外人知，乃是謹密，正當顯用，卿宜悉之。"以工部尚書烏古論誼等爲宋弔祭使。[3]初定品官過闕則下制。己巳，宋復遣使來告哀。辛未，以殿前右副點檢紇石烈忠定爲賀宋正旦使。[4]

[1]國史院編修官：國史院屬官。正員八人，女真人與漢人各四員，正八品。　吕卿雲：其他事迹不詳。

[2]明昌：金章宗年號（1190—1196）。

[3]工部尚書：工部長官。掌修造營建法式、諸作工匠、屯田、山林川澤之禁、江河堤岸、道路橋樑之事。正三品。　烏古論誼：女真人。本書卷一二〇有傳。

[4]殿前右副點檢：殿前都點檢司屬官。殿前都點檢副佐，兼侍衛親軍副都指揮使，掌宫掖及行人。從三品。　紇石烈忠定：女真人。其他事迹不詳。

十二月癸未朔，詔改明年爲泰和元年。[1]以河南路統軍使充等爲宋弔祭使。[2]乙未，定管軍官受所部財物輒放離役及令人代役法。辛丑，詔宫籍監户，[3]百姓自願以女爲婚者聽。癸卯，定造作不如法，三年内有損壞者罪有差。

[1]泰和：金章宗年號（1201—1208）。

[2]河南路統軍使：統軍司長官。掌督領軍馬，鎮守邊陲，分營衛，視察奸。正三品。　充：女真人，姓完顔氏，宗室出身。其後任陝西路統軍使、元帥右監軍等職。關於此次金朝派出的宋弔祭使，《宋史》卷三八《寧宗紀二》："嘉泰元年春正月……丙子，金遣完顔充來弔祭。"然本書卷六二《交聘表下》："十二月癸未，遣河南路統軍使完顔衮籌爲宋弔祭使。"與此異。

[3]宫籍監户：金代的奴婢户之一。

泰和元年正月壬子朔，宋、高麗、夏遣使來賀。壬戌，宋遣使獻先帝遺留物。己巳，以太府監孫復言：[1]"方今在仕者三萬七千餘員，[2]而門廕補叙居三之二，[3]諸司待闕，動至累年。蓋以補廕猥多，流品混淆，本末相舛，至於進納之人，既無勞績，又非科第，而亦廕及子孫，無所分别，欲流之清，必澄其源。"乃更定廕叙法而頒行之。尚書省奏："今杖式輕細，民不知畏，請用大杖。"詔不許過五分。庚午，如長春宫春水。[4]辛未，上以方春，禁殺含胎兔，犯者罪之，告者賞之。甲戌，初命文武官官職俱至三品者許贈其祖。

[1]太府監：太府監長官。掌出納國家財用錢穀之事。正四品。孫復：其他事迹不詳。

[2]方今在仕者三萬七千餘員：“員”，原作“買”，據南監本、北監本、殿本、局本改。今從之。

[3]門蔭：金代官員入仕的一種途徑。熙宗天眷年間，一品至八品皆不限所蔭之人。海陵貞元二年（1154），定蔭叙法，一品至七品皆限以數，削八品用蔭之制。詳見本書卷五二《選舉志》。

[4]長春宫：行宫名。在女真皇帝行獵的春水附近，位於灤州石城縣，即今河北省唐山市東北。

二月壬辰，去造土茶律。丁未，至自春水。

三月乙丑，夏國遣使來謝。壬申，幸天長觀。[1]癸酉，如萬寧宫。乙亥，宋遣使來報謝。丁丑，更定鎮防千户謀克放老入除格。[2]辛巳，勅官司、私文字避始祖以下廟諱小字，[3]犯者論如律。

[1]天長觀：道教的廟宇。據《元一統志》（輯本）記載，該道觀始建於唐開元年間，遼代坍塌，金代世宗大定年間增修。在燕（今北京市）舊城昊天寺之東會仙坊内。

[2]鎮防千户謀克：鎮防軍軍官名。鎮防軍是設在邊境的軍隊。千户，即猛安，統兵數百至千人；謀克，統兵數十至百人。

[3]始祖：廟號。即完顔函普。本書卷一有紀。　勅官司、私文字：《金史詳校》卷二認爲“‘私’上當加‘公’”，當爲勅官司公私文字。

夏四月甲辰，詔諭契丹人户，累經簽軍立功者，官賞恩例與女直人同，仍許養馬、爲吏。

五月甲寅，擊毬于臨武殿，[1]令都民縱觀。丙辰，樞密使宗浩罷。壬戌，幸玉泉山。[2]戊寅，削尊長有罪卑幼追捕律。以直東上閤門劉頍爲横賜高麗使。[3]

[1]臨武殿：按本書卷二五《地理志中》南京路條下，“東華門内正北尚厩局，其西北曰臨武殿”。然此時不見章宗出巡南京的記載，當在中都。此應爲中都宫城内大殿。

[2]玉泉山：在宛平縣境内，玉泉山有行宫。在今北京市。

[3]直東上閤門：宣徽院下屬東上閤門屬官。掌簽判閤門事。正員二人，正五品。 劉頍：本書卷七八有傳。 横賜高麗使：臨時官職，以他官兼之。横賜爲廣賜或遍賜之意，以示金朝皇帝的恩惠。

六月己卯，幸香山。乙酉，平章政事張萬公表乞致仕。不許。辛卯，祈雨于北郊。己亥，用尚書省言，申明舊制，猛安謀克户每田四十畝樹桑一畝，毁樹木者有禁，鬻地土者有刑。其田多污萊，人户闕乏，并坐所臨長吏。按察司以時勸督，有故慢者量决罰之，仍減牛頭税三之一。[1]勑尚書省舉行風俗奢僭之禁。乙巳，初許諸科征鋪馬、黄河夫、軍須等錢，折納銀一半，願納錢鈔者聽。丁未，詔有司修蓮花漏。

[1]牛頭税：又稱“牛具税”，猛安謀克户所交納的地税。太宗天會三年（1125）確立牛頭税制，其制每耒牛三頭爲一具，限民口二十五受田四頃四畝多土地，歲納粟一石或五斗，世宗大定年間曾一度僅納粟三斗。

七月辛酉，禁放良人不得應諸科舉，子孫不在禁限。甲子，諭刑部官，[1]凡上書人言及宰相者不得申省。

乙丑，更定右選注縣令丞簿格。[2]己巳，初禁廟諱同音字。

[1]刑部：官署名。掌律令、刑名、赦詔、懲没、官吏改正，以及宫、監户（官奴婢口），良賤身份訴訟，功賞捕亡等諸種事務。

[2]縣令丞簿：縣官名。令，掌按察所部，勸課農桑，平理獄訟，捕除盜賊，宣導風化，兼管常平倉及通檢推排簿籍等事。正七品。丞，縣令副佐，正八品。簿，縣令副佐，正九品。

八月庚辰，初命户絶者田宅以三分之一付其女及女孫。[1]戊子，特改授司空襄河間府路算注海世襲猛安。[2]乙未，至自萬寧宫。丙申，宋遣使來報謝。壬寅，制猛安謀克並隸按察司，監察御史止按部糾舉，有罪則并坐監臨之官。詔推排西、北京、遼東三路人户物力。[3]

[1]三分之一：南監本、北監本、殿本、局本並作“二分之一”。

[2]河間府路算注海世襲猛安：女真族的社會組織名稱。算注海，本書卷九四《内族襄傳》、卷一二〇《徒單公弼傳》亦作算術海，是同音異寫。日本學者三上次男謂與山春猛安有關（《金代女真研究》）。河間府路，即河北東路，府治在今河北省河間市。

[3]西、北京、遼東：路名。西京路治於大同府，治所在今山西省大同市。北京路治於大定府，治所在今内蒙古自治區寧城縣。遼東路又稱東京路，治於遼陽府，治所在今遼寧省遼陽市。

九月戊申朔，天壽節，宋、高麗、夏遣使來賀。更定贍學養士法：生員，給民佃官田人六十畝，歲支粟三十石；國子生，[1]人百八畝，歲給以所入，官爲掌其數。以右宣徽使徒單懷忠等爲賀宋生日使。[2]甲寅，如秋山。丙子，至自秋山。

[1]國子生：國子監下屬國子學的學生。

[2]徒單懷忠：女真人。世宗朝曾任近侍局使，其後任同判大睦親府事。

冬十月乙酉，祫享于太廟。戊子，平章政事張萬公乞致仕，不許。壬辰，御史臺奏："在制，按察司官比任終遣官考覈，然後尚書省命官覆察之。今監察御史添設員多，宜分路巡行，每路女直、漢人各一人同往。"從之，仍勅分四路。丙申，御史大夫卞乞致仕，不許。戊戌，以武衛軍都指揮使司判官納合鉉爲高麗生日使。[1]壬寅，勅有司，購遺書宜尚其價，[2]以廣搜訪。藏書之家有珍惜不願送官者，官爲謄寫，畢復還之，仍量給其直之半。甲辰，以刑部員外郎完顏綱爲夏國生日使。[3]

[1]武衛軍都指揮使司判官：武衛軍都指揮使司屬官。掌防衛都城，警捕盜賊。官品不詳。　納合鉉：女真人。其他事迹不詳。

[2]尚其價：南監本、北監本、殿本、局本並作"償其價"。

[3]刑部員外郎：刑部屬官。正員二人。一員掌律令格式、審定刑名、關津譏察、赦詔勘鞫、追征給没等事；一員掌宫户、監户（官奴婢口）、配吏、良賤身份訴訟、城門啓閉、官吏改正、功賞捕亡等事務。從六品。　完顏綱：女真人。本書卷九八有傳。

十一月庚戌，司空襄以下文武百官復請上尊號，不許。辛亥，勑尚書省，凡役衆勞民之事，[1]勿輕行之。丁巳，諭工部曰：[2]“比聞懷州有橙結實，[3]官吏檢視，已嘗擾民，今復進柑，得無重擾民乎。其誡所司，遇有則進，無則已。”庚申，以殿前右衛將軍紇石烈七斤等爲賀宋正旦使。[4]

［1］凡役衆勞民之事：“凡”，原作“九”，今據南監本、北監本、局本改。

［2］工部：官署名。掌修造營建法式、諸作工匠、屯田、山林川澤之禁、江河堤岸、道路橋樑之事。

［3］懷州：治所在今河南省沁陽縣。

［4］殿前右衛將軍：殿前都點檢司屬官。掌宫禁及行從宿衛警嚴，仍總領護衛。官品失載。　紇石烈七斤：女真人。《宋史》卷三八《寧宗紀二》，嘉泰元年（1201）十二月作“金遣紇石烈真來賀明年正旦”。紇石烈真與紇石烈七斤當爲同一人。

十二月辛巳，勑改原廟春秋祭祀稱朝獻。[1]司空襄以下復請上尊號。詔不允，仍斷來章。丁酉，司空襄等進《新定律令勑條格式》五十二卷，[2]辛丑，詔頒行之。[3]壬寅，獵于近郊。乙巳，初定廉能官升注格。

［1］原廟：供太祖以下御容。海陵天德四年（1152）於燕京所建原廟，宫曰衍慶，殿曰聖武，門曰崇聖。

［2］司空襄等進《新定律令勑條格式》五十二卷：本書卷四五《刑志》記載，該書有“律令”二十卷，“新定勑條”三卷，“六部格式”三十卷，總計五十三卷。

［3］辛丑，詔頒行之：本書卷四五《刑志》載，泰和元年（1201）十二月“詔以明年五月頒行之”。

二年春正月丁未朔，宋、高麗、夏遣使來賀。乙卯，始朝獻于衍慶宫。[1]庚申，幸芳苑觀燈。[2]癸酉，歸德軍節度副使韓琛以强市民布帛，[3]削一官，罷之。甲戌，如建春宫。

［1］衍慶宫：中都原廟宫名，内安太祖以下御容及功臣像。

［2］芳苑：中都宫城内御苑名。本書卷二四《地理志上》作臨芳苑，卷一九《顯宗紀》作雲芳苑。

［3］歸德軍節度副使：州軍官名。佐掌鎮撫諸軍防刺，判本鎮兵馬之事。從五品。　歸德軍：軍鎮名。據本書卷二四《地理志上》瑞州，“歸德軍節度使。本來州，天德三年更爲宗州，泰和六年以避睿宗諱，謂本唐瑞州地，故更今名”。瑞州治所在今遼寧省綏中縣西南，但與下文稱宋州不合。據本書卷二五《地理志中》歸德府，“故宋州，宋南京應天府河南郡歸德軍，國初置宣武軍”。則此處誤用宋舊軍名，應以稱宣武軍爲是。宋州治所在今河南省商丘市南。　韓琛：其他事迹不詳。

二月戊戌，初置内侍寄禄官。[1]乙巳，還宫。

［1］内侍寄禄官：初隸屬宫闈局，不久直隸宣徽院，用以提升内侍局御直、内直有年勞者。

三月甲寅，初置宫苑司都、同監各一人。[1]甲子，蔡王從彝母充等大師卒，[2]詔有司定喪禮葬儀，事載

《從彝傳》。[3]

[1]宫苑司都、同監：宣徽院下屬宫苑司屬官。掌宫庭修理灑掃，啓閉門户，鋪設氈席之事。官品不詳。

[2]蔡王：封爵名。次國封號，明昌格第二十三位。 從彝：女真人。姓完顔氏，顯宗子，世宗孫。本書卷九三有傳。 充等大師：南、北監本、殿本、局本並作"充等太師"。

[3]事載《從彝傳》：本書卷九三《完顔從彝傳》不載定喪禮儀事，於卷一〇六《張暐傳》簡載其事，但時間在章宗明昌六年(1195)。

四月庚辰，幸昇國長公主第問疾。[1]己亥，定遷三品官格。復撲買河濼法。辛丑，諭御史臺，諸訴事于臺，當以實上聞，不得輒稱察知。癸卯，如萬寧宫。命有司祈雨。

[1]昇國長公主：金承唐制，以皇帝的姊妹爲長公主。昇國長公主或爲章宗的姊妹，姓完顔氏，名不詳，其他事迹不詳。

五月甲辰朔，日有食之。戊申，如泰和宫。辛亥，初薦新于太廟。壬戌，諭有司曰："金井捺鉢不過二三日留，[1]朕之所止，一凉厦足矣。若加修治，[2]徒費人力。其藩籬不急之處，用圍幕可也。"甲子，更泰和宫曰慶寧，[3]長樂川曰雲龍。[4]己巳，勑御史臺，京師拜廟及巡幸所過州縣，止令洒掃，不得以黄土覆道，違者糾之。

[1]金井：地名。具體地點不詳。　捺鉢：爲契丹語的譯音，本義爲行宫，是遼朝皇帝四時狩獵、納凉避寒的地點。這裏指金朝皇帝的行宫。

[2]若加修治："若"，原作"苦"，今據南監本、北監本、殿本、局本改之。

[3]泰和宫：行宫名。位於西京路德興府龍門縣境内，今河北省赤城縣西。

[4]長樂川：河名。在西京路德興府龍門縣境内，今河北省赤城縣一帶。

六月辛卯，諭尚書省，諸路禾稼及雨多寡，令州郡以聞。

七月辛亥，有司奏還宫日請用黄麾杖。不許。乙卯，朝獻于衍慶宫。

八月丙申，鳳凰見于磁州武安縣鼓山石聖臺。[1]丁酉，還宫。皇子生。[2]

[1]磁州：治所在今河北省磁縣。　武安縣：治所在今河北省武安市。　鼓山石聖台：地名。具體不詳。

[2]皇子：即完顏忒鄰。本書卷九三有傳。

九月壬寅朔，天壽節，宋、高麗、夏遣使來賀。甲寅，以拱衛直都指揮使完顏瑭等爲賀宋生日使，[1]且戒之曰："兩國和好久矣，不宜争細故，傷大體。"癸亥，以皇子生，親謝南北郊。[2]庚午，封皇子爲葛王。[3]

[1]甲寅：本書卷六二《交聘表下》，"丙辰，以完顏瑭、張行

簡爲賀宋生日使”，繫日與此異。 拱衛直都指揮使：宣徽院拱衛直使司屬官。舊名龍翔軍，海陵正隆二年（1157）更名爲神衛軍，世宗大定二年（1162）更名爲拱衛司。掌總統本直，謹嚴儀衛。從四品。 完顔瑭：女真人。其他事迹不詳。

[2]南北郊：皇帝祭祀天地的重大禮儀。

[3]葛王：封爵名。次國封號，明昌格第二十四位。

冬十月戊寅，報謝于太廟及山陵。[1]甲申，以鳳凰見，詔中外。丙戌，獵近郊。壬辰，遣尚輦局副使李仲元爲高麗國生日使。[2]以宿直將軍紇石烈毅爲夏國生日使，[3]瀛王府司馬獨吉温爲横賜使。[4]

[1]山陵：指金朝皇帝的帝陵，在今北京市房山區。

[2]尚輦局副使：殿前都點檢司下屬尚輦局屬官。掌承奉輿輦等事。從六品。 李仲元：其他事迹不詳。

[3]紇石烈毅：女真人。其後任南京副留守兼兵馬副都總管。

[4]瀛王府司馬：親王府屬官。掌同檢校門禁，總統府事。從六品。瀛王，封爵名。次國封號，明昌格第二十四位。 獨吉温：女真人。其他事迹不詳。

十一月甲辰，更定德運爲土，[1]臘用辰。以西京留守宗浩爲樞密使。[2]戊申，以更定德運，詔中外。庚申，初命外官三品到任進表稱謝。甲子，幸玉虚觀，[3]遣使報謝于太清宫。[4]

[1]德運：用“五行更替”解釋朝代興亡和繼統的理論。金章宗主張繼宋爲土德，臘用辰。

[2]西京：治所在今山西省大同市。

[3]玉虚觀：道觀名。當在中都附近。

[4]太清宫：道觀名。在亳州，即今安徽省亳州市。

十二月癸酉，以皇子晬日，[1]放僧道戒牒三千。以武安軍節度使徒單公弼等爲賀宋正旦使。[2]戊寅，冬獵。庚辰，報謝于高禖。[3]丁酉，還都。

[1]晬日：嬰兒滿百日，又叫百晬。這裏指皇子完顔忒鄰滿百日。

[2]武安軍：本書卷二四《地理志上》蔚州條下，"遼嘗更爲武安軍"。此處或用遼地名。治所在今河北省蔚縣。　徒單公弼：女真人。本書卷一二〇有傳。

[3]高禖：主管生育和婚姻的神靈。古代帝王祀以求子求姻緣。

閏月庚戌，司空襄薨。癸丑，初命監察御史非特旨不許舉官。辛酉，遣使報謝于北岳。定人户物力隨時推收法。丁卯，遣使報謝于長白山。[1]冬，無雪。

[1]長白山：今吉林省境内的長白山。

三年春正月辛未朔，宋、高麗、夏遣使來賀。癸酉，遣官祈雪于北岳。丁丑，朝獻于衍慶宫。己卯，以樞密使宗浩爲尚書右丞相，[1]右丞完顔匡爲左丞，參知政事僕散揆爲右丞，御史中丞孫即康、[2]刑部尚書賈鉉並爲參知政事。庚辰，如建春宫。

[1]尚書右丞相：尚書省屬官。國家重要輔弼大臣之一，地位僅次於左丞相，掌丞天子，平章萬機。從一品。

[2]御史中丞：御史臺屬官。御史大夫的副佐。從三品。

二月癸丑，還宮。甲子，定諸職官省親拜墓給假例。

三月壬申朔，[1]平章政事張萬公致仕。庚辰，如萬寧宮。丁亥，定從人銅牌賣毀罪賞制。庚寅，定職官應遷三品格，刺史以上及朝歷在刺史以上身故者，[2]每半年一次敷奏。甲午，如玉泉山。丙申，以殿前都點檢僕散端爲御史大夫。

[1]三月壬申朔：施國祁《金史詳校》卷二云，"案正月辛未朔，則三月安得壬申朔"，按是年三月庚午朔，壬申非朔。局本、中華點校本皆删"朔"。

[2]刺史以上及朝歷在刺史以上身故者："朝歷"，施國祁《金史詳校》卷二云，"及下當加隨"。中華點校本據文例於"歷"前補"資"。刺史，州官名。掌一州財政訴訟，宣導風俗等各種政務（吏、户、禮、刑、工），獨不領兵。正五品。

四月乙巳，禘于太廟。勑點檢司，致仕官入宮，年高艱于步履者，並聽策杖，仍令舍人護衛扶之。丁巳，勑有司祈雨，仍頒土龍法。[1]己未，命吏部侍郎李炳、[2]國子司業蒙括仁本、知登聞檢院喬宇等再詳定《儀禮》。[3]庚申，諭省司，宮中所用物，如民間難得，勿强市之。癸亥，尚書省奏，遣官分路覆實御史所察事。

［1］土龍：土制的龍。《淮南子·説林》："旱則修土龍。"用以求雨。

［2］吏部侍郎：吏部屬官。佐尚書掌文武選授、勳封、考課、出給制誥之政。正四品。　李炳：章宗朝曾任吏部侍郎。曾與章宗元妃李師兒通譜，宰臣畏其横，不敢言。

［3］知登聞檢院：登聞檢院屬官。掌奏御進告尚書省、御史臺理斷不當事。從五品。　喬宇：後任禮部侍郎。

五月壬午，[1]以重五，拜天，射柳，[2]上三發三中。四品以上官侍宴魚藻殿。[3]以天氣方暑，命兵士甲者釋之。丙戌，以定律令、正土德、鳳凰來、皇嗣建，大赦。辛卯，皇子葛王薨。壬辰，定擅增減宫門鎖鑰罪。丙申，作太極宫。[4]

［1］五月壬午：局本作"壬申"。施國祁《金史詳校》卷二云："按《宋寧宗紀》，四月己亥朔，推得五月當戊辰朔。"重五在壬申。

［2］拜天，射柳：爲女真習俗。女真皇帝與百官重五行拜天之禮於鞠場。拜天禮畢，行射柳、擊毬之戲。重五射柳、擊毬爲契丹習俗，金朝女真人因襲之。

［3］魚藻殿：中都宫城内有魚藻池，此殿當在池附近。

［4］太極宫：當爲道觀，在中都。

六月己亥，太白晝見。壬寅，詔選聰明方正之士爲修起居注。[1]又詰點檢司，諸親軍所設教授及授業人若干，[2]其爲教何法，通大義者幾人，各具以聞。戊申，定職官追贈法，惟嘗犯贓罪者不在追贈之列。壬戌，遣官行視中都田禾雨澤分數。[3]

[1]修起居注：記注院屬官。掌記帝王言行，一般以他官兼之。

[2]教授：殿前都點檢司屬官。掌教誨親軍學業。官品不詳，或比之國子監教授同爲正八品。

[3]中都：都名。海陵貞元元年（1153）至宣宗貞祐二年（1214）爲金朝的國都，治所在今北京市。

七月壬申，朝獻于衍慶宫。乙亥，定大臣薨百官奉慰禮。庚辰，獵于近郊。丁亥，上諭宰臣："凡奏事，朕欲徐思或如己者，若除授事，可俟三五日再奏，餘並二十日奏之。"八月丙辰，還宫。庚申，命編修官左容充宫教，[1]賜銀、幣。

[1]左容：其他事迹不詳。　宫教：教宫女學業的教官。

九月丙寅朔，天壽節，宋、高麗、夏遣使來賀。壬申，以刑部尚書承暉等爲賀宋生日使。[1]戊子，以萬寧宫提舉司隸工部。[2]壬辰，詔定千户謀克受隨處捕盜官公移，盜急，不即以衆應之者罪有差。召右丞相宗浩還朝。

[1]刑部尚書：刑部長官。正三品。　承暉：女真人。姓完顏氏。本書卷一一有傳。

[2]萬寧宫提舉司：官署名。掌守護宫城殿位。

冬十月戊戌，日將暮，赤如赭。己亥，大風。甲辰，申、酉間天大赤，夜將旦亦如之。壬子，右丞僕散揆至自北邊，丙辰，召至香閣慰勞之。[1]以尚食局使師孝爲高麗生日使。[2]庚申，尚書左丞完顔匡等進《世宗實録》。[3]上降座，立受之。壬戌，以薊州刺史完顔太平爲夏國生日使。[4]奉御完顔阿魯帶以使宋還，[5]言宋權臣韓侂胄市馬厲兵，[6]將謀北侵。上怒，以爲生事，笞之五十，出爲彰德府判官。[7]及淮平陷，[8]乃擢爲安國軍節度副使。[9]丁卯，諭尚書省，士庶陳言皆從所司以聞，自今可悉令詣闕，量與食直，仍給官舍居之。其言切直及繫利害重者，並三日内奏聞。

[1]召至香閣慰勞之："至"，原作"王"，據北監本、殿本、局本改之。

[2]尚食局使：宣徽院下屬尚食局屬官。掌總知御膳，進食先嘗，兼管從官食。從五品。　師孝：其他事迹不詳。

[3]進《世宗實録》：本書卷一〇《章宗紀二》明昌四年(1193)八月，"辛亥，國史院進《世宗實録》"。此又再進，疑有誤。錢大昕《元史藝文志》、施國祁《金史詳校》皆認爲，完顔匡所進當爲《顯宗實録》。

[4]完顔太平：女真人。其他事迹不詳。

[5]完顔阿魯帶：女真人。其他事迹不詳。

[6]韓侂胄：南宋人。《宋史》卷四七四有傳。

[7]彰德府判官：府官名。掌紀綱衆務，分判吏、户、禮案事，專掌通檢推排簿籍。從六品。　彰德府：治所在今河南省安陽市。

[8]淮平：縣名。治所在今江蘇省盱眙縣。

[9]安國軍：軍州名。治所在今河北省邢臺市。

十一月辛未，以簽樞密院事獨吉思忠等爲賀宋正旦使。丁丑，冬獵，以獲兔，薦山陵。甲午，詔監察等察事可二年一出。

十二月庚子，諭宰臣曰："賀正宋使且至，可令監察隨之，以爲常。"壬寅，還都。己酉，賜天長觀額爲太極宫。辛亥，詔諸親王、公主每歲寒食、[1]十月朔聽朝謁興、裕二陵，[2]忌辰亦如之。癸丑，詔遣監察御史分按諸路，所遣者女直人，即以漢人朝臣偕，所遣者漢人，即以女直朝臣偕。戊午，勅行宫名曰光春，[3]其朝殿曰蘭皋，寢殿曰輝寧。

[1]寒食：節令名。在農曆清明節前一二日，其時禁生火做飯，衹吃冷食。

[2]興、裕二陵：興陵，世宗完顔雍的陵墓。裕陵，顯宗完顔允恭的陵墓，當在大房山金代帝陵中。二陵皆在今北京市房山區。

[3]光春宫：行宫名。本書卷二四《地理志上》遂州遂城縣下注："有光春宫行宫。"在今河北省徐水縣西。

金史　卷一二

本紀第十二

章宗四

四年春正月乙丑朔，宋、高麗、夏遣使來賀。[1]丁卯，諭外方使人不得佩刀入宮。庚午，幸豫王永成第視疾。[2]辛未，如光春宮春水。[3]壬申，陰霧，木冰。丁丑，行尚書省奏，[4]宋賀正使還至慶都卒。[5]詔遣防禦使女奚列往祭，[6]致賻絹布各二百二十匹，仍命送伴使張雲護喪以歸。[7]豫王永成薨。辛卯，高麗國王王晫没，[8]嗣子韺遣使來告哀。[9]

[1]宋：南宋（1127—1279）。　高麗：朝鮮半島政權名（918—1392）。　夏：西夏政權（1038—1227）。

[2]豫王：封爵名。大國封號，明昌格第十四位。　永成：女真人。世宗子，本書卷八五有傳。

[3]光春宮：行宮名。本書卷二四《地理志上》遂州遂城縣下注："有光春宮行宮。"在今河北省保定市徐水區西。　春水：金朝

皇帝春季狩獵的場所。

[4]行尚書省：官署名。金章宗以來，因用兵、河防等事涉及諸路，臨時設行尚書省，簡稱行省。金末戰事連年不斷，行省遍及全國。

[5]宋賀正使：即宋賀正旦使。每年元旦金宋兩朝按例互派賀正旦使，此次宋朝派往金朝的賀正旦使的姓名無載。　慶都：縣名。治所在今河北省望都縣。

[6]防禦使：州官名。掌一州軍、政事務。從四品。　女奚列：又作女奚烈，女真人的“白號”姓氏，其下名字脱落。據本書卷六二《交聘表下》，泰和四年（1204）正月丁丑條下記載“差防禦使女奚烈元充勑祭使”，其人姓名爲女奚烈元。

[7]送伴使：宋使入金境，金派官從邊境伴送宋使臣至京師，此官稱送伴使。　張雲：其他事迹不詳。

[8]王晫：高麗王，謚號曰神宗。1198 年至 1204 年在位。

[9]王韺：高麗王，謚號曰熙宗。1205 年至 1211 年在位。

二月乙未朔，還宫。丁酉，以山東、河北旱，[1]詔祈雨東、北二岳。[2]己亥，命購豫王永成遺文。庚戌，始祭三皇、五帝、四王。[3]癸丑，詔刺史，[4]州郡無宣聖廟學者並增修之。[5]

[1]山東：即今山東一帶地區。　河北：指河北東、西路的轄區，今河北省的中部與南部地區。或指黄河下游以北至河北省中部與南部地區。

[2]東、北岳：東岳，泰山；北岳，恒山。

[3]三皇：《白虎通·號》作：伏羲、神農、祝融（或燧人）。五帝：《史記·五帝紀》爲黄帝、顓頊、帝嚳、堯、舜。　四王：古稱夏禹、商湯、周文爲三王，此四王當指夏禹、商湯、周文及周

武王。

[4]刺史：州官名。掌一州財政訴訟，宣導風俗等各種政務（吏、户、禮、刑、工），獨不領兵。正五品。

[5]宣聖廟：孔子廟。

三月丁卯，日昏無光，大風毁宣陽門鴟尾。[1]癸酉，命大興府祈雨。[2]戊寅，幸太極宫。[3]詔定前代帝王合致祭者。尚書省奏：[4]“三皇、五帝、四王，已行三年一祭之禮。若夏太康，[5]殷太甲、太戊、武丁，[6]周成王、康王、宣王，[7]漢高祖、文、景、武、宣、光武、明帝、章帝，[8]唐高祖、文皇一十七君致祭爲宜。”[9]從之。乙酉，祈雨于北郊。[10]丁亥，如萬寧宫。[11]壬辰，祈雨于社稷。[12]遼陽府判官斜卯劉家以上書論列朝臣，[13]削官一階，罷之。

[1]宣陽門：中都皇城南門。

[2]大興府：治所在今北京市。

[3]太極宫：道觀名。在中都，今北京市。

[4]尚書省：官署名。海陵王正隆官制改革以後，是金朝最高權力機構。

[5]夏太康：夏王名。啓的兒子，夏朝第三代君王。

[6]殷太甲、太戊、武丁：商王名。皆是商朝歷史上有名的君王，見《史記》卷三《殷本紀》。

[7]周成王：廟號。名姬誦，西周第二代君主。　康王：廟號。名姬釗，西周第三代君主。　宣王：廟號。名姬静。前 827 年至前 782 年在位。

[8]漢高祖：廟號。名劉邦。前 206 年至前 195 年在位。　文：

漢文帝廟號。名劉恒。前179年至前157年在位。　景：漢景帝廟號。名劉啓。前156年至前141年在位。　武：漢武帝廟號。名劉徹。前140年至前87年在位。　宣：漢宣帝廟號。名劉詢。前73年至前49年在位。　光武：東漢光武帝廟號。名劉秀。25年至57年在位。　明帝：廟號。名劉莊。58年至75年在位。　章帝：廟號。名劉炟。76年至88年在位。

[9]唐高祖：廟號。名李淵。618年至626年在位。　文皇：指唐太宗，名李世民。627年至649年在位。

[10]北郊：在中都北城門通玄門外，設有祭祀地祇的方丘。

[11]萬寧宫：行宫名。位於中都城北，疑爲今北京頤和園一帶。

[12]社稷：社爲土神，稷爲穀神。古代王朝祭祀社稷，用社稷代表國家。

[13]遼陽府判官：府官名。掌紀綱衆務，分判吏、户、禮案事，專掌通檢推排簿籍。從六品。　遼陽府：治所在今遼寧省遼陽市。　斜卯劉家：女真人。其他事迹不詳。

夏四月丙申，詔定縣令以下考課法。[1]己亥，祈雨于太廟。[2]庚子，增定關防奸細格。丙午，定衣服制。以祈雨，望祀岳鎮海瀆于北郊。[3]癸丑，祈雨于社稷。甲寅，以久旱，下詔責躬，求直言，避正殿，減膳徹樂，省御厩馬，[4]免旱灾州縣徭役及今年夏税。遣使審繫囚，理冤獄。乙卯，宰臣上表待罪。詔荅曰："朕德有愆，上天示異。卿等各趨乃職，思副朕懷。"戊午，以西上閤門使張偁等爲故高麗國王王晫勅祭使，[5]東上閤門使石懲等爲高麗國王王䄔慰問起復横賜使。[6]庚申，祈雨于太廟。壬戌，萬寧宫端門災。

[1]縣令：縣官名。掌按察所部，勸課農桑，平理獄訟，捕除盜賊，宣導風化，兼管常平倉及通檢推排簿籍等事。正七品。

[2]太廟：皇帝的祖廟。

[3]望祭岳鎮海瀆：遥祭山川的禮儀。五岳，指王朝祭典上的大山，分别爲東岳泰山、西岳華山、南岳衡山、北岳恒山、中岳嵩山。五鎮指僅次於五岳的大山，分别爲東鎮沂山、南鎮會稽山、中鎮霍山、西鎮吴山、北鎮醫巫閭山。四海，指百川匯聚之處，分别爲東海、北海、南海、西海。四瀆指四條大江大河，分别爲長江、黄河、淮河、濟水。

[4]御厩馬：供皇室使用的馬匹，由尚厩局掌管。

[5]西上閤門使：宣徽院下屬西上閤門屬官。掌贊導殿庭禮儀。正員二人，正五品。　張偁：其他事迹不詳。　勅祭使：臨時官職，以他官兼之。

[6]東上閤門使：宣徽院下屬東上閤門屬官。正員二人，正五品。　石愨：其他事迹不詳。　慰問起復横賜使：臨時官職，以他官兼之。横賜爲廣賜或遍賜之意，以示金朝皇帝的恩惠。

五月乙丑，祈雨于北郊。有司請雩，[1]詔三禱岳瀆社稷宗廟，不雨，乃行之。癸酉，平章政事徒單鎰、[2]尚書右丞完顏匡罷。[3]甲戌，雨。乙亥，百官上表請御正殿，復常儀。乙酉，謝雨于宗廟。丁亥，報祀社稷。汰隨朝冗官。定省令史闕决公務，[4]詭稱已稟，擅退六部、[5]大理寺法狀及妄有所更易者罪。[6]辛卯，報謝岳鎮海瀆。

[1]雩（yù）：古代求雨的祭祀。

[2]平章政事：尚書省屬官。金代宰相成員之一，丞相的副佐，掌丞天子，平章萬機。正員二人，從一品。　徒單鎰：女真人。本

書卷九九有傳。

[3]尚書右丞完顔匡：據本書卷一一《章宗紀三》，泰和三年（1203）正月己卯，以“右丞完顔匡爲左丞”。此處“右丞”應是“左丞”之誤。尚書左丞，尚書省屬官。爲宰相的副佐，佐治尚書省政務。正二品。完顔匡，女真人。本書卷九八有傳。

[4]省令史：尚書省下屬吏員。無品級。

[5]六部：尚書省屬下的吏部、户部、禮部、兵部、刑部、工部。

[6]大理寺：官署名。掌審斷天下奏案，詳斷疑獄。

六月壬辰朔，罷兼官俸給。壬寅，復行吏目移轉法。乙巳，始祭中霤。[1]戊申，罷惠、川、高三州，[2]秀巖、灤陽、徽川、咸寧、全安、利民六縣，[3]及北京宫苑使，[4]諸群牧提舉，[5]居庸、紫荆、通會三關使，[6]西北路鎮防十三千户，[7]諸路醫學博士。[8]壬子，司天臺長行張翼進《天象傳》。[9]

[1]中霤（liù）：國家祭土神，民户祭宅神。霤，古代五祀之一。

[2]惠：州名，章宗承安二年（1197）置，至此廢。治所在今内蒙古自治區寧城縣附近。　川：州名，章宗承安二年置，至此廢。治所在今遼寧省義縣附近。　高：州名，章宗承安三年置，至此廢。治所在今内蒙古自治區赤峰市東北。

[3]秀巖：縣名。此時廢爲鎮，宣宗貞祐四年（1216）復升置。治所在今遼寧省岫巖縣城。　灤陽：縣名。章宗承安二年（1197）置，隸屬惠州，至此廢。治所在今内蒙古自治區寧城縣附近。　徽川：縣名。章宗承安二年置，至此廢。治所在今遼寧省朝陽市附近。　咸寧：縣名。此時廢，不久復置。治所在今陝西省西

安市一帶。　全安：本書《地理志》無此地名，《金史詳校》卷二，“‘全’當作‘金’，案《志》屬泰州”，在北京路臨潢府泰州條下，“舊有金安縣，承安三年置，尋廢”。疑“全安”爲“金安”之誤。金安縣，治所在今吉林省洮南市附近。　利民：縣名。章宗承安五年置，至此廢。治所在今河北省承德市一帶。

[4]北京宫苑使：京官名。掌宫闕修繕之事。中都皇城使爲正八品，比之，此官或亦爲正八品，或低一級。

[5]群牧提舉：群牧司屬官。掌檢校群牧畜養蕃息之事。正四品。

[6]居庸、紫荆、通會三關使：官名。掌關禁、譏察奸僞及管鑰啓閉。從七品。居庸，地名。位於今北京市昌平區西北。紫荆，地名。位於今河北省易縣之西。通會，地名。位於今甘肅省和政縣南。

[7]西北路：地區級路名。隸屬於西京路，治所在今内蒙古自治區正藍旗。　鎮防十三千户：軍官名。鎮防軍統兵官，千户即猛安。鎮防，軍名。從諸軍中抽取兵士組成，以更代戍邊。

[8]醫學博士：據本書卷一三一《紀天錫傳》，世宗大定年間授予學醫，且醫術精湛、以醫名世的人以醫學博士稱號。

[9]司天臺長行：司天臺所屬小吏。五十人。　張翼：其他事迹不詳。

秋七月丁卯，定申報盜賊制。戊辰，朝獻于衍慶宫。[1]庚午，幸望京甸。[2]壬申，如萬寧宫。甲戌，罷限錢法。甲申，改葬鎬王永中于威州。[3]

[1]衍慶宫：原廟内宫名。内藏太祖以下御容及功臣像。

[2]望京甸：本書卷八五《永功傳》作望京淀，具體地點不詳。

[3]鎬王：封爵名。大國封號，明昌格第四位。　永中：女真人。世宗子，本書卷八五有傳。　威州：治所在今河北省井陘縣之北。

八月，大理丞姬端脩、[1]司直温敦按帶論奏知大興府事紇石烈執中，[2]坐所言不當，各削一官，罷職。丁酉，以尚書右丞相崇浩爲左丞相，[3]右丞僕散揆爲平章政事，[4]參知政事孫即康爲尚書右丞，[5]御史大夫僕散端爲左丞，[6]吏部尚書獨吉思忠爲參知政事。[7]庚子，詔完顔綱、喬宇、宋元吉等編類陳言文字，[8]其言涉宫庭，若大臣、省臺、[9]六部，各以類從，凡二千卷。辛丑，以西京留守崇肅爲御史大夫。[10]癸卯，更定閤門祗候出職格。[11]先是以天旱詔求直言。[12]至是尚書省奏："河南府盧顯達、[13]汝州王大材所陳，[14]言涉不遜，請以情理切害論其罪。"從之，仍徧諭中外。命諸路學校生徒少者罷教授，[15]止以本州、府文資官提控之。丁未，以安州軍事判官劉常言，[16]諸按察司體訪不實，[17]輒加糾劾者，從故出入人罪論，仍勒停。若事涉私曲，各從本法。辛亥，還宫。乙卯，以知真定府事完顔昌等爲賀宋生日使。[18]丁巳，幸太極宫。弛圍場遠地禁，縱民耕捕樵采。減教坊長行五十人，[19]渤海教坊長行三十人，[20]文繡署女工五十人。[21]出宫女百六十人。

[1]姬端脩：即宗端脩。本書卷一〇〇《宗端脩傳》："章宗避睿宗諱上一字，……改'宗'氏爲'姬'氏。"宗端脩因章宗朝避諱改爲"姬端脩"。

［2］知大興府事：府官。知府事，本書《百官志》不載，世宗大定年間始設，官品高於同知，或低於府尹。章宗朝及以後，不授府尹，以知府事代之，掌宣風導俗，肅清所部，總判府事。官品或與府尹同，正三品。

［3］崇浩：女真人。按本書卷九三本傳作“宗浩”。卷一〇〇《宗端脩傳》云：“章宗避睿宗諱上一字，凡太祖諸子皆加‘山’爲‘崇’。”章宗朝，宗浩改爲崇浩。

［4］右丞：尚書省屬官。爲執政官，宰相的副佐，佐治尚書省政務。正二品。　僕散揆：女真人。本書卷九三有傳。

［5］參知政事：尚書省屬官。爲執政官，宰相的副佐，佐治尚書省事。正員二人，從二品。　孫即康：本書卷九九有傳。

［6］御史大夫：御史臺長官。掌糾察、彈劾百官，復審内外刑獄所屬理斷不當案件。從二品。　僕散端：女真人。本書卷一〇一有傳。

［7］吏部尚書：吏部長官。掌文武選授、勛封、考課、出給制誥之政。正三品。　獨吉思忠：女真人。本書卷九三有傳。

［8］完顏綱：女真人。本書卷九八有傳。　喬宇：章宗朝任知登聞檢院、禮部侍郎。　宋元吉：曾任南京路轉運使。

［9］省臺：即尚書省與御史臺。

［10］西京留守：京官名。兼本路兵馬都總管，掌管一路軍政事務。正三品。西京，治所在今山西省大同市。　崇肅：女真人。據本書卷六一《交聘表中》，大定十四年（1174）“九月乙未，以宿直將軍宗室崇肅爲夏生日使”。可知崇肅爲宗室出身，其原名應爲“宗肅”，章宗朝改爲“崇肅”。修史時，將章宗之前的“宗肅”也改爲“崇肅”了。

［11］閤門祗候：宣徽院閤門屬官。爲低級官吏，正員二十五人。

［12］先是以天旱詔求直言：“是”，原作“詔”，據北監本、殿本改之。

[13]河南府：治所在今河南省洛陽市。　盧顯達：其他事迹不詳。

[14]汝州：治所在今河南省汝州市。　王大材：其他事迹不詳。

[15]教授：國子學屬官。掌教誨諸生。正員四人，正八品。

[16]安州軍事判官：州官名。《百官志》州官條下僅有"判官"一職，職掌又與軍事無關，但《金史》中軍事判官極爲常見，很少見州判官。是《百官志》脱"軍事"二字，還是傳記記載有誤？很難定奪，姑且存疑。判官，掌簽判州事，專管通檢推排簿籍。從八品。　安州：治所在今河北省安新縣南。　劉常：其他事迹不詳。

[17]按察司：官署名。地方監察機構。原爲提刑司，章宗承安四年（1199）改爲按察司。掌審察刑獄、照刷案牘、糾察濫官污吏豪滑之人、私鹽酒麯並應禁之事，監管猛安謀克，兼勸農桑。

[18]真定府：治所在今河北省正定縣。　完顔昌：女真人。其他事迹不詳。　賀宋生日使：金朝每年按例派遣賀宋朝皇帝生日的使者，爲臨時官職，以他官兼之，被時人視爲既榮譽又收入頗豐的肥差。

[19]教坊長行：宣徽院下屬教坊屬吏。從事殿庭音樂之事。

[20]渤海教坊長行：宣徽院下屬教坊屬吏。從事宫廷渤海樂之事。無官品。

[21]文繡署：官署名。掌繡造御用與妃嬪等服飾，以及燭籠照道花卉。

九月庚申朔，天壽節，[1]宋、高麗、夏遣使來賀。丙寅，如薊州秋山。[2]壬申，定屯田户自種及租佃法。

[1]天壽節：金章宗的誕辰。

[2]薊州：治所在今天津市薊州區。　秋山：金朝皇帝秋季狩獵的場所。

冬十月甲午，定私鹺法。丙申，詔親軍三十五以下令習《孝經》《論語》。[1]癸卯，至自秋山。甲寅，以提點尚衣局完顏瓊爲夏國生日使。[2]

[1]《孝經》《論語》：書名。《孝經》有古文、今文兩種，古文孔安國注本，分二十二章；今文鄭玄注本，分十八章。《論語》，爲孔子的弟子及後學關於孔子言行思想的記録，共二十篇。

[2]提點尚衣局：宣徽院下屬尚衣局屬官。管理御用衣服、冠帶等事。正五品。　完顏瓊：女真人。其他事迹不詳。　夏國生日使：金朝每年按例派遣賀西夏國王生日的使者，爲臨時官職，以他官兼之。

十一月丁卯，以殿前右副都點檢烏林荅毅等爲賀宋正旦使。[1]癸酉，木冰，凡三日。丁丑，定收補承應人格。[2]

[1]殿前右副都點檢："右"，原作"古"。據本書卷五六《百官志二》，殿前都點檢司官職有殿前左、右副都點檢，無殿前古副都點檢。又據卷六二《交聘表下》，泰和四年（1204）"十一月丁卯，遣殿前右副都點檢烏林荅毅等爲賀宋正旦使"。施國祁《金史詳校》卷二，"'古'當作'右'"。今改之。殿前右副都點檢爲殿前都點檢司屬官，殿前都點檢副佐，兼侍衛親軍副都指揮使，掌宫掖及行從。從三品。　烏林荅毅：女真人。其他事迹不詳。

[2]承應人：爲設在宫中的諸司局監署内無職品的差使人員，多從宗室近親、世戚姻家、功臣子孫和大臣子弟中選任，有正班與

雜班之分。

十二月己丑朔，新平等縣蚜蚄蟲生。[1]己亥，左丞相崇浩等請上尊號。不許。辛丑，勅陝西、河南饑民所鬻男女，[2]官爲贖之。乙卯，百官再表乞受尊號。不許。

[1]新平：縣名。治所在今陝西省彬縣。　蚜蚄：粘蟲，農作物害蟲。

[2]河南：即今河南一帶。

五年春正月己未朔，大雪。宋、高麗、夏遣使來賀。庚申，謁衍慶宮。乙丑，幸太極宮。丁卯，如光春宮春水。壬申，朝獻于衍慶宮。乙亥，詔有司，自泰和三年郡縣三經行幸、[1]民嘗供億者，賜今年租税之半。丁丑，次霸州。[2]調山東、河北軍夫改治漕渠。[3]

[1]泰和：金章宗年號（1201—1208）。

[2]霸州：治所在今河北省霸州市。

[3]漕渠：指運河。

二月己丑朔，諭按察司："近制以鎮静而知大體爲稱職，苛細而闇於大體爲不稱。由是各路按察以因循爲事，莫思舉刺，郡縣以貪黷相尚，莫能畏戢。自今若糾察得實，民無冤滯，能使一路鎮静者爲稱職。其或煩紊使民不得伸訴者，是爲曠廢。"癸巳，定鞫勘官受飲宴者罪。[1]己亥，如建春宮。[2]甲寅，制盜用及僞造都門契者罪，[3]視宮城門减一等。

［1］鞫勘官：泛指按察司等監察機構所屬的監察官員。

［2］建春宮：行宮名。在中都城南大興縣，即今北京市城南。

［3］都門契：官方發放的出入中都城門的憑證。

三月庚申，還宮。癸亥，更定兩税輸限。乙丑，宋兵入秦川界。[1]庚午，親王、百官請上尊號，不許。甲戌，諭有司，進士名有犯孔子諱者避之，[2]仍著爲令。命給米諸寺，自十月十五日至次年正月十五日作糜以食貧民。戊寅，罷獄空錢。辛巳，宋兵入鞏州來遠鎮。[3]唐州得宋諜者，[4]言韓侂胄屯兵鄂、岳，將謀北侵。[5]

［1］秦川：地名。秦川即甘肅清水縣的清水，其上下皆謂之秦川，亦稱關中，今甘肅、陝西二省地。

［2］孔子：名丘，字仲尼，春秋魯國人。見《史記》卷四七《孔子世家》。

［3］鞏州：治所在今甘肅省隴西縣。　來遠鎮：在今甘肅省武山縣西南。

［4］唐州：治所在今河南省唐河縣。

［5］韓侂胄：南宋人。《宋史》卷四七四有傳。　鄂：南宋州名。治所在今湖北省武漢市。　岳：南宋州名。治所在今湖南省岳陽市。

四月戊子朔，如萬寧宮。癸巳，命樞密院移文宋人，[1]依誓約撤新兵，毋縱入境。壬子，定隨路轉運司及府官每季檢視庫物法。[2]

[1]樞密院：官署名。掌國家軍務機密之事。

[2]轉運司：官署名。掌税賦錢穀、倉庫出納、權度量衡之制。

五月甲子，以平章政事僕散揆爲河南宣撫使，[1]籍諸道兵以備宋。癸酉，詔定遼東邑社人數。[2]戊寅，更定檢、知法勤留格。[3]己卯，如慶寧宫。[4]制司屬丞凡遭父母喪止給卒哭假，爲永制。甲申，宋人入漣水縣。[5]

[1]河南宣撫使：宣撫司屬官。掌鎮撫人民、譏察邊防軍旅、審録重刑事，勸農桑。從一品。

[2]遼東：泛指遼河以東地區。

[3]檢、知法：尚書省下屬臺、院、司等諸機構屬官。掌檢斷各司取法文字。從八品。

[4]慶寧宫：行宫名。在德興府龍門縣，今河北省赤城縣西。

[5]漣水縣：治所在今江蘇省漣水縣。

六月戊子，復漣水縣。丁酉，制定本朝婚禮。更定鬻米麪入外界法。己酉，制鎮防軍逃亡致邊事失錯、陷敗户口者罪。甲寅，詔拜禮不依本朝者罰。召諸大臣問備宋之策，皆以設備養惡爲言。上以南北和好四十餘載，民不知兵，不忍先發。

七月戊辰，如錦屏山。[1]壬申，朝獻于衍慶宫。乙亥，宣撫使揆奏定奸細罪賞法。丙子，定圍場誤射中人罪。壬午，詔諸縣盜賊多所選注巡尉。[2]

[1]錦屏山：金朝有兩座錦屏山，一在今山西省懷仁縣境内，一在今河南省宜陽縣境内。

［2］巡尉：府州屬官。掌巡捕盗賊。無官品。

八月辛卯，詔罷宣撫司。時宋殿帥郭倪、[1]濠州守將田俊邁誘虹縣民蘇貴等爲間，[2]河南將臣亦屢縱諜，往往利俊邁之賂，反爲游説。皆言宋之增戍，本虞他盗，及聞行臺之建，[3]益畏讋不敢去備，且兵皆白丁，自裹糧糒，窮蹙飢疫，死者十二三，由是中外信之。宣撫司以宋三省、樞密院及盱眙軍牒來上，[4]又皆鐫點邊臣爲辭。宣撫使揆因請罷司，從之。揆又奏罷臨洮、德順、秦、鞏新置弓箭手。[5]

［1］殿帥：宋官名。即殿前都指揮使的俗稱。　郭倪：其他事迹不詳。

［2］濠州：南宋州名。治所在今安徽省鳳陽縣。　田俊邁：南宋軍將，其他事迹不詳。　虹縣：治所在今安徽省泗縣。　蘇貴：其他事迹不詳。

［3］行臺：即行尚書省。

［4］宋三省、樞密院：南宋官署名。三省爲尚書、中書、門下三省，是中央最高權力機關。樞密院爲掌軍機重要事務的機構。　盱眙軍：南宋軍州名。治所在今江蘇省盱眙縣。

［5］臨洮：府名。治所在今甘肅省臨洮縣。　德順：州名。治所在今甘肅省静寧縣。　秦：州名。治所在今甘肅省天水市。

閏月乙卯朔，罷典衛司。[1]丙子，還宫。

［1］罷典衛司：原脱“罷”字，施國祁《金史詳校》卷二云據《志》校，“此上當加‘罷’”。中華點校本考證，本書卷五六《百

官志二》，宣徽院典衛司，“泰和五年閏八月，以崇妃薨，興定元年復設”。按上下文義“薨”下當脱“罷”字，此處亦然。今從之。典衛司，官署名。隸屬宣徽院，掌後宮嬪妃防衛之事。

九月甲申朔，天壽節，宋、高麗、夏遣使來賀。戊子，西北方黑雲間有赤氣如火色，次及西南、正南、東南方皆赤，有白氣貫其中，至中夜，赤氣滿天，四更乃散。以河南路統軍使紇石烈子仁等爲賀宋生日使。[1]戊戌，宋兵三百攻比陽寺莊，[2]副巡檢阿里根寺家奴死之。[3]甲辰，宋人焚黄澗，[4]虜巡檢高顥。[5]

[1]河南路統軍使：統軍司長官。掌督領軍馬，鎮守邊陲，分營衛，視察奸。正三品。河南路統軍司治於開封府，在今河南省開封市。　紇石烈子仁：女真人。曾任知興中府事，泰和五年（1205）九月以河南路統軍使爲賀宋生日使，其後晋升右副元帥、樞密使兼三司使。

[2]比陽寺莊：比陽，亦作沘陽，縣名，治所在今河南省泌陽縣西。此比陽寺莊不詳。

[3]副巡檢：巡檢司屬官。掌肅清盗賊之事。官品不詳。　阿里根寺家奴：女真人。其他事迹不詳。

[4]黄澗：地名。具體地點不詳。

[5]高顥：其他事迹不詳。

冬十月庚申，以刑部員外郎李元忠爲高麗生日使。[1]丁丑，宋人襲比陽，唐州軍事判官撒覩死之。[2]

[1]刑部員外郎：刑部屬官。正員二人。一員掌律令格式、審

定刑名、關津譏察、赦詔勘鞫、追征給没等事；一員掌宫户、監户(官奴婢口)、配吏、良賤身份訴訟，城門啓閉、官吏改正、功賞捕亡等事務。從六品。　李元忠：其他事迹不詳。

[2]撒覩：女真人。其他事迹不詳。

十一月乙酉，宋人入内鄉，[1]攻洛南之固縣，[2]商州司獄壽祖追至丹河，[3]擊敗之。己丑，以太常卿趙之傑等爲賀宋正旦使。[4]癸巳，山東闕食，賜錢三萬貫以賑之。乙未，初定武舉格。[5]丁酉，詔山東、陝西帥臣訓練士卒，以備非常。仍以銀十五萬兩分給邊帥，募民偵伺。復遣武衛軍副都指揮使完顔太平、[6]殿前右衛副將軍蒲察阿里赴邊，[7]伺其入，伏兵掩之。戊戌，大雪，免朝參。己亥，更定宫中局、署承應收補格。宋吴曦擁衆興元，[8]欲窺關、隴，[9]皇甫斌益募兵擾淮北，[10]所掠即以與之，使自爲戰。

[1]内鄉：縣名。治所在今河南省西峽縣。

[2]洛南：縣名。治所在今陝西省洛南縣。　固縣：鎮名。位於洛南縣西。《元豐九域志》卷三，洛南有故縣鎮，“洛南州，北七十五里，一鄉，採造、石界、故縣、兩合四鎮”。中華點校本據此疑“固”當作“故”。施國祁《金史詳校》卷二認爲“固”當爲“故”。

[3]商州司獄：州官名。掌提控獄囚。正九品。商州，治所在今陝西省商洛市商州區。　壽祖：其他事迹不詳。　丹河：當是丹水的俗稱，丹水發源於陝西商洛市西北塚嶺山，東南流入河南，經内鄉、淅川，入漢水，亦稱丹淵、丹江。

[4]太常卿：太常寺屬官。掌禮樂、郊廟、社稷、祠祀之事。

從三品。　趙之傑：其他事迹不詳。

[5]武舉：金朝科舉的科目之一。分府、省、程三級考試，内容是試武藝和測問孫吴兵法，並問律一條。習武不知文者，中選後例降一等。

[6]武衛軍副都指揮使：武衛軍都指揮使司屬官。掌防衛都城、警捕盗賊。正員二人，從四品。　完顔太平：女真人。泰和三年（1203）十月，以薊州刺史爲夏國生日使。

[7]殿前右衛副將軍：殿前都點檢司屬官。掌宫禁及行從宿衛警嚴，仍總領護衛。官品失載。　蒲察阿里：女真人。本書卷一〇三有傳。

[8]吴曦：宋人。時爲宋朝四川宣撫副使，知興州，兼陝西、河東招撫使，後降金。《宋史》卷四七五有傳。　興元：南宋府名。治所在今陝西省漢中市。

[9]關、隴：當指今陝西、甘肅一帶。

[10]皇甫斌：南宋軍將。金泰和五年（1205）正月以南宋利州觀察使出使金朝爲賀正旦使。　淮北：指淮河以北地區。

六年春正月癸未朔，宋、高麗、夏遣使來賀。丁亥，宋使陳克俊等朝辭。[1]遣御史大夫孟鑄就館諭克俊等曰：[2]“大定初，[3]世宗皇帝許宋世爲姪國，[4]朕遵守遺法，和好至今。豈意爾國屢有盗賊犯我邊境，以此遣大臣宣撫河南軍民。及得爾國有司公移，稱已罷黜邊臣，抽去兵卒，朕方以天下爲度，不介小嫌，遂罷宣撫司。未幾，盗賊甚于前日。比來群臣屢以爾國渝盟爲言，朕惟和好歲久，委曲涵容。恐姪宋皇帝或未詳知。若依前不息，臣下或復有云，朕雖兼愛生靈，事亦豈能終已。卿等歸國，當以朕意具言之汝主。”辛卯，朝享于衍慶宫。丙申，宋興元守將吴曦遣兵圍抹熟龍堡，[5]部將蒲鮮長安擊走之，[6]斬其將。辛丑，更定保伍法。癸卯，始以沿河縣官兼管勾漕河事，州、府府官兼提控。[7]丁未，如春水。庚戌，宋人入撒牟谷。[8]陝西統軍判官完顔撻剌、[9]鞏州兵馬鈐轄完顔七斤約宋西和州守將會境上。[10]俄伏發，爲所襲，木波部長趙彦雄等七人死焉。[11]撻剌馬陷淖中，中流矢，七斤僅以身免。

[1]陳克俊：南宋人。又見本書卷一〇〇《孟鑄傳》，按卷六二《交聘表下》，泰和六年（1206）“正月癸未朔，宋試刑部尚書陳景俊、知閤門事吴琯賀正旦”。《宋史》卷三八《寧宗紀二》，開禧元年（1205）九月“丁未，遣陳景俊使金賀正旦”。皆作“陳景俊”。中華點校本認爲景俊是其本名，金章宗諱璟，宋使入金有改名之事，修史時回改未能一致。

[2]御史大夫孟鑄：本書卷一〇〇有傳。按本傳，“泰和四年，入爲御史中丞”。其官職當爲御史中丞。中華點校本認爲，稱“御史大夫”，或宋金外事官多假高位之故。

[3]大定：金世宗年號（1161—1189），章宗即位後仍沿用一年。

[4]世宗：即完顔烏禄，漢名雍。1161年至1189年在位。

[5]抹熟龍堡：地名。具體地點不詳。

[6]蒲鮮長安：女真人。其他事迹不詳。

[7]州、府府官兼提控：按本書卷二七《河渠志·漕渠》，泰和六年（1206）定制，“凡漕渠所經之地，州府官銜内皆帶‘提控漕河事’”。此處多一“府”字，應删去。

[8]撒牟谷：地名。具體地點不詳。

[9]陝西統軍判官：統軍司屬官。掌紀綱庶務，簽判司事。從五品。　完顔撻剌：女真人。泰和七年（1207）任副統，爲統

兵官。

［10］鞏州兵馬鈐轄：州官名。掌管轄軍人、防衛警捕之事。鞏州：治所在今甘肅省隴西縣。　完顔七斤：女真人。其他事迹不詳。　西和州：南宋州名。治所在今甘肅省西和縣。

［11］木波部：西北羌人部族名。分布在今甘肅、青海一帶。趙彦雄：其他事迹不詳。

二月甲戌，御史中丞孟鑄言：[1]"提刑改爲按察司，[2]又差官覆察，權削而望輕，非便。"參知政事賈鉉曰：[3]"按察司既差監察體訪，[4]復遣官覆察之，誠爲繁冗。請自今差監察時即遣官與俱，更不覆察。"從之。

［1］御史中丞：御史臺屬官。御史大夫的副佐。從三品。

［2］提刑：即提刑司，地方監察機構。章宗大定二十九年（1189）六月於全國設九處提刑司，承安四年（1199）改稱按察司。

［3］賈鉉：本書卷九九有傳。

［4］監察：即監察御史，御史臺屬官。掌糾察内外官員非違之事。正員十二人，正七品。

三月甲午，尚書省奏，商州刺史烏古論兖州請賻押軍官與南兵戰没者，[1]又奏遷右振肅蒲察五斤官，[2]皆從之。明昌初，[3]五斤嘗爲奉御，[4]出使山東，至河間，[5]以百姓飢，輒移提刑司開倉賑之，還具以聞。上初甚悦。太傅徒單克寧言：[6]"陛下始親大政，不宜假近侍人權，乞正專擅之罪。"詔杖之二十。克寧又以爲言，乃罷之。後上思之，由泰州都軍召爲振肅。[7]己亥，如萬寧宫。甲辰，勅尚書省："祖父母、父母無人侍養，而子孫遠遊至經歲者，甚傷風化，雖舊有徒二年之罪，似涉太輕。其考前律，再議以聞。”己酉，宋人攻靈璧，[8]南京按察使行部至縣，[9]匿民舍得免。

[1]烏古論兖州：女真人。章宗朝任商州刺史，宣宗朝任陝西宣撫副使。

[2]右振肅：殿前都點檢司屬官。掌妃嬪出入總領護衛導從。正七品。　蒲察五斤：女真人。金宣宗貞祐三年（1215），以拱衛直都指揮使爲賀宋正旦使，其後任權遼東路宣撫使、權參知政事、行尚書省、元帥府於上京，元帥左監軍、右副元帥、行省遼東。

[3]明昌：金章宗年號（1190—1196）。

[4]奉御：近侍局下屬吏員。

[5]河間：府名。治所在今河北省河間市。

[6]太傅：三師之一。師範一人，儀刑四海。正一品。　徒單克寧：女真人。本書卷九二有傳。

[7]泰州都軍：都軍司屬官。掌巡捕盜賊，管城隍。官品不詳。泰州：治所在今吉林省洮南市城四家子古城。

[8]靈璧：縣名。治所在今安徽省靈璧縣。

[9]南京按察使：按察司長官。正三品。

四月丙辰，宋人圍壽春。[1]壽春告急于亳，[2]同知防禦使賢聖奴將步騎六百赴之，[3]乃退。癸亥，尚書省奏：“河南統軍司言，統軍使紇石烈子仁等遣嚴整、閻忠、周秀輩入襄陽，[4]覘敵陰事。還言皇甫斌遣兵四萬規取鄧，[5]以我叛人田元爲鄉導，[6]三萬人規取唐，以張真、張勝爲鄉導，[7]俱授統領官，故不敢無備。乃聚鄭、汝、陽翟之兵于昌武，[8]以南京副留守兼兵馬副都總管紇石烈毅統之，[9]聚亳、陳、襄邑之兵于歸德，[10]以河南路副統軍徒單鐸統之，[11]而自以所部兵駐汴。[12]及擬山東東、西路軍七千付統軍紇石烈執中駐大名，[13]河北東、西路軍萬七千屯河南，[14]皆給以馬，有老弱者易其人。"皆從之。甲子，宋人攻天水界，[15]乙丑，入東柯谷，[16]部將劉鐸戰敗之。[17]丙寅，詔平章政事僕散揆領行省于汴，許以便宜從事。升諸道統軍司爲兵馬都統府，以山東東、西路統軍使紇石烈執中爲山東西路兵馬都統使，[18]定海軍節度使、副都統軍使完顔撒剌副之，[19]陜西統軍使充爲陜西五路兵馬都統使，[20]通遠軍節度使胡沙、[21]知臨洮府事石抹仲温副之。[22]河南皆聽揆節制如故。盡徵諸道籍兵。辛未，宋吴曦攻來遠鎮之蘭家嶺。[23]丙子，詔内外職官納馬各有數。丁丑，宋人入新息、内鄉，[24]又入泗州。[25]戊寅，入褒信。[26]己卯，入虹縣。庚辰，入潁上。[27]

[1]壽春：南宋縣名。治所在今安徽省壽縣。

[2]亳：州名。治所在今安徽省亳州市。

[3]同知防禦使：州官名。掌通判防禦使事。正六品。　賢聖奴：女真人。其他事迹不詳。

[4]嚴整：後授其嵩州巡檢使。　閻忠：其他事迹不詳。　周秀：其他事迹不詳。　襄陽：南宋府名。治所在今湖北省襄樊市。

[5]鄧：州名。治所在今河南省鄧州市。

[6]田元：其他事迹不詳。

[7]張真：南、北監本、殿本、局本並作"張貞"，其他事迹不詳。　張勝：其他事迹不詳。

[8]鄭：州名。治所在今河南省鄭州市。　汝：州名。治所在

今河南省汝州市。　陽翟：縣名。治所在今河南省禹州市。　昌武：軍州名。治所在今河南省許昌市。

［9］南京副留守兼兵馬副都總管：京官與路官名。掌通判府事，從四品。

［10］襄邑：縣名。治所在今河南省睢縣。　歸德：府名。治所在今河南省商丘市。

［11］河南路副統軍：統軍司屬官。佐統軍使掌督領軍馬，鎮守邊陲，分營衛，視察奸。正四品。　徒單鐸：女真人。世襲中都路烏獨渾謀克。

［12］汴：即南京，治所在今河南省開封市。

［13］山東東、西路：山東東路治於益都府，治所在今山東省青州市。山東西路治於東平府，治所在今河北省東平縣。　大名：府名。治所在今河北省大名縣北。

［14］河北東、西路：河北東路治於河間府。河北西路治於真定府。

［15］天水：南宋軍州名。治所在今甘肅省天水市南、西和縣北。

［16］東柯谷：地名。在今甘肅省天水市南。

［17］劉鐸：其他事迹不詳。

［18］山東東西路統軍使：按本書卷四四《兵志》作山東路統軍司，此處或衍“東西”二字，或金宋戰争期間，臨時改稱的官職。

［19］定海軍節度使：州軍官名。總管一州軍政事務，掌鎮撫諸軍防刺，總判本鎮兵馬之事，兼本州管内觀察使事。從三品。　副都統軍使：軍官名。爲統兵官，官品不詳。　完顔撒剌：女真人。姓完顔氏，宗室出身。其後任元帥左都監、參知政事。

［20］充：女真人。金章宗朝曾任河南路統軍使、陝西統軍使、元帥右監軍等職。章宗承安五年（1200）十二月以河南統軍使爲宋弔祭使出使宋朝（宋光宗卒）。　陝西五路：即京兆路，治所在今

陕西省西安市；鄜延路，治所在今陕西省延安市；慶原路，治所在今甘肅省慶陽市；鳳翔路，治所在今陕西省鳳翔縣；臨洮路，治所在今甘肅省臨洮縣。

［21］通遠軍：軍州名。治所在今甘肅省隴西縣。　胡沙：女真人。即完顏承裕。本書卷九三有傳。

［22］臨洮府：治所在今甘肅省臨洮縣。　石抹仲温：契丹人。本書卷一〇三有傳。

［23］蘭家嶺：地名。位於今甘肅省武山縣一帶。

［24］新息：縣名。治所在今河南省息縣。

［25］泗州：治所在今江蘇省盱眙縣北。

［26］褒信：縣名。治所在今河南省新蔡縣南。

［27］潁上：縣名。治所在今安徽省潁上縣。

五月壬午，宋李爽圍壽州，[1]田俊邁入蘄縣，[2]秦誅攻蔡州。[3]防禦使完顏佛住敗之。[4]又入金城海口，[5]殺長山尉，[6]執二巡檢以去。甲申，太白晝見。丙戌，以宋畔盟出師，告于天地太廟社稷。丁亥，親告于衍慶宫。戊子，平章政事僕散揆兼左副元帥，[7]陕西兵馬都統使充爲元帥右監軍，[8]知真定府事烏古論誼爲元帥左都監。[9]辛卯，以征南詔中外。賜唐州刺史吾古孫兀屯、[10]總押鄧州軍馬事完顏江山爵各二級，[11]蔡州防禦使完顏佛住爵一級，餘賞賚有差。又以非嚴整上變，必爲所誤，授整嵩州巡檢使，[12]賜爵八級，錢二百萬。上以宋兵方熾，東北新調之兵未集，河南之衆不足支，命河北、大名、北京、天山之兵萬五千屯真定、[13]河間、清、獻等以爲應。[14]壬辰，諭尚書省："今國家多故，凡言軍國利害，五品以上官以次奏陳，朕將親問之。六品以下則具帖子以進。”癸巳，山東路災，赦死罪已下。以樞密副使完顏匡爲右副元帥。[15]宋田俊邁攻宿州，[16]安國軍節度副使納蘭邦烈等出兵擊之。[17]邦烈中流矢，宋郭倬、李汝翼以衆繼至，[18]遂圍宿州。壬寅，納蘭邦烈等擊敗之，俊邁退保于蘄。癸卯，執俊邁于蘄。甲辰，皇甫斌攻唐州，刺史吾古孫兀屯拒之，行省遣泌陽副巡檢納合軍勝來援，[19]遂擊敗之。庚戌，太白經天。[20]

[1]李爽：南宋人。其他事迹不詳。　壽州：治所在今安徽省鳳臺縣。

[2]蘄縣：治所在今安徽省宿州市南。

[3]秦洸：南宋人。其他事迹不詳。　蔡州：治所在今河南省汝南縣。

[4]完顏佛住：女真人。其他事迹不詳。

[5]金城：縣名。治所在今山西省應城縣。

[6]長山尉：縣官名。掌巡捕事。正九品。長山，縣名。治所在今山東省鄒平縣東。

[7]左副元帥：元帥府長官之一。掌征討之事。正二品。

[8]元帥右監軍：元帥府屬官。正三品。

[9]元帥左都監：元帥府屬官。從三品。

[10]吾古孫兀屯：女真人。即烏古孫兀屯。本書卷一二一有傳。

[11]總押鄧州軍馬事：軍官名。爲統兵官。官品不詳。　完顏江山：女真人。曾爲右翼提控率騎兵五千攻打南宋光化。

[12]嵩州巡檢使：巡檢司屬官。掌肅清盜賊之事。正七品。

[13]天山：縣名。治所在今内蒙古自治區四子王旗西北。

[14]清：州名。治所在今河北省青縣。　獻：州名。治所在今

河北省獻縣。

［15］樞密副使：樞密院屬官。從二品。　右副元帥：元帥府長官之一。正二品。

［16］宿州：治所在今安徽省宿州市。

［17］安國軍：軍州名。在今甘肅省慶陽市。　納蘭邦烈：女真人。其他事迹不詳。

［18］郭倬：南宋人。泰和三年（1203），時任南宋泉州觀察使出使金朝賀天壽節。　李汝翼：南宋人。章宗承安三年（1198），以福州觀察使使金爲報謝使。

［19］泌陽：縣名。治所在今河南省唐河縣。　納合軍勝：女真人。其他事迹不詳。

［20］太白：星名。即金星，一名啓明星，傳説太白星主殺伐。

六月辛亥朔，左丞僕散端以母憂罷。平章政事揆報蘄之捷，并送所獲宋將田俊邁至闕。上降詔褒諭，賜紇石烈貞、納蘭邦烈、史扢搭等爵賞有差。[1]宋將李爽以兵圍壽州，刺史徒單羲拒守，[2]踰月不能下。壬子，河南統軍判官乞住及買哥等以兵來援，[3]羲出兵應之，爽大敗，同知軍州事蒲烈古中流矢死。[4]乙卯，初置急遞鋪，[5]腰鈴轉遞，日行三百里，非軍期、河防不許起馬。定軍前差發受贓罪。除飛蝗入境雖不損苗稼亦坐罪法。丁巳，詔彰德府，[6]宋韓侂胄祖琦墳毋得損壞，[7]仍禁樵采。庚申，右翼都統完顔賽不敗宋曹統制于溱水。[8]辛酉，詔有司，有宋宗族所居，各具以聞。長官常加提控。壬戌，平章政事揆報壽州之捷。戊辰，詔升壽州爲防禦，免今年租税諸科名錢，釋死罪以下。以徒單羲爲防禦使。贈蒲烈古昭勇大將軍，[9]賜錢三百貫，官其子圖剌，[10]擢乞住同知昌武軍節度使事，[11]買哥河南路統軍判官。都統賽不、副統蒲鮮萬奴各進爵一級，[12]賜金幣有差。辛未，木星晝見，至七月戊申，經天。乙亥，宋吴曦攻鹽川，[13]戍將完顏王喜敗之。[14]

[1]紇石烈貞：女真人。《宋史·寧宗紀》作紇石烈正，曾任刑部尚書等職。　史扢搭：女真人。姓抹撚氏。本書卷九三有傳。

[2]徒單羲：女真人。本書卷一二一有傳。

[3]河南統軍判官：河南統軍司屬官。掌紀綱庶務，簽判司事。從五品。　乞住：女真人。其他事迹不詳。　買哥：女真人。其他事迹不詳。

[4]同知軍州事：州官名。通判州事。正七品。　蒲烈古：女真人。其他事迹不詳。

[5]急遞鋪：官署名。金代一種驛站設置，始置於金章宗泰和六年（1206）六月，用以轉送文檄。

[6]彰德府：治所在今河南省安陽市。

[7]韓琦：北宋人。《宋史》卷三一二有傳。

[8]完顏賽不：女真人。本書卷一一三有傳。　曹統制：南宋軍將。其他事迹不詳。　溱水：在今河南省汝南縣南。

[9]昭勇大將軍：武散官。正四品下階。

[10]圖剌：女真人。其他事迹不詳。

[11]同知昌武軍節度使事：軍州官名。通判節度使事，正五品。　昌武軍：軍州名。治所在今河南省許昌市。

[12]蒲鮮萬奴：女真人。《元史》卷一一九《塔思傳》記載爲完顏萬奴。曾廉《元書》疑是金主賜之國姓；日本學者箭内亘《東夏國的疆域》一文提出，蒲鮮萬奴立國之後，僭用金之國姓。王慎榮、趙鳴岐《東夏史》認爲萬奴立國與改姓是在同時。金宣宗時官至遼東宣撫使，貞祐三年（1215）春兵變叛金，十月“僭稱天

王，國號大真，改元天泰”。宣宗興定元年（1217）改國號爲東夏。東夏政權在今中國東北的東北部地區，1233 年爲蒙古所滅（王慎榮、趙鳴岐《東夏史》，天津古籍出版社 1990 年版）。

[13]鹽川：鎮名。在今甘肅省隴西縣西。

[14]完顏王喜：女真人。本書卷九八《完顏綱傳》作王善，其他事迹不詳。

秋七月癸未，宋商榮復攻東海，[1]縣令完顏卞僧復敗之。[2]還，中伏矢死，贈海州刺史，[3]以銀五百兩，絹百匹給其家，仍官其一子。甲申，朝獻于衍慶宫。丁亥，勑翰林直學士陳大任妨本職專修《遼史》。[4]甲午，宋統制戚春以舟師攻邳州，[5]刺史完顏從正敗之，[6]春赴水死，斬其副夏統制。[7]吴曦兵五萬入秦州，陝西路都統副使承裕等敗之。[8]丙申，夏國王李純佑廢，[9]姪安全立，[10]遣使奉表來告。詔禁賣馬入外境，但至界欲賣而爲所捕即論死。

[1]商榮：南宋人。其他事迹不詳。　東海：縣名。治所在今江蘇省連雲港市附近。

[2]完顏卞僧：女真人。其他事迹不詳。

[3]海州：治所在今江蘇省連雲港市附近。

[4]翰林直學士：翰林學士院屬官。掌制撰詞命，凡應奉文字，銜内帶“知制誥”。不限員，從四品。　陳大任：其他事迹不詳。妨本職：“妨”，殿本、北監本、局本并作“以”。

[5]戚春：南宋人。其他事迹不詳。　邳州：治所在今江蘇省邳州市南。

[6]完顏從正：女真人。其他事迹不詳。

[7]夏統制：南宋軍將。其他事迹不詳。

[8]承裕：女真人。姓完顏氏，宗室出身。本書卷九三有傳。

[9]李純佑：西夏第六代國王。1193年至1206年在位。

[10]李安全：西夏第七代國王。1206年至1211年在位。

八月庚戌，山東帥來報邳州之捷。辛亥，木星晨見。乙卯，以羌酋青宜可爲疊州副都總管。[1]己未，太白晝見。丙寅，左丞僕散端起復前職。詔設平南諸將軍。[2]辛未，宋程松襲取方山原，[3]蒲察貞破走之。壬申，太白晝見，經天。甲戌，至自萬寧宫。乙亥，赦唐、鄧、潁、蔡、宿、泗六州，[4]免來年租税三分之一。

[1]青宜可：羌人。主要事迹見本書卷九八《完顏綱傳》。疊州副都總管：羈縻州官名。以當地少數民族首領擔任，一般爲世襲職。　迭州：城名。承遼舊名，位於今甘肅省迭部縣。

[2]平南諸將軍：泰和六年（1206）伐宋，設平南諸將軍，從平南撫軍上將軍（正三品）到殄寇果毅都尉（從六品）凡九階。軍還罷。

[3]程松：南宋人。其他事迹不詳。　方山原：地名。在今陝西省寶鷄市西。

[4]潁：州名。治所在今安徽省阜陽市。

九月己卯朔，天壽節，高麗遣使來賀。辛巳，元帥右都監蒲察貞取和尚原，[1]臨洮蕃部遵寧獻芻粟、[2]戰馬以助軍。乙酉，將五鼓，北方有赤白氣數道，起于王良之下，[3]行至北斗開陽、摇光之東。[4]丙戌，幸香山。庚寅，勅行尚書省，有方略出衆、武藝絶倫、才幹辦事、工巧過人者，其招選之。甲午，参知政事賈鉉乞致政，不許。戊戌，尚書左丞僕散端行省于汴。己亥，尚書户部侍郎梁鏜行六部尚書事於山東。[5]辛丑，遣尚書左司郎中温迪罕思敬册李安全爲夏國王。[6]甲辰，宋吴曦將馮興、楊雄、李珪等入秦州，[7]陝西都統副使承裕等擊破之，斬楊雄、李珪。[8]

［1］和尚原：地名。在今陝西省寳鷄市南。

［2］遵寧：西北部族人。其他事迹不詳。

［3］王良：星名。《史記·天官書》："漢中四星曰天駟，旁一星，曰王良，王良策馬，車騎滿野。"

［4］開陽：星名。北斗的第六星。　摇光：星名。亦稱瑶光，又名招遥，北斗的第七星。

［5］尚書户部侍郎：户部屬官。户部尚書的副佐，佐掌户籍、物力、鹽鐵、酒麯、礦冶、榷場、市易、度支、國用、俸禄、錢帛、貢賦、租税、積貯、度量衡等事。正員二人，正四品。　梁鏜：本書卷一三《衛紹王紀》、卷四八《食貨志三》、卷九九《徒單鎰傳》、卷一〇七《張行信傳》、卷一三二《紇石烈執中傳》均作"梁瑭"。金章宗時曾任太府監、户部侍郎，衛紹王時任户部尚書、参知政事。　行六部尚書事：金章宗以來，因用兵、河防等事涉及諸路，臨時設行六部（吏、户、禮、兵、刑、工），長官爲行六部尚書，統籌諸路的六部事務。爲臨時官職，事畢即撤。及至金末，金朝一直陷於金蒙戰争中，行六部設置頻繁，往往常設不撤。

［6］尚書左司郎中：左司長官。熙宗初年爲左司侍郎，天眷三年（1140）更爲郎中。掌吏、户、禮三部受事付事，兼帶修起居注官。正五品。　温蒂罕思敬：女真人。章宗朝曾任尚書左司郎中，宣宗朝任吏部尚書、鎮南軍節度使等職。

［7］馮興、楊雄、李珪：南宋人。馮興與楊雄其他事迹無考。

李珪，爲吴曦的親信。

［8］（斬）李珪：《宋史》卷四七五《吴曦傳》，吴曦叛宋降金受封爲蜀王。宋寧宗開禧三年（1207），楊巨源倡義討逆，“李貴即曦室斬其首，裂其屍”，“賊党姚淮源、李珪、郭仲、米修之、郭澄等皆誅之”。據此，李珪並非死於金宋戰場。

冬十月戊申朔，平章政事僕散揆督諸道兵伐宋。庚戌，揆以行省兵三萬出潁、壽，河南路統軍使紇石烈子仁以兵三萬出渦口，[1]元帥匡以兵二萬五千出唐、鄧，[2]左監軍紇石烈執中以山東兵二萬出清口，[3]右監軍充以關中兵一萬出陳倉，[4]右都監蒲察貞以岐、隴兵一萬出成紀，[5]蜀漢路安撫使完顔綱以漢、蕃步騎一萬出臨潭，[6]臨洮路兵馬都總管石抹仲温以隴右步騎五千出鹽川，[7]隴州防禦使完顔璘以本部兵五千出來遠。[8]甲子，獵于近郊。

［1］渦口：渦河在安徽省懷遠縣入淮處，名爲渦口。

［2］元帥匡：按上文五月癸巳，“以樞密副使完顔匡爲右副元帥”，此處當脱“右副”二字。

［3］清口：即清河口，在今山東省東平縣西。

［4］關中：地名。相當於今陝西、甘肅省。　陳倉：山名。在今陝西省寶鷄市東南。

［5］岐：山名。在今陝西省岐山縣北。這裏當指駐守在鳳翔府的軍隊。　成紀：縣名。治所在今甘肅省天水市。

［6］蜀漢路安撫使：安撫司長官。泰和八年（1208）改宣撫司爲安撫司，從一品。蜀漢路，非地方設置的路名，爲臨時任命官職所行使權力的地區。　完顔綱：女真人。本書卷九八有傳。　臨

潭：縣名。在今甘肅省臨潭縣西南。

[7]臨洮路兵馬都總管：路官名。一路最高軍政長官，掌統諸城隍兵馬甲仗，總判府事。正三品。臨洮路，治於臨洮府。　隴右：指隴山以西，黄河以東地區。

[8]隴州防禦：本書卷九三《承裕傳》、卷九八《完顏綱傳》皆作"秦州防禦使"，與此異。隴州，治所在今陝西省千陽縣西北。完顏璘：女真人。其他事迹無考。

十一月戊寅朔，詔定諸州府物力差役式。壬午，完顏匡攻下棗陽。[1]乙酉，詔屯田軍户與所居民爲昏因者聽。[2]丁亥，僕散揆克安豐軍，[3]取霍丘縣。[4]紇石烈執中克淮陰，[5]遂圍楚州。[6]己丑，尚書省奏，減朝官及承應人月俸折支錢。庚寅，完顏匡克光化軍及神馬坡。[7]壬辰，僕散揆次廬江。[8]宋督視江淮兵馬事丘崈遣劉祐來乞和。[9]紇石烈子仁克定遠縣。[10]乙未，完顏匡取隨州。[11]丙申，紇石烈子仁克滁州。[12]戊戌，詔諸路行用小鈔。[13]完顏匡圍德安，[14]别以兵徇下安陸、應城、雲夢、孝感、漢川、荆山等縣。[15]庚子，日斜，有流星二，光芒如炬，幾及一丈，起東北没東南。初定茶禁。完顏綱圍祐州，[16]降之。宋丘崈遣林拱持書乞和。[17]辛丑，完顏匡攻襄陽，破其外城。僕散揆克含山，[18]蒲察貞克天水，紇石烈子仁徇下來安、全椒二縣。[19]壬寅，完顏綱徇下荔川、閭川等城。[20]癸卯，丘崈復遣宋顯等以書幣乞和。[21]乙巳，完顏綱克宕昌。[22]丙午，蒲察貞克西和州。[23]

[1]棗陽：南宋軍州名。治所在今湖北省棗陽市。

[2]昏因：即婚姻。

[3]安豐軍：南宋軍州名。治所在安徽省壽縣。

[4]霍丘縣：治所在今安徽省霍丘縣。

[5]淮陰：縣名。治所在今江蘇省淮陰市。

[6]楚州：治所在今江蘇省淮安市。

[7]光化軍：南宋軍州名。治所在湖北省丹江口市。　神馬坡：地名。具體地點不詳。

[8]廬江：南宋縣名。治所在今安徽省廬江縣。

[9]督視江淮兵馬事：南宋官名。臨時委任的官職。　丘崈：南宋人。字宗卿，時爲宋寧宗朝簽書樞密院事，督視江、淮軍馬。《宋史》卷三九八有傳。　劉祐：南宋人。其他事迹不詳。

[10]定遠縣：南宋縣名。治所在今安徽省定遠縣。

[11]隨州：南宋州名。治所在今湖北省隨州市。

[12]滁州：南宋州名。治所在今安徽省滁州市。

[13]小鈔：金朝紙幣的一種。

[14]德安：南宋府名。治所在今湖北省安陸市。

[15]安陸：南宋縣名。治所在今湖北省安陸市。　應城：南宋縣名。治所在今湖北省應城市。　雲夢：南宋縣名。治所在今湖北省雲夢縣。　孝感：南宋縣名。治所在今湖北省孝感市。　漢川：南宋縣名。治所在今湖北省漢川縣。　荆山：山名。在今湖北省境内。

[16]祐州：本唐置羈縻州名。治所在今甘肅省岷縣。

[17]林拱：南宋人。時爲南宋忠訓郎。

[18]含山：縣名。治所在今安徽省含山縣。

[19]來安：縣名。治所在今安徽省來安縣。　全椒：縣名。治所在今安徽省全椒縣。

[20]荔川：城寨名。在今甘肅省岷縣東南。　閶川：城寨名。在今甘肅省禮縣西。

[21]宋顯：南宋人。時爲南宋武翼郎。

[22]宕昌：城寨名。在今甘肅省宕昌縣。

[23]西和州：南宋州名。治所在今甘肅省西和縣。

十二月丁未朔，完顏匡克宜城，[1]僕散揆攻和州，[2]史扢搭中流矢死。壬子，完顏綱次大潭縣，[3]降之。蒲察貞克成州。[4]癸丑，宋太尉、昭信軍節度使、四川宣撫副使吴曦納款于完顏綱。[5]戊午，右監軍充攻下大散關。[6]己未，紇石烈子仁克真州，[7]丘崈復遣陳璧等奉書乞和。[8]辛酉，右監軍充遣兀顔抄合以兵趣鳳州，[9]城潰入焉。完顏綱遣京兆録事張仔會吴曦于興州之置口。[10]曦具言所以歸朝之意，仔請以告身爲報，盡出以付之，仍獻階州。[11]乙丑，初設都提控急遞鋪官。[12]平章政事僕散揆班師。完顏綱以朝命，假太倉使馬良顯齎詔書、[13]金印立吴曦爲蜀王。[14]戊辰，蒲察貞以西和、天水等捷來報。完顏匡進所掠女子百人。己巳，曦遣其果州團練使郭澄、提舉仙人關使任辛奉表及蜀地圖志、吴氏譜牒來上。[15]壬申，詔完顏匡權尚書右丞，行省事、右副元帥如故。以紇石烈執中縱下虜掠，遣近臣杖其經歷阿里不孫等，[16]仍詔放還所掠。

[1]宜城：縣名。治所在今湖北省宜城市。

[2]和州：南宋州名。治所在今安徽省和縣。

[3]大潭縣：縣名。治所在今甘肅省西和縣西南。

[4]成州：南宋州名。治所在今甘肅省成縣。

[5]宋太尉：南宋三公之首，位於太傅之上。特拜者不預政事。

昭信軍節度使：南宋官名。南宋軍州無昭信軍，可知此非實職，屬於無所掌、無定數的榮職。　四川宣撫副使：南宋官名。不常置，掌撫綏邊境，督視軍旅之事。

[6]大散關：地名。在陝西省寶鷄市西南。

[7]真州：南宋州名。治所在今江蘇省儀征市。

[8]陳璧：南宋人。其他事迹不詳。

[9]兀顔抄合：女真人。其他事迹不詳。　鳳州：南宋州名。治所在今陝西省鳳縣東。

[10]京兆録事：府録事司屬官。掌平理獄訟，按察所部。正八品。　張仔：其他事迹不詳。　興州：北宋州名。南宋爲沔洲，治所在今陝西省略陽縣。　置口：南宋地名。在今陝西省略陽縣東。

[11]階州：南宋州名。治所在今甘肅省武都縣。

[12]都提控急遞鋪官：急遞鋪屬官。始置於金章宗泰和六年(1206）十二月，《百官志》不載，當是掌急遞鋪事務之官。官品不詳。

[13]太倉使：諸倉屬官。掌倉廪畜積、受納租税、支給禄廪之事。　馬良顯：其他事迹不詳。

[14]蜀王：封爵名。大國封號，明昌格第十八位。

[15]果州團練使：南宋州官。掌州軍政事務。果州，治所在今四川省南充市。　郭澄：南宋人。其他事迹不詳。　提舉仙人關使：關官名。掌關禁、譏察奸僞及管鑰啓閉。從七品。　任辛：南宋人。其他事迹不詳。

[16]經歷：官名。掌出納文移。　阿里不孫：女真人。本書卷一〇三有傳。

七年春正月丁丑朔，高麗、夏遣使來賀。完顔匡進攻襄陽。戊寅，勅宰臣舉材幹官同議南征事。辛巳，詔御史大夫崇肅、同判大睦親府事徒單懷忠、[1]吏部尚書范楫、[2]户部尚書高汝礪、[3]禮部尚書張行簡、[4]知大興府事温迪罕思齊等十有四人同對于慶和殿。[5]壬午，詔百官及前十四人同對于廣仁殿。[6]甲申，朝獻于衍慶宫。乙酉，贈故壽州死節軍士魏全宣武將軍、蒙城令，[7]封其妻鄉君，[8]子竢年至十五收充八貫石正班局分承應，仍賜錢百萬。初，李爽圍壽州，刺史蕘募人往斫敵營，全在選中，而爲敵所執。敵令罵蕘則免，全陽許，及至城下，反罵敵，遂殺之。至死罵不絶聲，故有是恩。戊子，召完顏綱赴闕。庚寅，僕散揆還駐下蔡而病。[9]丙申，以左丞相崇浩兼都元帥，[10]行省于南京以代揆。[11]己亥，有司奏更定茶禁。辛丑，完顏匡取穀城。[12]

[1]同判大睦親府事：大睦親府屬官。佐掌敦睦、糾率宗室欽奉王命。從二品。　徒單懷忠：女真人。世宗朝曾任近侍局使，泰和元年（1201）九月以右宣徽使爲賀宋生日使。

[2]范楫：曾任北京提刑副使、知濟南府事，承安四年（1199）十一月爲賀宋正旦使。

[3]户部尚書：户部長官。正三品。　高汝礪：本書卷一〇七有傳。

[4]禮部尚書：禮部長官。掌禮樂、祭祀、學校、貢舉、册命等事。正三品。　張行簡：本書卷一〇六有傳。

[5]温迪罕思齊：女真人。曾任翰林直學士。　慶和殿：中都宫城内大殿名。

[6]廣仁殿：中都宫城内大殿名。

[7]魏全：本書卷一二一有傳。　宣武將軍：武散官。正五品中階。　蒙城令：縣官名。正七品。　蒙城：縣名。治所在今安徽省蒙城縣。

[8]鄉君：封號。五品文武散官的妻、母的封號。

[9]下蔡：縣名。治所在今安徽省鳳臺縣。

[10]都元帥：元帥府長官。從一品。

[11]南京：治所在今河南省開封市。

[12]穀城：南宋縣名。治所在今湖北省穀城縣。

二月丙辰，赦鳳、成、西和、階、山五州。[1]丁巳，詔追復永中、永蹈王爵。[2]宋知樞密院張巖遣方信孺以書詣平章政事揆、左丞端乞和。[3]己未，獵于近郊。完顔匡克荆門軍。[4]癸亥，如建春宫。吴曦遣使奉三表來：謝封爵，陳誓言，賀全蜀内附。丙寅，還宫。戊辰，平章政事兼左副元帥僕散揆薨于軍。癸酉，遣同知府事术虎高琪等册吴曦爲蜀國王。[5]判平陽府事衛王永濟改武定軍節度使，[6]兼奉聖州管内觀察使。[7]是月，蜀國王吴曦爲宋臣安丙所殺。[8]

[1]赦鳳、成、西和、階、山五州：按施國祁《金史詳校》卷二："案《紀》上六年十一月丙午克西和州，十二月壬子克成州，辛酉入鳳州，獻階州，惟山州未見克獻等文。《完顔綱傳》上云四州，下文又云五州。《遺山集·王擴碑》亦云獻五州。而《宋史·吴曦傳》云，開禧二年，遣客姚淮源獻階、成、和、鳳四州于金，三年正月引金兵入鳳州，以四郡付之，表鐵山爲界。《慶元黨禁》亦云，二年四月二十六日丁丑遣客詣金獻關外四州，並無五州之文，則《紀》語恐不實。又《歸潛志》劉昂上《平西詞》，亦有'洗五州煙瘴'之句，惜李心傳《西陲泰定録》、張革《誅吴録》、毛方平《丁卯實編》、郭士甯《平叛録》諸書皆未見。"

[2]永蹈：女真人。姓完顔氏，世宗子。本書卷八五有傳。

［3］宋知樞密院：南宋樞密院屬官。掌佐天子執兵政。官品不詳。　張巖：南宋人。阿附丞相韓侂冑，主張對金開戰。宋寧宗開禧二年（1206）任知樞密院事；三年，任督視江、淮軍馬。《宋史》卷三九六有傳。　方信孺：南宋人。以有膽識被舉薦出使金國議和，前後三次使金。《宋史》卷三九五有傳。

［4］荆門軍：南宋軍州名。治所在今湖北省荆門市。

［5］同知府事术虎高琪：上脱官署名，據本書卷一〇六《术虎高琪傳》泰和六年（1206）前曾任"同知臨洮府事"。掌通判府事。從四品。

［6］平陽府：治所在今山西省臨汾市。　衛王：封爵名。次國封號，明昌格第三位。　永濟：即完顏永濟，金朝第七任皇帝衛紹王。本書卷一三有紀。　武定軍：軍州名。治所在今河北省涿鹿縣。

［7］奉聖州管内觀察使：州官名。總管一州軍政事務。從三品。奉聖州治所與武定軍同，在今河北省涿鹿縣。

［8］安丙：南宋人。《宋史》卷四〇二有傳。

三月戊子，幸太極宫。庚寅，詔撫諭陜西軍士。壬辰，初定蟲蝻生發地主及鄰主首不申之罪。宋復攻破階州。癸巳，復攻破西和州。乙未，宣撫副使完顏綱至鳳翔，[1]詔徹五州之兵，[2]分保要害，綱召諸軍還。庚子，以完顏匡爲左副元帥。壬寅，如萬寧宫。甲辰，幸西園。[3]

［1］鳳翔：府名。治所在今陜西省鳳翔縣。

［2］徹：同"撤"。

［3］西園：金朝皇帝的御苑，中都寧德宫的西園。

夏四月壬子，遣宫籍副監楊序爲横賜高麗王使。[1]癸丑，宋人攻破散關，鞏州鈐轄兀顔阿失死之。[2]丙辰，以紇石烈子仁爲右副元帥。戊辰，詔元帥府分遣諸將游奕淮南諸州。[3]癸酉，復下散關。

[1]宫籍副監：宫籍監屬官。掌内外監户及土地錢帛大小差發。從六品。　楊序：其他事迹不詳。　横賜高麗王使：横賜爲廣賜或遍賜之意，以示金朝皇帝的恩惠。臨時官職，以他官兼之。

[2]鈐轄：州官。掌防衛警捕之事。從九品。　兀顔阿失：女真人。其他事迹不詳。

[3]元帥府：金世宗以後，元帥府是金朝最高軍事統帥機構，掌征討之事，兵興始置，兵罷則省。　淮南：泛指淮河以南。

五月己卯，幸東園射柳。[1]己丑，幸玉泉山。[2]丙申，宋知樞密院事張巖復遣方信孺以書至都元帥府，增歲幣乞和。四川安撫使安丙遣西和州安撫使李孝義率步騎三萬攻秦州，[3]圍皂角堡。[4]术虎高琪以兵赴之，七戰而解其圍。是月，放宫女二十人。

[1]東園：南、北監本、殿本、局本並作“東園”。　射柳：金承遼舊俗，每年五月五日重五節拜天祭祀後，行射柳禮，在球場插柳兩行，按尊卑次序進行騎馬射箭的比賽。參見本書卷三五《禮志・拜天》。

[2]玉泉山：在宛平縣境内，位於今北京市西郊。玉泉山有行宫。

[3]李孝義：南宋人。本書卷一〇六《术虎高琪傳》作李孝義，但《宋史》卷四〇二《安丙傳》《李好義傳》作李好義。

［4］皂角堡：地名。位於甘肅省天水市南。

六月乙巳朔，詔朝官六品、外官五品以上，及親王舉通錢穀官一人。不舉者罰，舉不當者論如律。己酉，以山東盜，制同黨能自殺捕出首官賞法。戊午，烏古論誼爲元帥左監軍，[1]完顏撒剌爲元帥左都監。乙丑，遣使捕蝗。

［1］元帥左監軍：元帥府屬官。正三品。

秋七月庚辰，朝獻于衍慶宫。壬午，詔民間交易、典質，一貫以上並用交鈔，毋用錢。乙酉，勅尚書省，自今初受監察者令進利害帖子，以待召見。甲午，左副元帥匡至自許州。[1]乙未，詔覈西夏人口，盡贖放還，敢有藏匿者以違制論。

［1］許州：治所在今河南省許昌市。

八月戊申，宋張巖復遣方信孺齎其主誓書藁來乞和。庚戌，割汝州襄城縣于許州。[1]戊辰，至自萬寧宫。

［1］襄城縣：治所在今河南省襄城縣。

九月甲戌朔，天壽節，高麗、夏遣使來賀。左丞相兼都元帥崇浩薨于軍。甲申，定西、北京、遼東鹽司判官諸場管勾增虧升降格。[1]以尚書左丞僕散端爲平章政事，封申國公；[2]左副元帥完顔匡爲平章政事兼左副元帥，封定國公。[3]丙戌，獵于近郊。壬辰，還宫。戊戌，更定受制忘誤及誤寫制書事重加等罪。壬寅，勑女直人不得改爲漢姓及學南人裝束。

［1］鹽司判官：鹽使司屬官。掌幹鹽利以佐國用。正員三人，正七品。

［2］申國公：封爵名。小國封號，明昌格第六位。

［3］定國公：封爵名。小國封號，明昌格第四位。

冬十月甲辰，詔應廕之家，[1]旁正廕足，其正廕者未出官而亡，許補廕一人。辛亥，以武庫令术甲法心爲高麗生日使。[2]丙辰，獵于近郊。己巳，詔定隨軍遷賞格。辛未，陝西宣撫使徒單鎰分遣副統把回海攻下蘇嶺關。[3]是月，定南征將士功賞格。

［1］應廕之家：具有蔭補資格的品官之家。

［2］武庫令：武庫署屬官。掌收貯諸路常課甲仗。從六品。术甲法心：女真人。本書卷一二一有傳。

［3］把回海：女真人。曾任彰化軍節度副使。　蘇嶺關：地名。具體地點不詳。

十一月癸酉，詔新定學令内削去薛居正《五代史》，[1]止用歐陽脩所撰。[2]是日，都統押剌拔鶻嶺關、新道口，[3]副統回海取小湖關、敖倉，[4]進至營口鎮，[5]遂取其城。丙子，宋韓侂胄遣左司郎中王柟以書來乞和，[6]請稱伯，復增歲幣、犒軍錢，誅蘇師旦函首以獻。[7]丙戌，上聞陝州防禦使紇石烈孛孫禁民糴，[8]命尚書省罪之。壬辰，宋参知政事錢象祖以誅韓侂胄移書行省。[9]甲午，獵于近郊。戊戌，參知政事賈鉉罷。詔完顔匡檄宋，函侂胄首以贖淮南故地。

[1]薛居正：宋人。曾監修《五代史》。《宋史》卷二六四有傳。

[2]歐陽脩：北宋人。《宋史》卷三一九有傳。

[3]都統：軍官名。統兵官，位於萬户之上。　押剌：女真人。按本書卷九九《徒單鎰傳》作："葉禄瓦拔鵲嶺關，擱剌别將攻破燕子關、新道口。"葉禄瓦即押剌，别將擱剌本卷下文作"副統"，記載較此清楚。　鵲嶺關：地名。位於今陝西省山陽縣東南。　新道口：地名。具體地點不詳。

[4]小湖關：地名。具體地點不詳。　敖倉：地名。在今河南省滎陽市西北大山上。臨河有大倉，《水經注》載，濟水東經敖山北，其上有城。秦置倉其中，故云敖倉。

[5]誉口鎮：地名。具體地點不詳。

[6]左司郎中：宋官名。掌受付吏、户、禮三部之事，舉正文書之稽失，分治省事。　王柟：南宋人。《宋史》卷三九五有傳。

[7]蘇師旦：南宋人。南宋寧宗朝安遠軍節度使，領閤門事，主張對金開戰。

[8]陝州：治所在今河南省三門峡市西。　紇石烈孛孫：女真人。其他事迹不詳。

[9]宋参知政事：南宋官名。掌輔佐宰相，参庶政，同知國用事。　錢象祖：南宋人。宋寧宗朝官至左丞相。

十二月壬寅朔，《遼史》成。丙午，以符寶郎烏古論福齡爲夏國生日使。[1]戊午，詔策論進士免試弓箭、擊毬。[2]庚申，以尚書右丞孫即康爲左丞，參知政事獨吉思忠爲右丞，中都路都轉運使孫鐸爲參知政事。[3]

[1]符寶郎：殿前都點檢司屬吏。掌御寶及金銀等牌。本書卷五六《百官志二》作正員四人；卷五三《選舉志三》作"符寶郎十二人"。　烏古論福齡：女真人。其他事迹不詳。

[2]策論進士：即女真進士。世宗大定十三年（1173）開設，每場策一道，免鄉試、府試，止赴會試、御試。大定二十年定制，以策、詩試三場，策用女真大字，詩用女真小字。

[3]中都路都轉運使：轉運司屬官。掌稅賦錢穀、倉庫出納、權度量衡之制。正三品。中都路轉運司治於大興府。

八年春正月辛未朔，高麗、夏遣使來賀。壬申，朝謁于衍慶宮。癸酉，收毀大鈔，[1]行小鈔。以元帥左都監完顏撒剌爲參知政事。乙亥，宋安丙遣兵襲鶻嶺關，副統把回海、完顏擱剌擊走之，斬其將景統領。[2]丙子，左司郎中劉昂、[3]通州刺史史肅、[4]監察御史王宇、[5]吏部主事曹元、[6]吏部員外郎徒單永康、[7]太倉使馬良顯、順州刺史唐括直思白坐與蒲陰令大中私議朝政，[8]皆杖之。癸未，如春水。丙戌，如光春宫。

[1]大鈔：金朝紙幣的一種。

[2]景統領：南宋軍將。其他事迹不詳。

[3]劉昂：本書卷一二六有傳。

[4]通州：治所在今北京市通州區。　史肅：曾任南皮縣令。

[5]王宇：其他事迹不詳。

[6]吏部主事：吏部屬官。掌知管差除、校勘行止，分掌封勳

資考之事，唯選事則通署，及掌受事付事、檢勾稽失省署文牘，兼知本部宿直、檢校架閣。正員四人，從七品。熙宗皇統四年（1144），主事始用漢族士人。世宗大定三年（1163），用進士，非特旨不得擬用吏人。章宗承安五年（1200），增女真主事一人。曹元：其他事迹無考。

[7]徒單永康：女真人。其他事迹無考。

[8]順州：治所在今北京市順義區。　唐括直思白：女真人。其他事迹無考。　蒲陰：縣名。治所在今河北省安國市。　大中：渤海族人。其他事迹無考。　私議朝政：此事所涉及的人還有户部員外郎李著、監察御史劉國樞、尚書省都事曹温、雄州都軍馬師周等，共十一人。見本書卷九九《孫鐸傳》。另外，降官未受杖者還有参知政事賈鉉、宗室從郁，見本書卷一二六《劉昂傳》。

二月乙巳，宋參知政事錢象祖遣王柟來，以書上行省，復請川、陝關隘。甲寅，如建春宫。庚申，諭有司曰："方農作時，雖在禁地亦令耕種。"己巳，還宫。

三月丁亥，幸瀛王第視疾。[1]庚寅，以與宋和，諭尚書省。壬辰，宰臣上表謝罪。甲午，瀛王從憲薨。[2]乙未，上親臨祭。

[1]瀛王：封爵名。次國封號，明昌格第二十四位。

[2]從憲：女真人。姓完顏氏，章宗同父異母的兄弟。本書卷九二有傳。

夏四月癸卯，日暈三重，[1]皆内黄外赤。戊申，禘于太廟。庚戌，如萬寧宫。甲寅，以北邊無事，勅尚書省，命東北路招討司還治泰州，[2]就兼節度使，其副招討仍置于邊。[3]詔諭有司，以苗稼方興，宜速遣官分道巡行農事，以備蟲蝻。詔更定猛安謀克承襲程試格。[4]宋錢象祖復遣王柟以書上行省。庚申，詔諸路按察司歲賜公用錢。

[1]日暈三重：本書卷二〇《天文志》記載爲二重。

[2]東北路招討司：官署名。隸屬於臨潢府路，統領當地駐軍，招懷降附，征討携離。治所在今吉林省洮南市一帶。

[3]副招討：招討司屬官。掌招懷降附，征討叛離之事。正員二人，從四品。

[4]猛安謀克：猛安謀克爲金朝女真等北方民族的社會基層組織，三百户爲謀克，十謀克爲猛安，具有政治、軍事、生産等多種職能，有金一代未曾改變。猛安謀克官員平時爲行政長官，督促生産，徵收賦税，審理部内民事訴訟，訓練武藝。戰時，猛安謀克户壯者爲兵，由猛安謀克長官率領征戰，戰争結束後，返回原居地。猛安謀克官員實行世襲制，不論任命還是襲職都由皇帝親自决定。熙宗以後，以猛安比防禦使，謀克比縣令。在内地者，受府、節度使統轄，在邊地者，受招討司統轄。同時，金朝向皇族和對國家有大功的女真高官顯貴授予猛安謀克世襲爵，受封者領有猛安或謀克的人口和封地，爵位由子孫世襲。

閏月辛未，諭尚書省曰："翰林侍講學士蒲察畏也言，[1]使宋官當選人，其言甚當。彼通謝使雖未到闕，其報聘人當先議擇。此乃更始，凡有禮數，皆在奉使。今既行之，遂爲永例，不可不慎也。"甲戌，制諸州府司縣造作，不得役諸色人匠。違者準私役之律，計傭以受所監臨財物論。甲申，定承應人收補年甲格。甲午，雨雹。定保甲軍殺獲南軍官賞。[2]乙未，宋獻韓侂胄等首于元帥府。

[1]翰林侍講學士：翰林學士院屬官。掌制撰詞命，凡應奉文字，銜內帶"知制誥"。不限員，從三品。　蒲察畏也：女真人。即蒲察思忠，本書卷一〇四有傳。

[2]保甲軍：或爲金朝在金宋邊境地區設的一種民間武裝。

五月丁未，御應天門，[1]備黃麾立仗，親王文武合班起居。中路兵馬提控、平南撫軍上將軍紇石烈貞以宋賊臣韓侂胄、蘇師旦首獻，[2]并奉元帥府露布以聞。懸其首並畫像于市，以露布頒中外。丙辰，平章政事匡至自軍。己未，更元帥府爲樞密院。[3]癸亥，詔移天壽節於十月十五日。丁卯，遣使分路捕蝗。

[1]應天門：中都皇宮的大門。

[2]平南撫軍上將軍：軍官名。金章宗泰和六年（1206）伐宋臨時設的軍官。正三品。

[3]樞密院：官署名。尚書省下最高軍事機構，掌凡武備機密之事。

六月癸酉，宋通謝使朝議大夫、試禮部尚書許奕，[1]福州觀察使、右武衛上將軍吳衡等奉其主書入見。[2]甲戌，謁謝于衍慶宮。癸未，以許宋平，詔中外。免河南、山東、陝西等六路今年夏税，河東、河北、大名等五路半之。丁亥，以元帥左都監烏古論誼爲御史大夫。[3]戊子，飛蝗入京畿。乙未，定服飾明金象金制。

丁酉，以副都點檢完顏侃爲宋諭成使，[4]禮部侍郎喬宇副之。[5]

[1]宋通謝使：以宋金罷兵，遣使致謝，爲臨時官職。 朝議大夫：查《宋史》卷一六九《職官志》文散官中衹有朝奉、朝散、朝請大夫，無朝議大夫，疑爲臨時所授的官職。 試禮部尚書：爲非正式授予的官職。禮部尚書爲禮部長官。 許奕：南宋人。其他事迹不詳。

[2]福州觀察使：南宋官名。爲榮職，非實職。 右武衛上將軍：南宋官名。《宋史·職官志》不載，具體不詳。 福州：治所在今福建省福州市。 吴衡：南宋人。其他事迹不詳。

[3]以元帥左都監烏古論誼爲御史大大：按本書卷一二〇《烏古論元忠附誼傳》，章宗泰和“六年，伐宋，遷元帥左都監。七年，轉左監軍。八年，拜御史大大”。又本卷上文，七年六月“戊午，烏古論誼爲左監軍”。“左都監”當作“左監軍”。

[4]以副都點檢完顏侃爲宋諭成使：“副都點檢”之上有脱字，據本書卷六二《交聘表下》，泰和八年（1208）七月，“以左副都點檢完顏侃爲宋諭成使”。知完顏侃時爲左副都點檢。左副都點檢，殿前都點檢司屬官，殿前都點檢副佐，兼侍衛親軍副都指揮使。從三品。完顏侃，女真人，其他事迹不詳。宋諭成使，臨時官職，以他官兼之。

[5]禮部侍郎：禮部尚書的副佐。正四品。

秋七月戊戌朔，太白晝見。庚子，詔更定蝗蟲生發坐罪法。乙巳，朝獻于衍慶宫。詔頒《捕蝗圖》于中外。戊申，宋使朝辭，致荅通謝書及誓書于宋主。[1]

[1]宋主：即南宋寧宗趙擴。1195年至1224年在位。

八月壬申，更定遼東行使鈔法。癸酉，如建春宫。己丑，以户部尚書高汝礪等爲宋生日使。庚寅，如秋山。

九月甲子，遣吏部尚書賈守謙等一十三人與各路按察司官推排民户物力。[1]乙丑，至自秋山。

[1]賈守謙：又作賈益謙。本書卷一〇六有傳。　推排民户物力：世宗大定四年（1164）始，每十二年遣使分路推排，核實民户的田地、房屋、家産等，以此作爲徵收賦税的依據。

冬十月辛未，以吏部郎中郭郛爲高麗生日使。[1]辛巳，宋、高麗、夏遣使來賀。夏國有兵，遣使來告。癸未，更定安泊强竊盜罪格。辛卯，以軍民共譽爲廉能官條附善最法。

[1]吏部郎中：吏部屬官。正員二人。一員掌文武選、流外選用、官吏差使行止名簿、封爵制誥；一員掌勳級酬賞、承襲用蔭、循選、致仕、考課、議謚之事。從五品。　郭郛：以其阿附於李元妃和參知政事胥持國，被稱爲章宗朝“胥門十哲”之一。

十一月丁酉朔，詔諸路按察使並兼轉運使。初設三司使，[1]掌判鹽鐵、度支、勸農事。以樞密使紇石烈子仁兼三司使。癸卯，詔戒諭尚書省曰：“國家之治，在於紀綱。紀綱所先，賞罰必信。今迺上自省部之重，下逮司縣之間，律度弗循，私懷自便。遷延曠歲，苟且成風，習此爲恒，從何致理。朝廷者百官之本，京師者諸夏之儀。其勗自今，[2]各懲已往，遵繩奉法，竭力赴功。無枉撓以循情，無依違而避勢，壹歸于正，用範乃民。”是日，御臨武殿試護衛。[3]丁未，勅諭臨潢泰州路兵馬都總管承裔等修邊備。[4]

[1]三司使：三司屬官。金章宗省户部官員置三司，謂兼勸農、鹽鐵、度支以及户部三科，宣宗貞祐年間罷之。三司使爲從二品。

[2]勗（xù）：勉勵之意。

[3]臨武殿：按本書卷二五《地理志中》南京路條下，“東華門内正北尚厩局，其西北曰臨武殿”。然此時不見章宗出巡南京的記載，當在中都。此應爲中都宫城内大殿。　護衛：有皇帝護衛、東宫護衛、妃護衛、東宫妃護衛等之分，均由殿前左、右衛將軍與衛尉司掌領。選取五品至七品官子孫及宗室並親軍、諸局分作承應人，由有才行及善射者充任。

[4]勅諭臨潢泰州路兵馬都總管承裔等修邊備：按本書卷二四《地理志上》：“天德二年改北京爲臨潢府路……大定後罷路，併入大定府路。”然章宗朝以後仍有臨潢府路之稱。按本書卷一〇一《孛术魯德裕傳》，章宗朝“遷左監軍兼臨潢府路兵馬都總管”。此時泰州隸屬臨潢府路，故“泰州”二字疑爲衍字，當削。“臨潢”下脱“府”字，此官職爲臨潢府路兵馬都總管，臨潢府路治所，在今内蒙古自治區巴林左旗林東鎮南波羅城。

乙卯，上不豫。丙辰，崩于福安殿，[1]年四十一。大安元年春正月，[2]謚曰憲天光運仁文義武神聖英孝皇帝，廟號章宗。二月甲申，葬道陵。[3]

[1]福安殿：當爲中都内皇帝的寢殿。

[2]大安：衛紹王年號（1209—1211）。　春正月：按本書卷三

二《禮志五》上尊謚，作"大安元年二月丁卯"。繫月與此異。

[3]道陵：章宗的陵墓。在今北京市房山區境内。

贊曰：章宗在位二十年，承世宗治平日久，宇内小康，乃正禮樂，修刑法，定官制，典章文物粲然成一代治規。又數問群臣漢宣綜核名實、唐代考課之法，[1]蓋欲跨遼、宋而比跡於漢、唐，[2]亦可謂有志於治者矣。然婢寵擅朝，冢嗣未立，疏忌宗室而傳授非人。向之所謂維持鞏固於久遠者，徒爲文具，而不得爲後世子孫一日之用，金源氏從此衰矣。[3]昔楊雄氏有云：[4]"秦之有司負秦之法度，[5]秦之法度負聖人之法度。"蓋有以夫。

[1]漢宣：西漢宣帝，名劉詢。前73年至前49年在位。　唐代：朝代名（618—907）。

[2]遼：朝代名（916—1125）。　漢：朝代名。西漢（前206—8），東漢（25—220）。

[3]金源氏：金朝皇室完顔氏勃興於按出虎水畔，即今黑龍江省阿城市境内的阿什河。"按出虎"爲女真語"金"，以按出虎水源於此，故名金源，以指金朝。

[4]楊雄："楊"，元刻本、南監本、殿本、局本并作"揚"。西漢人。《漢書》卷八七上、下有傳。

[5]秦：朝代名（前221—前206）。